JN436664

# 화니에 대한 찬사

◆◆◆

✣ 화니의 이름은 '현대 찬송가학' 위에 후광이 되어 사람들이 복음을 노래하는 한, 길이길이 살아 있을 것이다.

- 찰스 가브리엘(Charles H. Gabriel)/유명한 찬송가 작곡자

✣ 화니 크로스비는 현대판 성 세실리아(로마의 순교자, 음악의 수호성인)이다.

- 윌리엄 퀘일(William A. Quayle)/신학자, 감리교 감독, 시인

✣ 나의 생애에서 가장 뚜렷이 구별되는 분들은 나의 친구들 - 화니 크로스비, 무디, 생키였다. 그들이 오늘의 나를 있게 만든 장본인들이다. 찬송가 작곡자로서 나의 모든 성공을 찬송시를 공급해 준 모든 사람, 특히, '화니 아줌마'에게 돌린다. 인간의 마음속 깊은 열망을 그녀보다 더 마음에 와 닿게 표현한 작사자는 아마 없었을 것이다.

- 조지 콜스 스테빈스(George C. Stebbins)/저명한 찬송가 작곡자

✣ 우리의 전도집회에서의 성공은 대부분 화니 크로스비가 지은 찬송가 때문에 얻은 결과였다.

- 아이라 생키(Ira Sankey)/찬양전도자, 작곡가, 무디 전도부흥집회 복음가수

✣ 시를 짓는데 탁월한 재능을 타고 났으며, 무엇보다 섬세하고 시적인 상상력이 넘치는 여류 시인이다.

- 조지 프레데릭 루트(George F. Root)/노스리딩 음악학원 원장, 뉴욕 맹인학교 음악교사

✣ 미국에서 적어도 그녀의 찬송가 중에서 한 곡이라도 불려지지 않는 종교집회나 예배는 거의 없다.

- 뉴욕 로체스터 신문(1904.1)

✣ 화니는 몸은 쇠하지만 아직도 정신은 강하고, 영은 기쁨이 충만하며, 하나님에 대한 신뢰와 믿음은 영원한 산에 못지않게 확고하다.

- 뉴욕의 한 지역신문(94회 생일을 기념하는 '바이올렛의 날'을 맞으면서 논평)

✣ 모든 기독교회들이 금번의 '화니 크로스비 주일'에 노(老) 찬송가 작사자에게 경의를 표해야 합니다.

- 루이스 클롭시 박사(Louis Klopsch)/그리스천 헤럴드 편집인

복음찬송가의 여왕, 화니 크로스비

# 눈 먼 뒤
# 내 삶은 더 빛났다

Fanny Crosby

베다니출판사

복음찬송가의 여왕, 화니 크로스비

# 눈 먼 뒤 내 삶은 더 빛났다

버나드 루핀 지음

오태용 옮김

1쇄 인쇄/2006. 4. 15
1쇄 발행/2006. 4. 25

발행처/베다니출판사
발행인/오생현
등록번호/제 3-413호
등록일자/1992. 5. 6

서울시 송파구 문정동 78-19호 베다니선교빌딩 4층(우편번호138 - 868)
주문/전화 448-9884~5 팩스 448-9910
Email/ bethanyp@hanmail.net
www.bethany.co.kr

Originally Published in English under
the title of FANNY CROSBY


값 11,000 원

ISBN 89 - 5958 - 005 - 8 03230

# 화니 크로스비의 가계도

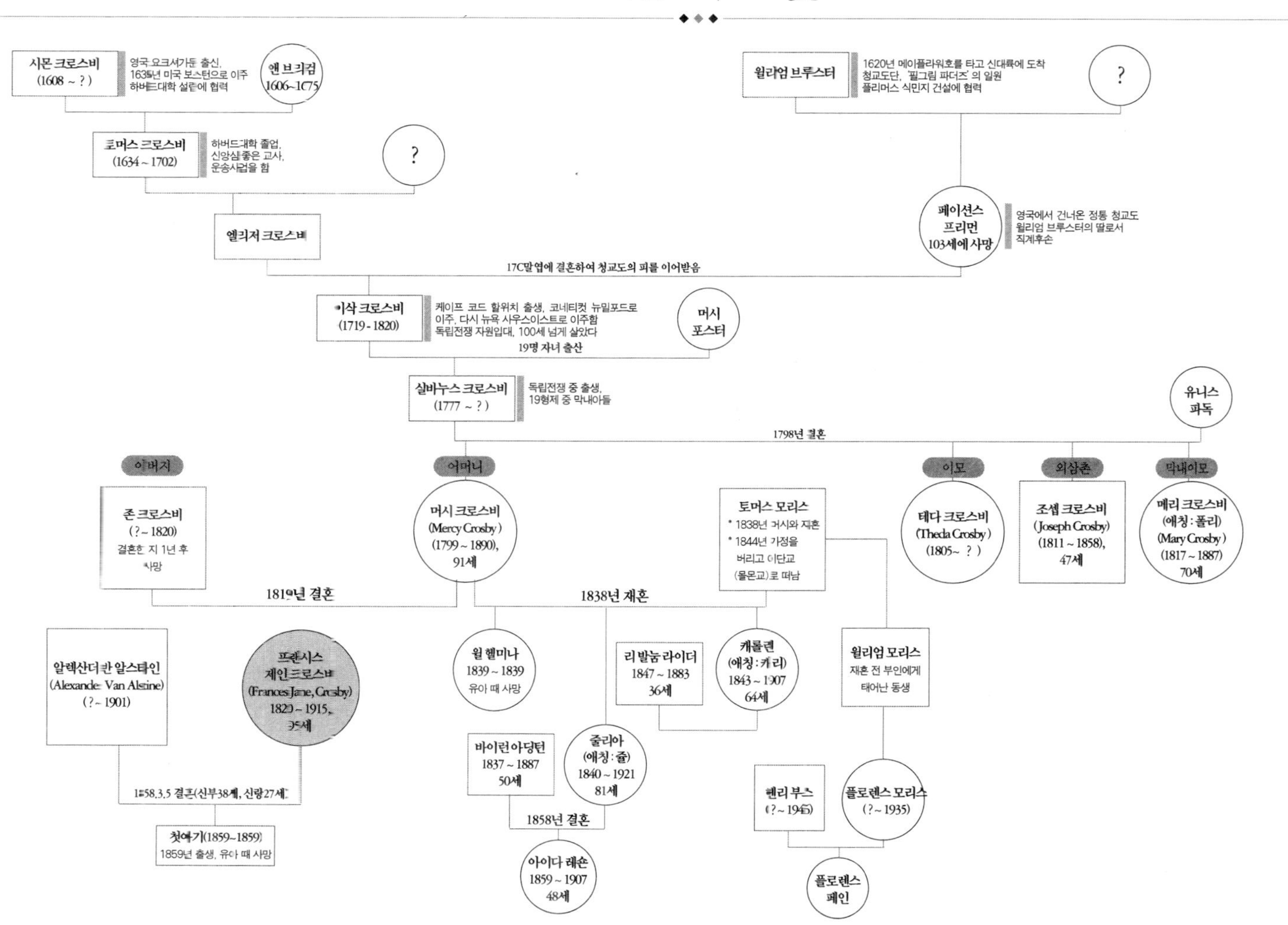

시몬 크로스비 (1608 ~ ? )
영국 요크셔가문 출신, 1635년 미국 보스턴으로 이주 하버드대학 설립에 협력
앤 브리검 1606~1675
토머스 크로스비 (1634 ~ 1702)
하버드대학 졸업, 신앙심 좋은 교사, 운송사업을 함
?
엘리저 크로스비
윌리엄 브루스터
1620년 메이플라워호를 타고 신대륙에 도착 청교도단, '필그림 파더즈'의 일원 플리머스 식민지 건설에 협력
?
페이션스 프리먼 103세에 사망
영국에서 건너온 정통 청교도 윌리엄 브루스터의 딸로서 직계후손
17C말엽에 결혼하여 청교도의 피를 이어받음
이삭 크로스비 (1719 - 1820)
케이프 코드 할위치 출생, 코네티컷 뉴밀포드로 이주, 다시 뉴욕 사우스이스트로 이주함 독립전쟁 자원입대, 100세 넘게 살았다
19명 자녀 출산
머시 포스터
실바누스 크로스비 (1777 ~ ? )
독립전쟁 중 출생, 19형제 중 막내아들
유니스 파독
1798년 결혼
아버지
존 크로스비 ( ? ~ 1820) 결혼한 지 1년 후 사망
어머니
머시 크로스비 (Mercy Crosby) (1799 ~ 1890), 91세
이모
테다 크로스비 (Theda Crosby) (1805~ ? )
외삼촌
조셉 크로스비 (Joseph Crosby) (1811 ~ 1858), 47세
막내이모
메리 크로스비 (애칭 : 폴리) (Mary Crosby) (1817 ~ 1887) 70세
1819년 결혼
1838년 재혼
토머스 모리스
* 1838년 머시와 재혼
* 1844년 가정을 버리고 이단교 (몰몬교)로 떠남
알렉산더 반 알스타인 (Alexander Van Alstine) ( ? ~ 1901)
프랜시스 제인 크로스비 (Frances Jane, Crosby) 1820 ~ 1915, 95세
1858.3.5 결혼(신부38세, 신랑27세)
첫아기(1859~1859) 1859년 출생, 유아 때 사망
윌헬미나 1839 ~ 1839 유아 때 사망
리발눔 라이더 1847 ~ 1883 36세
캐롤련 (애칭 : 캐리) 1843 ~ 1907 64세
윌리엄 모리스 재혼 전 부인에게 태어난 동생
바이런 아딩턴 1837 ~ 1887 50세
줄리아 (애칭 : 줄) 1840 ~ 1921 81세
1858년 결혼
아이다 래슨 1859 ~ 1907 48세
헨리 부스 ( ? ~ 1945)
플로렌스 모리스 ( ? ~ 1935)
플로렌스 페인

# 추천의 글

1

화니 제인 크로스비(Fanny J. Crosby)가 어떤 사람인지 잘 모른다 해도 모든 기독교인들은 그녀가 지은 많은 찬송을 부르며 큰 은혜를 받아 왔다. 특히 한국의 성도들은 558장이나 되는 찬송가 속에 화니 크로스비가 작사한 찬송이 무려 23곡이나 들어있다는 사실은 몰랐을 것이다.

"찬양하라 복되신 구세주 예수", "예수 나를 위하여", "너희 죄 흉악하나", "예수로 나의 구주 삼고", "주의 음성을 내가 들으니", "주가 맡긴 모든 역사", "저 죽어가는 자", "후일에 생명 그칠 때", "예수께로 가면", "자비한 주께서 부르시네", "인애하신 구세주여", "나의 생명 되신 주", "나의 갈길 다가도록", "오 놀라운 구세주", "기도하는 이 시간", "나의 영원하신 기업", "십자가로 가까이" 등 다 열거할 수 없다.

그런데 우리들이 가장 사랑하는 그 찬송들이 눈도 안 보이는 크로스비의 영혼 깊은 데서 흘러나왔다는 것이다. 육신의 눈은 보이지 않았으나 영혼의 눈은 누구보다도 주님을 더 잘 보았고, 그녀가 본 영의 세계가 그의 펜을 통하여 아름다운 찬송시로 나타났다.

이제 그토록 밝은 영의 눈으로 많은 사람의 어두움을 밝혀준 화니 크로스비의 신앙전기가 "목사님, 설교가 아주 신선해졌어요" 등 20여권의 대표적인 기독교 서적들을 번역하신 오태용 목사님의 번역으로 출간되었다. 눈물 없이는 읽을 수 없는 이 책을 펴는 사람은 그녀의 삶에서 흘러나오는 진한 감동으로 영혼이 새로워질 것이다. 오랜만에 느껴보는 감동이다.

할렐루야교회 김상복 목사

# 추천의 글

현대 찬송가의 여왕 화니 크로스비(Fanny Crosby)는 상처를 별로 만든 인물이다. 그녀는 어린 시절에 의사의 실수로 맹인이 되었다. 그러나 자신의 불행의 악재를 오히려 행복의 호재로 바꾸었다. 그녀는 믿음으로 사는 사람은 불운을 불평하지 않고 행운을 창조하는 사람이라고 말하는 사람이기에 우리는 그녀의 찬송을 좋아하고 깊은 감동을 받는다.

더욱이 그 찬송들이 우리 영혼에 평안을 주고 역동적인 힘을 불러일으켜준다('찬양하라 복되신 구세주 예수'). 또 찬송을 부를 때 낙심과 시련 속에서 일어나서 춤추는 마른 뼈가 되게 해준다('예수로 나의 구주 삼고'). 특히, 화니의 찬송들은 부흥회 때 많이 불러졌다. 그녀는 가사를 통해 사람들을 구원으로 초청하며('저 죽어가는 자 다 구원하고'), 지친 영혼이 예수님의 넓은 가슴에 안기게 했다('주 예수 넓은 품에').

화니는 자신의 쓰라린 경험을 토대로 가슴 아픈 사람들의 행복을 노래했다. 육신의 눈은 감겼지만 영혼의 눈은 어느 누구보다 밝은 혜안을 가졌기 때문이다.

이처럼 장애를 극복한 승리의 사람, 전세계 신자들을 감동시킨 찬송가의 여왕인 화니의 삶과 그녀가 기독교의 성자로, 영적 거인으로서의 복음에 대한 열정과 신앙을 소개하는 책이 출간된 것을 기쁘게 생각한다. 우리가 화니의 찬송들을 많이 불렀지만 그녀에 대해 부분적으로만 알았던 것들을 이 책을 통해 그녀의 어린 시절 성경교육에서부터 95년간의 인생스토리에 큰 은혜와 감동을 확신하며 추천한다.

지구촌교회 조봉희 목사

# 차례 

Contents••

## 2부 성장과 성숙을 위하여

## 3부 주는 삶의 기쁨

Contents

서론

# 눈 먼 소녀, 복음찬송가의 여왕이 되다!

Fanny Crosby

**때는** 1910년. 장소는 뉴저지 주의 퍼스 엠보이(Perth Amboy).

한 역마차 마부가 마차를 세웠다. 한 사람은 중년의 목사님이고, 또 한 사람은 소경인 듯한 나이 많은 여자분이다. 초췌하고, 수척하고, 나이 때문인지 허리가 많이 굽어 있다.

마차는 곧 두 사람을 태우고 덜커덕거리며 기차역으로 달렸다. 마부는 달리면서 이 나이 많은 여성에게 뭔가 특이한 게 있음을 눈치 챘다. 목사님과 대화하는 것을 엿들어보니 그 음성이 떨리지도 않고, 또렷하고 높으며, 명랑하고 힘이 있었다. 노부인의 정신이 늙기는커녕 목소리만큼이나 팔팔하고 건강했다. 그녀는 굉장한 지성과 세련미를 갖춘 여성임이 분명했다.

두 사람은 어떤 신학적인 것을 주제로 대화를 나누고 있었다. 마부는 손님을 잘 모시려는 것보다는 그녀가 하는 말에 더 신경을 쓰면서 그녀의 위트와 지혜를 귀담아 들었다.

"이분이 그 유명한 복음찬송가의 여왕 화니 크로스비 여사이세요."

목사님이 마부에게 살짝 귀띔해 주었다.

마부는 순간 어리둥절했다.

"네 -, 네, 네, 네 …"

갑자기 모자를 벗고는 그가 소리 내어 울었다. 그리고 역에 도착해서는 경찰관에게 잽싸게 인사를 했다.

"이분이 '주 예수 넓은 품에' (찬송가 476장) 찬송가를 작사하신 화니 크로스비 여사이세요. 이 남자분이 여사를 기차까지 잘 모셔드리도록 경찰 아저씨가 도와주시면 좋겠네요."

그 말을 듣고 그 경찰관도 어리둥절했다.

"아, 네. 그러고 말고요!"

잠시 머뭇거리다가 그가 크로스비 여사에게 한 마디 했다.

"지난주에 제 어린 딸의 장례식에서 여사께서 작사하신 '주 예수 넓은 품에' 찬송을 불렀습니다. 정말 감사했어요."

그리고 그 경찰관은 딸이 생각나서 소리 내어 울었다.

**미국에서 가장 위대한 사람 - 복음찬송가의 여왕**

화니 크로스비 - 푸른색 안경을 쓰고 가슴에는 십자가 목걸이를 한,

이 키가 작고 이상스런 여자는 어떤 사람이었는가? 그 이름이 거리거리마다에서 이토록 사람들에게 존경을 받았던 이 눈 먼 여성이 누구였는가?

크로스비는 지나치게 감상적이고 문학적 경향의 3류 고용시인에 불과했는가? 아니면 우리가 오늘날 이해하는 것 이상으로 그의 인생 스토리를 다시 논할 만한 가치가 있는 명사였는가? 그녀는 미국사회에 의미있는 기여를 했는가, 아니면 그 당시에 과대평가 되었는가?

우리의 인생 선배, 화니 크로스비의 위치는 어느 정도였는가! 그녀는 그 당시 미국에서 가장 위대한 사람으로 회자되었다. 요한 슈트라우스(Johann Strauss)가 비엔나에서 「왈츠의 왕」으로, 존 필립 소사(John Philip Sousa)가 워싱턴에서 「행진곡의 왕」으로 군림하였다면, 화니 크로스비는 19세기 후반에서 20세기 초 미국뿐 아니라 영어권 전 세계에서 「복음찬송가의 여왕」으로 당당히 군림하였다.

유명한 찬송가 작곡가이며 여러 곡의 대중적인 노래 작사자이기도 한 찰스 가브리엘(Charles H. Gabriel, 1856-1932)은 크로스비가 죽자 그녀의 죽음을 애도하면서 말했다.

"화니의 이름은 '현대 찬송가학' 위에 후광이 되어 사람들이 복음을 노래하는 한, 길이길이 살아 있을 것입니다."

또 감리교 감독이자, 시인이며, 신학자인 윌리엄 알프레드 퀘일(William Alfred Quayle, 1860-1925)은 그녀를 일컬어 "현대판 성 세실리아입니다"(Saint Cecelia, 로마의 순교자; 음악의 수호성인)라고 하였다.

저명한 찬송가 작곡자이며 전도집회 가수인 조지 콜스 스테빈스(George Coles Stebbins, 1846-1945)는 찬송가 작곡자로서 그의 모든 성공을 찬송시를 공급해준 남녀 모든 사람, 특히 "화니 아줌마"에게 돌렸다. 그는 이렇게 썼다.

"나의 생애에서 가장 뚜렷이 구별되는 분들은 나의 친구들 - 화니 크로스비, 그리고 무디와 생키였어요. 그들이 오늘의 나를 있게 만든 장본인들입니다."

스테빈스는 그의 자서전에서 이렇게 기록하였다.

"그 당시에 크리스천 신앙생활의 생생한 체험을 화니 크로스비보다 더 끝내주게 하거나, 인간의 마음 속 깊은 열망을 그녀보다 더 마음에 와 닿게 표현한 작사자는 아마도 없었을 것이에요."

유명한 찬양 전도자요, 디엘 무디(D. L. Moody)의 파트너 겸 동역자인 아이라 생키(Ira Sankey)는 말했다.

"우리들의 전도집회 성공은 대부분 화니 크로스비가 지은 찬송가 때문에 얻은 결과였습니다."

### '복음송' 시대의 문을 연 화니 크로스비

대중적 발라드 풍으로 작사된 경쾌하고 형식을 탈피한 찬송가인, "복음송"시대(1879-1920)에 화니 크로스비는 절대적인 영향력을 발휘하였다. 그녀의 찬송가는 전 세계적으로 애창되었다. 생키가 영국제도(British Isles)에서 전도집회를 갖던 중에 스위스의 알프스로 짧은 휴가를 갔었다.

그런데 그는 거기서 농부들이 숙소의 창문 밑에서 화니 크로스비가 쓴 "인애하신 구세주여"(찬송가 337)를 독일어로 부르는 것을 듣고 깜짝 놀랐다. 그 찬송가는 영국 빅토리아 여왕과 황태자 및 황태자비의 애창곡이었다고 한다.

"주 예수 넓은 품에"(찬송가 476)는 1885년 그랜트(Grant, 주: 미국의 18대 대통령으로, 남북전쟁의 군인 출신 정치가) 대통령의 장례식 때 브라스 밴드로 연주되었고, 같은 해에 YMCA 창립자 샤프츠베리 경(Lord Shaftsbury)의 장례식에서도 불리어졌다.

1900년대 초에 아라비아 사막을 횡단 여행하던 한 미국인 성직자는 유목민들이 그들의 텐트에서 "은혜로 구원받아" 찬송가를 아라비아어로 노래하는 것을 듣고 깜짝 놀랐었다.

그러나 화니는 찬송가 작사로 유명해진 것 이상으로 더 많이 알려졌던 사람이다. 그녀는 19세기의 마지막 사반세기 동안 미국의 복음주의의 경건한 신앙생활에서 가장 뛰어난 세 인물 중 한 사람이었다(나머지 두 분은 무디와 생키였음). 그녀는 간증 설교자 겸 강연자로도 이름을 날렸고, 남을 섬기고 주는 모범을 보인 헌신적인 가정전도 사역자(home-mission worker)였다. 그녀가 교회에서 간증집회를 할 때면, 사람들이 예배를 시작하기 전부터 밖에서 한 블록 이상 줄을 서야만 자리를 잡을 수 있을 만큼 인기 강사였다.

또 그녀는 인생 말년에 거의 살아 있는 성자(saint)나 다름없는 존경을 받았다. 실제로 그녀는 "개신교의 성자"(Protestant saint) 혹은 "감리교의 성자"(Methodist saint)로 불리었다. 간혹 그녀가 집에 머물 때에는 그녀의 조언과 기도를 받기 위해 세계 전역에서 찾아온 수많은 사람들 때문에 사실상 그녀는 "기도실에 붙잡혀 기도해 주는 사람"일 정도였다.

화니 크로스비는 95년의 생애를 살면서 대략 9,000여 찬송시 - 기독교 역사상 전례가 없는 기록임 - 를 썼으며, 세속적인 시도 1천 편 이상을 지었다. 그녀는 하프와 오르간 연주가로도 유명했다. 우리의 3대 할아버지, 4대 할아버지 세대의 사람들에게 그녀는 그렇게 많은 존경을 받고 살았다.

**눈 먼 뒤에 그녀 삶은 더 빛났다!**

대중적인 회중 찬송가와 주일학교 찬송가는 그녀 세대의 찬송가 작사자들에게서 비롯되었다. 그 중에 첫째가는 사람이 바로 화니였다. 그 이전에는 많은 찬송가들이 엄숙하고, 형식적이며, 다소 우울했었다. 화니와 그녀의 동료들은 대중적인 작사법으로, 예배자의 감정과 정서에 호소하는 그런 찬송가를 개발하려고 노력하였다. 이런 의미에서 그녀는 후일의 「대중 찬송가」와 「경배찬양의 창시자」로 간주될 수 있다. 사실 그녀는 가수들의 개인적인 감정과 정서를 전하는 모든 찬송가, 대중의 기분에 어필하게 작사된 모든 찬송가의 창시자로 간주되어도 무방하다.

본서는 태어난 지 두 달여 만에 소경이 되었지만, 눈 먼 뒤에 그녀의 삶은 더욱 빛나서 미국은 물론 영어권 전 세계에서 불후의 찬송가 작사자요, 「복음찬송가의 여왕」으로 이름을 떨쳤고, 또 이름이 알려지기 전부터 이미 시인으로, 교육자로, 음악가로 명성을 얻었을 뿐 아니라, 일백만 명을 구원시키고자 애쓴 복음전도의 영적 거인이었고, 노후에는 「개신교의 성자」(saint)라고 불릴 정도로 존경을 받았던 한 여성의 인생스토리이다.

역자의 말

# 그녀는 우리의 '인생 교과서'

"한 인간이 세상에 태어나서 어떻게 살아야 하는가?"

이러한 질문을 한 번이라도 해 본 적이 있는 사람이라면, 나는 서슴없이 「화니 크로스비의 생애」를 기록한 이 책을 읽어보라고 권하고 싶다. 시각장애의 고통을 오히려 발판으로 삼아 95년(1820-1915)이라는 기나긴 인생 여정을 살면서 9천여 찬송시를 짓고, 불후의 찬송가를 가장 많이 남기고, 미국과 전 세계 그리스도인들 가슴 속에 영혼 사랑의 뜨거운 마음을 불러일으킨 불세출의 영적 거인 화니 크로스비!

이 책을 번역하면서 울기도 많이 울었고, 펜을 놓고 잠시 멍하니 생각을 멈추기도 하였다. - 너무도 감격스럽고, 너무도 기쁘고, 너무도 찡해서 … 우리의 찬송가책에 크로스비의 작사곡이 가장 많은 23곡이나 들어 있다. 그녀가 어떻게 작사하였고, 그 찬송가 때문에 어떤 놀라운 역사들이 있었는가를 알고 나니 화니의 그 찬송가들을 부를라치면 눈물이 서려서 못 부를 지경까지 되었다.

### 눈 먼 장애소녀의 성공 배경

화니 크로스비는 가난한 청교도 농부 가정에서 태어났다. 불과 두 달쯤 되어 의사의 실수로 맹인이 되는 불행을 겪었지만, 하나님의 간섭과 인도하심으로 모든 난관을 축복으로 바꾸고 인생에 성공한 특출한 신앙 인물이다.

눈 먼 장애소녀를 최고의 여성으로 성공케 한 배경에는 그녀의 외조모 유니스의 공로를 빼놓을 수 없다. 어린 손녀딸이 시각장애가 된 것을 알고 외할머니는 헬런 켈러에게 설리번 선생처럼 지극 정성과 지혜를 동원한 특수교육을 4세 때부터 시켜서 미래를 대비하게 하였다.

아직 세상 지식이 그 속에 들어가기 전에 예수 그리스도의 복음이 어린 영혼의 깊은 곳에 못 박히도록 가르쳐 12세 때 성경 암송의 천재가 되게 했다. 또 정상아를 능가할 정도로 사물에 대한 감각과 지식을 익히도록 하여 화니 크로스비가 자기 혼자서도 거의 아무런 불편함 없이 인생을 풍성히 누리며 살아가도록 준비시켰다. 유니스 같이 뛰어난 할머니가 우리나라에 10명만 있어도 이 세상은 크게 달라질 것이다.

화니 크로스비는 찬송가의 흐름을 바꾼 선구자이다. 그녀가 작사한 찬송시들이 소위 복음송으로 작곡되어 한 시대의 흐름을 바꿔놓음으로써 「복음찬송가의 여왕」이 되었고, 때마침 복음 전도자 무디와 생키를 만나면서 그녀의 찬송가들이 세계적 명성을 얻게 되었다.

**한 시대의 찬송가의 흐름을 바꾼 선구자**

저자는 본서에서 미국 교회사의 일부를 우리에게 실감 있게 보여준다. 남북전쟁을 전후한 어려운 시기에 열화 같은 부흥의 불길이 일어났는데, 19세기말을 지나가면서 산업문명의 발달과 자유주의 신학의 등장으로 부흥운동의 불길이 서서히 꺼져가는 과정을 실감 있게 묘사하였다.

그러한 침체현상을 100년 후에 우리나라 교계가 그대로 겪고 있으니 역사는 돌고 도는 것인가? 그런 와중에서도 영적 거인 화니 크로스비가 참된 보수신앙을 견지하면서 인생 마지막까지 복음운동, 전도운동에 매진한 것을 보고 느끼는 바가 많았다. 결국 교회가 이 시대에 어떠한 신앙인물을 만들어내야 하는가에 대한 답을 잘 제시하고 있다.

다른 인물들과 달리 화니는 나이가 들수록 삶이 풍성하고 부요하고 창대하였다. 내리막이나 부침이 거의 없었다. 이것이 예수의 복음을 붙잡은 사람에게서 볼 수 있는 아름다운 모습이다. 진정으로 복음을 깊이 알고 그리스도를 붙잡은 사람은 살면 살수록 삶이 아름답고 세상에 빛을 발하는 선한 영향력을 나타낸다. 교회가 그러한 참된 그리스도인들을 양육해내야 할 것이다.

사실, 화니 크로스비에 대해서는 설교 예화로 너무나 많이 들었기에 자칫, 식상해 할지도 모르겠다. 그러나 찬송가 작사자뿐이 아닌 화니의 진면목을 알고 그녀를 인생 교과서로 삼아 뭔가를 배우고 싶은 사람이라면, 꼭 이 책을 읽기를 권한다.

그녀는 적어도 10가지로 인생에 성공한 참된 하나님의 사람이었다.

①장애를 극복하고 성공한 사람
②시인으로 성공한 사람
③찬송가로 성공한 사람
④인간관계에 성공한 사람
⑤사회복지에 성공한 사람
⑥복음전도자로 성공한 사람
⑦건강(전인건강)에 성공한 사람
⑧비즈니스에 성공한 사람
⑨애국시민으로 성공한 사람
⑩사후에 더욱 성공한 사람.

따라서 화니의 삶을 자신의 인생 교과서로 삼을 줄 아는 사람은 참으로 복되고 지혜로운 사람이다. 그녀가 지은 찬송가 중 우리 찬송가책에 나와 있는 찬송가 가사는 원문에 충실하기보다는 우리의 찬송가 가사를 따르는 것이 더 은혜롭다고 판단되어 그대로 옮겼으니 독자들의 양해가 있기를 바란다.

끝으로, 95세까지 장수한 화니 크로스비가 역자에게 가르쳐 준 "장수의 비밀 십계명"을 적어 이 책을 읽는 독자들이 불신자들보다 평균수명이 높아져서 건강 100세 장수의 축복을 누리기를 기원 드린다.

**화니 크로스비의 삶에서 배우는 건강장수 10계명**

◆◆◆

일 계명 : 가급적 어릴 때(일찍)부터 예수 그리스도를 만나 복음의 사람이 되라.

이 계명 : 늘 즐겁게 노래하고 시를 쓰고 찬양하는 사람이 되라.

삼 계명 : 물욕, 특히 돈과 소유에 지나친 욕심을 부리지 마라.

사 계명 : 모든 사람을 사랑하고 늘 긍정적으로 보라.

오 계명 : 따뜻한 인간관계와 우정을 지속하라.

육 계명 : 부지런히 일하고 열심히 살아라.

칠 계명 : 어린 아이 같이 단순하게 살아라.

팔 계명 : 늘 남을 돕고 축복하는 말을 하라.

구 계명 : 영혼을 사랑하여 복음을 전하는 사람이 되라.

십 계명 : 죽기를 바라지 말고 하나님을 위해 살려는 의지를 가지라.

# PART 1 씨앗을 심으며

## :어린시절과 맹인학교



Fanny Crosby Fanny Crosby Fanny Crosby

# 1 소경이 되다니!

Fanny Crosby

뉴욕의 사우스이스트(Southeast)는 읍(town)이라기보다는 일종의 행정구에 더 가까웠다. 이 곳은 삼림과 농지의 시골지역이었다(주: 한국의 농촌처럼 작은 부락들이 여기저기 산재해 있었다). 가장 큰 마을이 도아네스버그(Doanesburg)로, 그 당시 장로교회 하나, 목사관, 우체국, 학교 및 도서관까지 있어서 가장 번성하는 센터 역할을 하였다.

주변 지역에는 나무들이 띄엄띄엄 서 있고 뉴잉글랜드의 특징인 돌담들이 둘러져 있었다. 토양이 안좋아서 곡물보다는 바위가 더 많은 땅이었다. 자연히 소규모 농사꾼들은 먹고 살기가 사실상 불가능하였다. 수많은 남자들은 여러 대지주들의 땅에서 일꾼으로 고용되어 일하든지, 아니면 아버지나 형제나 사촌들과 뭉쳐서 더 넓어진 땅을 공동경작을 하였다.

1820년에 사우스이스트의 주민 1,900명 이상이 대부분 소작농이었다. 그 시절에 소작농이라는 말은 오늘날처럼 신분이 '낮음'을 의미하지는 않았다. 단지 시골에서 일하는 사람들을 의미할 뿐이었다. 화니 크로스비는 후년에 종종 자신의 출신이 "비천한 소작농"이라고 얘기했다.

### 영국계 청교도 집안

사우스이스트에 사는 사람들은 거의가 매사추세츠 식민지의 초기 이주자들의 후손*이다. 순수 뉴잉글랜드 출신들로 대부분이 영국에서 건너온 사람들이었다. 그 지역은 씨족으로 구성되어서, 사실상 모든 마을 사람들이 서로서로 친척관계였다. 성씨도 몇 십 개 밖에 없었지만, 어떤 성씨는 아주 많았다.

사우스이스트에서 씨족 중 가장 큰 집안은 크로스비 가(家)였다. 무려 열한 세대나 되었다. 때로는 일족을 이루는 여러 세대들이 그들의 집안 이름을 딴 정착촌에 집단을 이루어 살기도 하였다. 화니 크로스비가 태어난 지역사회는 게이(Gay) 일가로 이름이 지어졌는데, 많은 수가 그 곳에 살았다.

이들 사우스이스트의 농부들은 독실한 신앙을 가진 사람들이었다. 장

* 매사추세츠 식민지는 17세기 이래로, 영국에서 종교의 자유를 찾아 건너온 청교도들과 경제적인 목적을 위해 건너온 사람들이 북아메리카의 매사추세츠, 보스턴 등 동부 해안 지대에 식민지를 건설하여 살았다. 화니 일가도 청교도 후손으로 동부 인근에 정착하게 되었다.

로교회는 아직까지도 "불가항력적 은혜", "이중의 예정" 교리 및 분명한 개인적 회심 체험을 요하는 청교도적인 칼빈주의 교리를 가르쳤다.

그들은 농부였으나 신앙이 독실했고, 가난하게 살았어도 노동을 하는 중간 중간에 열심히 공부해서 겨우 글을 깨우쳤다.

비록 가난하긴 해도, 그들은 오랜 시간 힘든 노동을 하는 중간 중간에, 조그마한 붉은 색 학교 교실에서 1, 2년씩 어찌어찌 공부를 하여 겨우 글을 깨우치고 쓸 줄은 알게 되었다. 그 곳에서 사우스이스트의 아이들은 교사훈련을 받은 남녀 선생님으로부터 공부를 배웠다. 이들 "비천한 농부들"은 6학년 이상을 다닌 자가 거의 없었다. 하지만, 일이 끝난 겨울밤 난롯가에 앉아 시를 읽기도 하고 쓰기도 하였다. 그들은 밀턴(Milton)과 셰익스피어(Shakespeare)와 채프먼(Chapman)의 「호머」(Homer)를 암송할 수 있었다. 또 번연(Bunyan)의 고전인 「천로역정」(The Pilgrim's Progress)을 알고 있었으며, 흠정역(King James Translation, 한국에서 많이 사용하는 개역성경의 원서버전) 성경은 두말할 것도 없었다.

도아네스버그에서 굽이진 길을 따라 반시간쯤 걸으면 게이빌(Gayville)이라는 정착촌이 있었다. 그 숲 속 낙원에서 살고 있는 여섯 가구 가운데 하나가 작고 변변찮은 1층짜리 목조 농가였다. 언덕의 꼭대기 근처에 자리 잡고 있었기에 그 집은 언덕의 나무들이 군데군데 서 있는 풍경과 잘 어울렸다. 그리고 집 뒤에는 하늘 높이 솟은 오크나무와 단풍나무 숲으로 둘러싸인 공동 경작지가 있었다.

여기가 40대 중반의 실바누스 크로스비(Sylvanus Crosby)의 집이다. 농장 노동으로 겨우겨우 생계를 이어가는 가난한 사람이었지만, 그는 청교도단(Pilgrim fathers)의 하나인 윌리엄 브루스터(William Brewster)의 직계 후손이라고 주장하였다. 1620년 메이플라워 호(Mayflower)로 도착한 브루스터는 플리머스 식민지(Plymouth Plantation)를 건설하는 데 일조하였다. 17세기 말엽에 그의 후손 가운데 하나인 딸, 페이션스 프리먼(Patience Freeman)이 엘리저 크로스비(Eleazer Crosby)와 결혼하였다.

엘리저는 1635년에 영국에서 건너와 보스턴 인근에 정착한 시몬과 앤 크로스비(Simon and Ann Crosby)의 손자였다. 시몬 크로스비는 옛 요크셔(Yorkshire) 가문 출신이었다. 그는 1608년에 태어나 앤 브리검(Ann Brigham, 1606-75)과 결혼하고 신대륙으로 건너왔다. 그는 도착 후 얼마 안 있다가 하버드 대학(Harvard College)을 설립하는 데 협력했고, 몇 년 후 세상을 떴다. 그의 아들들 가운데 하나인 엘리저의 부친, 토머스(Thomas, 1634-1702)는 그의 아버지가 설립하는 데 협력하신 하버드 대학을 졸업하였다. 목사 안수는 받지 않았지만, 그는 케이프 코드(Cape Cod)에서 "신앙심 좋은 교사"로서 예배를 인도하였다. 또한 그는 운송사업에도 관여하였다.

엘리저에게는 이삭(Isaac)이라는 아들이 하나 있었는데, 1719년 케이프 코드 인근 할위치(Hal-wich)에서 태어났다. 그 직후에 이 가정은 코네티컷 주 뉴밀포드(New Milford)로 이사했다가, 그 뒤에 뉴욕의 사우스이스트로 옮겨왔다. 엘리저가 몇 살까지 살았는지 기록은 없지만, 그의 아내인 페이션스는 103세까지 살았으며, 80대 초반까지 혼자 말을 타고 케이프 코드에 사는 친척들을 방문하였다.

이삭 크로스비(Isaac Crosby)는 머시 포스터(Mercy Foster)라는 여자와 결혼하여 슬하에 열아홉을 두었다. 이 중 막내가 실바누스였고, 미국 독립전쟁* 중에 태어났다. 독립전쟁 발발 때 나이가 50대 후반이었음에도 불구하고, 이삭은 자원하여 전쟁에 참여하였다. 이삭이 전쟁에서 영예를 얻지는 못했지만, 살아서 간신히 집으로 돌아왔다. 100세가 넘도록 까지 그런 식으로 살았다. 그와 그의 후손들은 그의 군복무 및 전쟁 중 다른 먼 친척들의 공훈을 자랑으로 여겼다. 화니는 그녀가 어린 시절에 들었던 얘기들을 회상하길 좋아했다. "워렌 장군이 벙커 힐(Bunker Hill)전투에서 전사할 즈음 기(旗)가 그의 손에서 떨어지려고 할 때 그걸 붙잡은 이가 크로스비라는 사람이었다."라고 그녀는 적었다.

> **본문이해를 위한 해설(1)**
>
> **미국 독립전쟁**
>
> 영국의 식민지였던 북아메리카 13개 주가 영국과 싸워서 독립을 이룬 전쟁(1775-1783년)이다. 전쟁은 당초 식민지 문제에 관한 대영제국의 내전으로 시작되었다. 영국의 중상주의 정책에 따라 수입품에 세금을 부과함으로써 식민지 주민들의 불만을 사던 중, 차세를 반대하던 군중들이 보스턴 항구에 정박 중이던 영국 상선을 습격한 사건이 발생했다. 이 사건으로 영국 정부가 매사추세츠 식민지의 자치권을 정지시키며 강하게 탄압하자 13개 주 식민지 대표들이 조지 워싱턴을 독립군 총사령관으로 임명하고 독립선언서를 발표하였다. 전쟁은 처음에 독립군에게 불리했으나, 영국의 경쟁국인 프랑스, 에스파냐, 네덜란드의 지원에 힘입어 식민지 주민들은 마침내 승리를 거두었고, 영국으로부터 정식으로 독립을 승인 받았다.

실바누스가 스물한 살 때 유니스 파독(Eunice Paddock)과 결혼하였다.* 실바누스와 유니스는 여섯 살 터울로 네 자녀를 두었다. 1799년에 태어난 첫째 아이는 실바누스의 어머니 이름을 따서 머시(Mercy)로 이름 지었다. 이어서 둘째 테다(Theda)가 1805년에, 그 다음 조셉(Joseph)이 1811년에, 그리고 집에서 폴리(Polly)라고 부르는 막내 메리(Mary)가 1817년에 태어났다.

실바누스는 작은 땅뙈기를 경작하면서 최선을 다했다. 하지만 겨우 식구들 입에 풀칠하기도 바빴다. 그런데 막내를 낳고 2, 3년이 지나고 나서부터는 집안 생계를 혼자꾸려 나가지 않아도 되었다. 그것은 큰 딸 머시가 결혼하여 남편과 함께 한 집에서 살았기 때문이다.

머시의 남편, 존 크로스비(John Crosby)는 나이가 좀 들었는데, 장인 실바누스와 나이 차이가 많이 나지는 않았다. 아마도 사촌이었지 않나 싶다(사우스이스트에서는 사촌과의 결혼이 이상하지 않았다). 존 크로스비에 대해서는 알려진 게 하나도 없다. 화니가 아기였을 때 그가 이미 죽어서 그에 대한 개인적인 기억은 전혀 없었다. 그녀가 늘 들은 바로는, 그가 실바누스처럼 독립전쟁에 참여하였고, 굉장히 야심 차고 근면한 사람이었다고 한다. 그가 전에 이미 한 번 결혼을 해서 로라(Laura)라는 딸을 하나 두었는데, 머시의 동생 테다와 같은 나이쯤 되었다.

### 태어난 지 두 달여 만에

1820년 3월 24일, 그러니까 자신의 스물한 번째 생일을 맞기 두 달 전

---

* 5쪽의 '화니의 가계도' 참조.

에 머시가 딸을 낳았다. 이름은 모친의 여러 숙모 중 하나인 화니 파독 커티스(Fanny Paddock Curtis)의 이름을 따서 '프랜시스 제인 크로스비'(Frances Jane Crosby)라는 세례명을 붙여 주었다.

화니가 태어난 지 한 달 가량 지난 4월말쯤, 갓난아기의 두 눈에 이상한 염증이 생겼다. 물건을 갖다대어도 아무런 식별을 못했다.

태어난 지 한 달 가량 지났을 때였다. 4월 말쯤, 크로스비 갓난아기의 두 눈에 이상한 염증이 생겼던 것이다. 훗날 화니는 그녀의 시력을 "아주 약하게" 했던 질병에 대해 말한 적이 있다. 그렇지만 더 당황스러운 것은, 가족들이 충분한 의료지원을 받을 수 없었다는 점이다.

"아니, 우리 지역에는 공중의(公衆醫)가 없단 말이야!"

마침내 가족들은 의사라고 주장하는 한 사람을 만났다. 그런데 86년이 지난 후, 화니는 그에 대해 "참 이상한 사람"이라고 회고했다. 그가 누구였든지 간에, 그는 염증으로 빨개진 아기의 두 눈에 뜨거운 습포를 얹어놓는 치료를 했다. 크로스비 가족들은 치를 떨었다.

"여보세요. 의사 선생님! 아픈 눈에 뜨거운 습포를 가지고 자극을 시키면 어떻게 해요?"

"염려마세요. 뜨겁긴 해도 아기의 눈엔 해가 없구요. 곧 염증이 없어질 겁니다."

의사는 염증치료를 단언했다.

그가 치료를 다 마치고 염증은 점차 없어졌다. 하지만 허연 흉터자국이 양쪽 눈에 생겼다. 한 달의 시간이 또 흘러갔다. 어린 화니는 눈앞에 물건을 갖다 대어도 아무런 식별을 못했다. 큰 걱정이었다.

그 의사는 사우스이스트에 오래 있지 않았다. 크로스비 가족들은 아기를 장님으로 만든 그 사람을 고발했다. 게이빌, 도아네스버그, 그리고 이웃 마을들에서도 분노가 폭발했다.

"그 의사 놈을 당장 잡아서 영창에 보내야 해."

그러자 그 사람이 재빨리 눈치를 채고 두려워서 몰래 도망을 쳤다. 그리고 그 이후에 완전히 소식이 끊어졌다.

실바누스 크로스비의 가정에는 이후에도 재난이 끊이질 않았다. 1820년 11월은 추웠고 비가 많이 왔다. 아버지, 존 크로스비는 억수같이 비가 쏟아지는데도 밭에서 일을 하였다. 어느 날 밤, 화니의 아버지는 심한 냉기를 느끼며 늦게 들어왔다. 이튿날 심하게 앓더니, 며칠 후에 죽고 말았다.

크로스비 가족들은 스스로를 독실한 청교도로 자부했다. 그래서 스물한 살에 과부가 된 화니의 어머니는 언젠가 남편과 천국에서 다시 만나리라는 소망으로 위로를 삼았다. 하지만 이 땅에서는 친정아버지 혼자서 여섯 식구를 부양하기가 힘들다는 걸 머시는 알았다. 그래서 남편의 시신을 도아네스버그 묘지에 안장한 후, 그녀는 근처 부잣집에 가정부로 들어갔다. 만 한 살도 안 된 갓난아기 화니 제인은 엄마의 손이 아닌, 외할머니가 돌봐야 할 처지가 되었다. 그러나 이것이 하나님의 깊은 섭리였음을 누가 알았겠는가!

화니의 집은 지독히도 가난했다. 그렇지만, 크로스비 가(家)는 신앙이 독실해서 그런대로 행복한 가정을 영위하였다. 낮에는 외할머니 유니스,

둘째이모 테다가 집을 지키면서 갓난아기 화니와 폴리를 돌보았다. 화니와 폴리는 조카와 이모 사이라기보다는 자매에 더 가까웠다(세 살 차이가 났음). 외삼촌 조셉은 이제 외할아버지(실바누스)를 도와서 농장 일을 거들 정도가 되었다. 외할아버지(실바누스)와 외삼촌(조셉)과 엄마(머시)가 집에 돌아오는 저녁 시간이면 온 가족이 빙 둘러 앉아 시를 읽고 암송을 하였다. 아직 나이 어린 소녀였지만 화니 제인은 도둑 두목인 "리날도 리날다인"(Rinaldo Rhinaldine) 발라드, 로빈훗 이야기, 일리아드와 오디세이, 존 밀턴 및 성경 이야기를 아주 열심히 들었다.

> 외할머니는 친히 외손주의 눈이 되어야겠다고 결심했다. 화니가 남에게 의지해서 살아가게 하지는 않을 것이라고 굳게 다짐하였다.

### 외할머니의 특수교육 시작

외할머니 유니스는 큰 손녀딸인 화니에게 특별한 관심을 기울였다. 그래서 아이의 처음 4, 5년 동안에는 화니의 엄마보다 더 가까운 사이가 되었다.

"외할머니는 내가 말이나 글로 표현할 수 있는 것 이상으로 나에게 아주 중요한 분이셨어요."라고 화니는 썼다. 화니 제인이 5세 때 시력을 잃은 게 분명해졌다. 외할머니는 그때부터 친히 외손주의 눈이 되어야겠다고 결심하였다. 그 당시 수많은 장님들이 그랬듯이, 화니가 남에게 의지해서 살아가는 무기력한 병약자가 되게 하지 않을 것이라고 굳게 다짐하였다. 외할머니는 눈이 안 보이는 손녀가 이해할 수 있는 말로 보이는 현상세계를 설명해주려고 노력하였다. 80년이 지난 후에 화니는 외할머니에 대해 추억하였다.

"외할머니는 언제나 나를 무릎에 앉히고 흔들어주면서 아름다운 태양과 일출, 일몰 광경을 이야기해 주셨어요."

태어난 지 두 달여 만에 거의 시력을 잃은 어린 손녀에게 외할머니가 어떻게 색깔을 묘사해 줄 수 있었는지는 그렇게 대단한 신비가 아니다. 왜냐하면 화니 제인은 아주 강렬한 빛은 인식할 수 있었고, 때로는 여러 가지 색조를 구분할 수 있었기 때문이다. 외할머니는 또한 눈으로 보지 못하는 아이에게 새에 대해서도 마치 눈으로 보는 것처럼 잘 가르쳤다.

> 어느 날 초원에서 이상한 소리가 들려왔어요. "휩푸어윌"이라는 소리였어요. 외할머니께서 그처럼 기이한 소리를 내는 새에 대하여 얘기해 주셨는데, 날개에는 얼룩 반점이 박혀있고, 가슴은 붉은 갈색이며, 부리에는 센 털이 나 있고, 꼬리의 털은 흰색이라고 자세히 설명해 주셨지요.[1)]

화니가 "센 털이 난"이라는 말이 무엇을 의미하는지 어떻게 이해했을까? 외할머니는 그가 설명하려고 하는 것과 유사한 표면을 화니의 양 손에 쥐어주곤 하였다. 후에 화니가 '휩푸어윌' 이라는 소리를 들을 때마다 그런 소리를 내는 새의 색깔과 모양을 알아맞혔다. 외할머니는 또한 찌르래 종달새, 뻐꾸기, 명금새, 황금방울새, 노란 울새, 굴뚝새 및 철새 지

---

1) 사무엘 잭슨, "화니 크로스비의 94년 인생 이야기" (New York: Revell, 1915), p.119.

빠귀에 대해서도 동일한 방법으로 화니에게 가르쳤다.

어떤 사물에 대해 자세히 설명할 수 있는 능력은 화니가 일찍부터 외할머니에게서 특수교육을 받았기 때문이다.

비범한 외할머니 유니스는 뉴욕의 외딴 오지 출신의 농부에 지나지 않았다. 하지만 이 눈 먼 아이를 가르치는 데는 대학교 학위를 가진 사람 못지않게 능숙하고 성공적이었다. 그녀는 손녀에게 식물학에 대해 가르쳤다. 화니가 서너 살쯤 되었을 때까지는 제비꽃(violet)이 그가 가장 좋아하는 꽃이었다. 그런데 그게 평생을 갔다.

가을이 되면 화니를 데리고 자연 속에서 작은 산과 언덕길을 오르내리며 여러 나무와 그 잎들에 대한 이야기를 해주었다. 화니 제인은 꽃들에 대해 배울 때처럼 나무들도 만지고 냄새로써 알게 되었다. 잎사귀들도 "손으로 만져서 기억하는" 방법으로 알아갔다. 외할머니는 화니의 기억력이 그의 일생에 중요한 역할을 할 거라는 걸 알았기 때문에 훈련시키기 시작하였다.

외할머니는 가을에 낙엽을 긁어모아 쌓은 다음, 화니가 그것을 가지고 놀도록 하였다. "자, 이것은 어느 나무 잎이지?"라고 묻곤 하였다. 화니가 어떤 사물에 대해 자세하게 설명할 수 있는 능력을 갖추게 된 것은, 일찍(4, 5세)부터 외할머니에게서 이런 훈련을 받았기 때문이다. 바로 이 대자연의 특수교육(훈련)을 통해서 화니는 놀라운 기억력을 소유하고 발전시킬 수 있었다.

### 어린 시절의 성경교육

외할머니는 또한 화니의 신앙을 성장시키는 데에도 지대한 영향을 끼쳤다. 크로스비 가(家) 사람들은 모두가 독실한 그리스도인들이었다. 무엇보다 외할머니 유니스는 실제적으로 천사 같은 신앙심을 가졌던 것 같다. 외할머니는 온 세상을 하나님의 책으로, 자연현상 하나하나를 하나님의 나타나심으로 보았다. 그 당시 및 그 이전 세대의 수많은 사람들처럼, 그녀는 자연을 영적인 세계의 거울로 간주하였다. 모든 나무, 모든 꽃, 모든 새는 창조주 하나님께서 그렇게 창조하셨기에 그분의 계획과 목적을 이루게 하신 것이라고 할머니가 가르쳐 주셨다. 화니가 외할머니와 함께 작은 산과 언덕과 들판을 여기저기 거닐며 공부했던 길들은 사실, 하나님과 함께 동행하는 걸음걸음이었다.

외할머니는 화니와 폴리(할머니의 막내딸로 화니보다 세 살 많은 막내이모)에게 좋은 일이든 나쁜 일이든 무슨 일이 일어나든지 간에 그것은 하나님의 기쁨이나 진노의 나타나심이라고 가르쳤다. 참새 한 마리도 하나님의 허락 없이는 땅에 떨어지지 않으며, 머리털 하나하나까지 세신 바 된다고 가르쳤다. 하나님은 환난 가운데서도 늘 함께 하시고 도와주신다는 확신을 그들 마음속에 심어주셨다.

외할머니는 딸 머시(화니의 어머니)가 과부가 된 처음 몇 년 동안은 딸에게 큰 힘이 되어주었다. 종종 머시는 너무 어렵고 힘들어서 미칠 지경이었다. 머시는 이 아이를 뒷바라지 하려고 하루 종일 고단하게 일하지 않으면 안 되었다. 그래서 화니를 볼 수 있는 건, 밤 시간뿐이었다.

"어린 것이 평생을 장애인으로 살아야만 하는데, 장차 어찌 될까."

엄마는 어린 딸을 생각하면 자다가도 미칠 지경이었다.

성경 이야기가 할머니 입에서 줄줄 나와 내 마음 속에 들어왔고, 뿌리를 내렸다. 할머니는 성경의 사람이었다.

한 번은 머시가 볼품없는 오두막집을 쳐다보며 풀이 죽어 울고 있을 때였다. 친정어머니 유니스는 가만히 딸에게 다가갔다. 그리고는 자신의 단단하고 여윈 손을 딸의 가냘픈 어깨 위에 얹고서 머시가 가장 좋아하는 찬송가를 부르거나, 청교도 지도자 카튼 마더(Cotton Mather)가 가장 즐겨 사용했던 오래된 청교도 금언을 인용하기도 했다. "치료할 수 없는 것은 참으면 되느니라"(What can't be cured can be endured). 화니는 90대 나이에 들어서도 여러 가지 고통과 문제를 안고 자신을 찾아오는 모든 사람들에게 어렸을 때 어깨너머로 들었던 그 금언을 되풀이해서 들려주곤 하였다.

화니는 일찍부터 할머니가 아이들을 모아놓고 성경을 읽어주던 모습을 기억하고 있다.

"성경 이야기가 할머니의 입에서 줄줄 나와 내 마음 속으로 들어왔고 그 곳에 뿌리를 깊이 내렸어요."

할머니는 단지 성경을 읽어주는 것이 아니었다. 시간을 들여서 아이들이 이해할 수 있는 용어로 하나하나 설명해 주었다. 흔들의자에 앉아서 "독생자 예수 그리스도를 이 세상에 보내시어 모든 인류의 구세주요, 친구가 되게 하신 하늘 아버지가 얼마나 고마우신 분인가"에 대하여 아이들에게 이야기해 주었다.

할머니는 성경의 사람이었다. 그 뿐 아니라 "기도를 확신하는 사람"이었다. 기도는 정신활동의 한 형태로서, 단지 하나님을 묵상할 때 뿐 아니라 그녀가 사랑하는 구세주와 직접적인 커뮤니케이션으로서도 신자의 신앙생활에 절대 필요하였다. 외할머니는 화니에게 이렇게 가르쳤다.

"필요가 있을 때마다 하나님께 부르짖어 기도해라. 그리고 일어난 모든 좋은 일에 대하여 하나님께 감사하도록 해야 한다."

"일이 너무 어렵다고 하나님께서 하지 못하실 일이 하나도 없다. 자기의 필요가 무엇이든지 간에 하나님은 능히 채워주실 수 있는 분이란다."

"너의 기도제목이 아무리 엉뚱하거나 가망이 없는 것일지라도 너에게 유익하다면 하나님께서 응답해 주실 것이다. 설령 하나님께서 기도에 응답해 주지 않으신다 해도 낙심해서는 안 된다. 왜냐하면 하나님께서 얼토당토 않는 너의 소망과 기대보다 더 좋은 것을 이미 예비해 놓으셨기 때문이지. 그러므로 늘 기뻐해야 한다. 고통과 좌절도 기쁘게 인내하면서 참을 수 있어야 한다. 그 이유는 그것이 더 좋은 것으로 바뀌어가고 있기 때문이지."

주일마다 크로스비 가(家) 사람들은 다른 마을 사람들과 마찬가지로 맨발로, 즉 신발을 손에 들고 걸어서 교회로 갔다. 그들은 밖에 있는 마구간으로 가서 깨끗이 닦고 신발을 신은 다음 예배당에 들어갔다. 겨울에는 목조건물의 난방을 성전 중앙에 설치된 배불뚝이 난로가 담당하였다. 설교는 길었고, 종종 칼빈주의 신학의 지루하고 이상한 것들이 많아서 사람들은 끝날 때까지 꾸벅꾸벅 졸았다. 정오가 되면 교인들은 집에 가서 점심을 먹고 재빨리 다시 와서 더 많은 설교를 들었다. 동네의 교인들은 이런 것을 귀찮게 생각하지 않았다

사우스이스트 교회에는 오르간도 없었고 찬송가도 없었다. 초창기 청교도들처럼, 그 당시 신학자들은 인간이 작곡한 찬송가를 믿지 않았다. 오로지 하나님께로부터 직접 다윗에게 "구술된" 시편만을 사용하였다. 대부분의 음악은 이따금 1세기 전에 살았던 아이작 왓츠(Isaac Watts)가 운율을 넣어 바꿔 쓴 단선율 성가로 부른 시편들로 이루어졌다.

강대상에 올라간 집사 한 사람이 성경을 가진 유일한 사람이었다. 시편을 한 줄 한 줄 읽으면서 그가 한 줄을 낭송하면 회중이 그대로 따라했다. 이런 식으로 해서 시편 한 편을 다 부를 때까지 진행하였다. 이처럼 다소 어색한 교회음악이 어린 화니에게 전혀 감동을 주지 못하였다.

어린 소녀로서 화니 제인은 조용하고, 생각에 잠겨 있으면서도 명랑하였다. 그녀는 우체부 아저씨의 성실한 벗이 되었고, 주중에 유쾌한 사건 중 하나는 목요일마다 그에게서 우편물을 받는 것이었다. 세 살 때부터 쾌청한 날이면 그녀는 눈이 정상인 사람의 편안함을 가지고 큰 바위께로 나아가곤 하였다. 거기에서, 할머니가 지켜보는 가운데 화니는 바위 위에 앉아서 "자연의 소리들"에 귀를 기울였다.

"그 모든 소리들이 나의 영혼에 익숙한 언어였어요."

지속적이면서도 호의적인 동정이 없었더라면, 그리고 "네가 이것저것

을 다 볼 수 있으면 좋을 텐데"라는 말이 없었더라면, 화니는 자기가 다른 아이들과 다르다는 사실을 알지 못했을 것이다. 그녀는 자신의 운명에 어떤 한계가 있다는 것을 깨닫지 못한 채, 그것에 만족하며 살았다.

그녀는 노래 부르기를 좋아했다. 다섯 살쯤 되어서는 "컬럼비아 만세, 행복한 나라"라는 장엄한 노래나, "90명의 노총각"과 같은 다소 투박한 발라드 노래도 알고 있었다.

화니의 할머니와 엄마는 화니와 폴리에게 마음껏 뛰놀 수 있는 자유를 주었다. 어린 여자애들이라고 항시 옆에 끼고 키운 것이 아니라, 집 주위를 돌아다니며 놀게 하였다. 할머니와 머시는 심지어 밤에도 동네의 다른 아이들과 함께 밖에서 실컷 놀도록 허락하였다. 화니는 낮이나 밤이나 어느 때든지 똑같이 잘 놀았다.

# 2 성경 암송의 천재

Fanny Crosby

### 5년을 기다린 희망

화니의 눈이 안 보인다는 것이 명백해졌다. 그러나 엄마는 치유에 대한 희망을 버리지 않았다. 5년이 지난 후에, 멀리 떨어져 사는 이웃들이 치료 후원금을 보내주었다. 엄마는 미국 최고의 외과의사 가운데 한 사람인 컬럼비아 의과대학의 발렌타인 모트(Valentine Mott)박사에게 화니의 건강검진을 받으러 갈 만큼 그럭저럭 충분한 돈이 모아졌다고 판단했다.

어린 화니는 뉴욕까지 가는 여행이 다소 지루하지만 재미나는 모험이라 생각했다. 그녀는 선장이 들려주는 바다 여행담을 즐거워했으며, 그 답례로 자기가 지금까지 배웠던 간단한 노래들을 불렀다. 승무원들과 승객들은 아주 기뻐했다. 선장은 화니의 노래를 듣고 너무 즐거워했는데,

손상된 눈은 되돌릴 수 없었다.
의사의 말은 엄마의 가슴에 비수를 꽂았다.
5년 동안 줄곧 품었던 희망과 기대가
하루아침에 날아갔다.

심지어 화니를 불러와서 "내가 지금 기분이 별로 안 좋다"면서 자기를 위해 노래를 불러달라고 부탁하기도 했다.

그러나 뉴욕에 도착하고 나서는 좋았던 기분이 점점 시들해졌다. 엄마와 화니가 모트 박사의 진찰실로 안내받아 갔더니 안과 전문의가 이미 와 있었다. 화니의 눈을 검진한 의사는 청천벽력과 같은 말을 했다. "5년 전에 치료했던 의사가 눈을 완전 망가지게 했군요." 의사는 엄마의 의구심을 확인시켜주었다. 즉, 뜨거운 습포가 눈의 각막을 태워서 반흔 조직을 형성시켜 놓았다는 것이다. 이것은 어느 정도 시력을 촉진시키기도 하고, 상실시키기도 하는 것이었다. 시력 상실은 유약을 바르거나 얼음으로 얼어 있는 창문을 통해 바라보는 것에 비유될 수 있다. 화니가 빛과 색깔을 희미하나마 인식할 수 있겠지만, 다른 것은 거의 인식할 수 없는 정도였다. 의사가 할 수 있는 일이라곤 전혀 없었다. 이미 손상된 눈을 되돌릴 수가 없었다.

의사의 말은 엄마의 가슴에 비수를 꽂았다. 평상시에는 엄숙하고 침착한 편인 그녀가 끝내 울음을 터뜨리고 말았다. 5년 동안 한 푼도 안 쓰고 아끼고 모은 수술비, 5년 동안 줄곧 품었던 희망과 기대가 하루아침에 수포로 돌아가고 말았다.

화니가 완전히 눈이 먼 것은 아니었다. 80대에 들어서도 낮과 밤을 구분할 수는 있었다. 그 무렵, 한 친구가 말했다.

"화창한 날에 화니가 햇빛을 볼 수 있으면 좋겠다."

화니가 대답했다. "나도 알아, 나도 느껴. 나도 그걸 볼 수 있다구!"

다섯 살인 어느 봄날 오후였다. 어린 화니는 뉴욕에서 돌아오는 배 위에서 거의 종교적 체험에 가까운 한 현상을 경험하였다.

> 내가 떠나는 날, 기쁨에 차서 갑판에 앉아 있었어요. 그런데 나지막하게 찰싹거리는 파도소리가 지친 내 영혼을 달래어 환희 가득한 평화를 맛보게 하였습니다. 그 소리는 인간의 목소리와 같은 음조로 바뀌었고, 그 멜로디는 여러 해 동안 나의 상상력에 창조적 재능을 일깨워 주었습니다. 그 재능은 강 밑바닥쯤에 놓인 작은 조개껍질 속의 감방에서 빠져나오려고 몸부림을 치고 있었거든요.[2)]

집으로 돌아오자 외할머니가 그들을 위로하면서, 늘 하던 대로 딸에게 말했다. "주님께서 기도를 들어주시지 않으면 들어주시지 않는 그대로가 가장 좋은 것이야."

그녀는 마음이 심란해진 딸에게 하나님께서 어린 화니 제인을 위해 유용한 미래를 준비해 주실 거라고 안심을 시켰다.

이 때(5세)쯤에 머시는 게이빌에서 남쪽으로 10킬로 가량 떨어진 노스살렘(North Salem)으로 이사를 가게 되었다. 거기서 가정부로 일을 하게 되었기 때문이다. 머시는 주인집에 화니가 있을 공간이 있었기에 딸을 데리고 가기로 결정하였다.

노스살렘은 주로 퀘이커 교도*들이 거주하는 곳이어서, 화니 제인은 소위 "평무"(plain language)이라는 것을 재빨리 배웠다.

온화한 외할머니와는 달리 엄마는 아주 임격했다. 화니 제인이 말썽

---

2) 프랜시스 J. 크로스비, "팔십년의 추억들"(Boston : James H, Earle, 1906), p.9.

을 부릴 때마다 외할머니는 아주 부드러운 말로 손녀가 자신의 잘못을 인정하고 눈물로 뉘우치도록 하였다. 반면에, 엄마는 외할머니에 비해 매를 쉽게 들었다. 그래서 아이가 적응을 하지 아니하면 안 되었다. 후에 화니는 엄마에 대해 이렇게 말하였다. "엄마는 마음을 써서 경계를 해야만 하는 세대에 속하신 분이셨어요!"

**본문이해를 위한 해설(2)**

**퀘이커교도**

17세기중반에 영국의 조지 폭스가 창시하여 영국과 북아메리카 식민지에서 일어난 개신교 교파의 하나이다. 이 교파는 17세기 영국 청교도 운동의 극좌파에 속하였고, 영국 북부에서 급속히 퍼진 뒤, 런던, 잉글랜드 전역, 스코틀랜드, 아일랜드, 유럽 대륙, 북아메리카에서 잇달아 일어났다. 개신교 교파들 가운데 유일하게 성례전을 외적 형식으로 준수하지 않고, 영적 세례와 성찬을 믿는다.

여러 가지 사진을 통해서 볼 때 머시는 엄격한 얼굴을 한 개척민 여성이었던 듯하다. 야위고 꼿꼿하며, 뼈대가 굵은 긴 얼굴에, 매부리코에다, 험하고 강렬한 눈초리, 오므린 입술을 하고 있었다. 그렇지만 그녀가 늘 엄격하게 규율만 잡는 건 아니었다. 위트가 있고, 즐겁게 시간 보내기를 좋아하는 여성이었다. 특히 장애를 가진 딸의 복지를 위해서 거의 미치다시피 헌신적이었다. 넉넉지 못한 수입이 허락하는 한, 엄마는 어린 딸을 즐겁게 해주려고 장난감을 많이 사 주었다.

화니는 다른 동네 아이들과 "아침 일찍부터 저녁 늦게까지" 놀았다. 노스살렘의 농부들은 그 어린 눈 먼 소녀가 아이들의 짓궂은 장난에 언제나 관계되어 있음을 이내 알고는 놀라워했다. 말괄량이 끼가 있는지 화니는 "다람쥐처럼 민첩하게" 나무를 기어오르고, 말 등에 올라 말이 질주할 때 필사적으로 갈기를 꽉 움켜잡고 달리기를 배웠다. 돌담을 오르는 것도 알았다. 한 번은 옷이 찢어지자 "야단 안 맞으려고 엄마가 눈치 채지 못할 때까지 엄마가 못 보게 감추려고 안간 힘을 썼는데, 그런 경우는 정말이지 드물었다."

화니는 늘 이렇게 주장했다.
"눈 먼 사람들도 눈 뜬 사람들이 할 수 있는 일이라면 거의 다 할 수 있어요."

외할머니는 일주일에 여러 차례 노스살렘에 있는 화니를 꼭 방문하였다. 엄마가 데리고 살았지만 가정부로 일하는 주인집의 가사 일이 바빴기 때문이다. 그때마다 외할머니가 계속 손녀를 교육시켰는데, 여덟 살 때쯤에는 성경 암송을 시켰다.

화니는 점차 자기가 다른 아이들과 같지 않다는 사실을 깨닫게 되었다. 선원이 되든지, 설교자가 되든지, 음악가가 되려면 학교를 다녀야 했다. 하지만 지식의 길, 배움의 길이 그녀에게는 가로막혀 있었다. 거의 절망적이었다. 사람들이 이런 말을 하면 넌더리가 났다.

"넌 말이야, 눈이 안 보이기 때문에 그런 것은 할 수 없어."

"너는 시간을 들여 애쓸 필요가 없어. 절대로 그 곳에 갈 수 없거든. 설령 간다고 해도 너는 아무것도 볼 수 없잖아."

화니는 후년에 늘 주장했다. "눈 먼 사람들도 눈 뜬 사람들이 할 수 있는 일이라면 거의 다 할 수 있어요."

### 8세 때 첫 시를 쓰다

그렇지만 뉴욕 주의 산골에 사는 눈 먼 어린 소녀에게는 그녀의 야망을 실현시킬 희망이 거의 없는 듯하였다. 그녀는 침울했다. 때로는 아주

비관적이고 의기소침해지기도 하였다. 그럴 때면 화니는 혼자 느릿느릿 걷다가 할머니가 가르쳐 주신대로 무릎을 꿇고 자신이 소경이기 때문에 하나님의 자녀가 될 수 없는 것인지 하나님께 묻곤 하였다.

"하나님, 하나님께서 창조하신 크고 위대한 세계에서 나를 위해 그 어딘가에 작은 동산을 만들어 놓지 않으셨나요."

그럴 때면 언제나 신기하게도 그녀는 이 같은 하나님의 음성을 듣는 것 같았다.

"사랑하는 어린 딸아, 낙심하지 마라. 훗날 언젠가는 네가 행복하고 쓸모 있는 사람이 될 거다. 네가 비록 소경일지라도 말이다."

이렇게 기도를 한 결과, 그녀가 낙담하고 의기소침했던 시기는 잠깐처럼 지나갔다. 그리고 여덟 살 때 처음으로 시(詩)를 썼다.

아, 나는 얼마나 행복한 아이인가
비록 눈은 보이지 않아도!
이 세상에서 나는 만족하며 살기로
굳게 결심하였지!

다른 사람들이 누리지 못하는 축복들을
나는 얼마나 많이 누리고 사는가!
눈이 안 보인다고 울거나 한탄하지 않아
절대로 안 그럴 거야!

비록 화니가 엄마와 외할머니가 신봉하는 칼빈주의 신앙의 "회심 체험"은 하지 못했을지라도 하나님은 처음부터 화니의 삶에 일부가 되었다. 특히 노스살렘의 교회는 그녀에게 대단히 중요한 의미를 부여했다. 유일한 교회는 프렌드파 교우회(the Society of Friends : 퀘이커파의 공식 명칭)였다. 퀘이커 교도들의 집회는 심플하게 설교하는 예배여서 사우스이스트에서의 죽은 듯한 퓨리턴 예배와는 사뭇 달랐다. 그래서 더 마음에 들어 좋았다. 무엇보다 노래가 그녀의 상상력을 사로잡았다. 평생을 살면서 그녀는 "음울한" 찬송가를 기억하였다. 그 당시 뉴잉글랜드에서는 이처럼 무겁고 침울한 찬송가를 많이 불렀다. 그 찬송가들은 죽음을 주제로 한 시를 등골이 오싹하는 푸가(둔주곡) 곡조에 맞춘 노래들인 경우가 많았다.

노스살렘에서는 사우스이스트에서와 마찬가지로 감정적인 회심 체험을 굉장히 강조하였다. 그것이 없다면 죽는 게 두려울 정도였다. 죽음을 피할 수 없는 운명과 회개하지 않는 자들에게는 틀림없이 지옥이 있다는 사실을 크게 강조하였다. 무관심한 죄인들을 향해 말하는 찬송가가 많았는데, 그들은 갑작스럽게 죽음을 당하여 지옥에 떨어졌다. 비록 어린 소녀였지만 화니는 겁을 주고 두렵게 하는 전략에 혐오감을 느꼈다. 그것이 의도하는 효과를 거두기보다는 오히려 믿지 않는 자들의 불신앙을 더 강화시키는 경우가 많았기 때문이다. 이런 일이 기독교 사역에 대한 그녀의 평생의 태도에 영향을 주었다.

그녀는 성경 암송 과제를 주었다. 그 많은 성경 장절들을 반복해서 암송하도록 훈련시켰다. 이 훈련 덕분에 화니는 일평생 만족하는 삶을 살았다.

## 홀리 부인과 만남의 축복

화니가 여덟, 아홉 살쯤 되었을 때 엄마는 또 한 번 이사를 하였다. 이번에는 주 경계선을 넘어서 코네티컷 주의 릿지필드(Ridgefield) 근처로 옮겼다. 가정에서 일하는 직장을 거기서 얻었던 것이다. 그녀는 자기가 일하는 집에서 생활할 수가 없었다. 그래서 낮에는 화니를 안주인인 홀리(Hawley) 부인에게 맡겼다. 화니 제인은 그녀와 함께 노스살렘의 퀘이커 교도들에 대하여 영원히 잊을 수 없는 추억거리들을 갖게 되었다. 그녀가 사람들을 "그대들"(thee)과 "그대"(thou) 〔퀘이커 교도들은 you대신 thee와 thou를 사용한다고 함 - 역자주〕로 호칭하는 습관은 금방 잃어버렸지만, 평생을 살면서 때로는 퀘이커 복장으로 입는 것을 좋아하였다.

엄마와 화니는 잔디가 무성한 마을의 공유지에서 살았다. 여기서 그들은 한 번 더 장로교 나라에 온 듯한 느낌이었다. 홀리 부인은 대단한 칼빈주의자, 즉 가장 전통적 신앙을 가진 스코틀랜드 사람들 못지않게 성경의 모든 것을 문자적으로 해석하는 구식 퓨리턴 장로교 신자였다. 그녀는 대부분의 청교도들처럼 음울하거나 엄격하지 않고 "친절"하였다. 그녀는 아름다운 것들을 사랑하였다.

화니는 외할머니가 사는 사우스이스트에서 너무 멀리 떨어져 있었기에 외할머니는 정기적으로 찾아갈 수 없었다. 하지만 홀리 부인이 할머니의 일을 대신 맡아주기로 하였다. 그녀는 화니에게 성경 전체를 암송하는 과제를 주고는, 매주 여러 장(章)을 외우게 했다. 어떤 날은 다섯 장씩이나 외우게 했다. 그 많은 성경의 장절들을 한 줄 한 줄 반복해서 어린 소녀의 머리 속에 들어가도록 훈련시켰다.

화니는 나이는 어리지만 놀랄만한 기억력을 타고 났기에 창세기, 출애굽기, 레위기, 민수기는 물론, 신약의 사복음서까지 그 해 연말까지 마스터 하는 데 아무런 어려움이 없었다. 그렇게 만 2년을 공부했다. 화니는 그래서 모세오경 전체와 사복음서 전체는 물론, 시편의 대부분과 잠언 전체, 룻기 전체, 그리고 "모든 산문시 중 최고라 할 수 있는 솔로몬의 아가서"까지 기계적으로 암송할 수 있었다.

이러한 성경 암송 훈련 덕분에 화니는 일평생 만족하는 삶을 살았다. 그때부터는 그녀에게 성경을 읽어줄 사람이 필요치 않았다. 그녀는 성경의 어느 부분을 "읽고" 싶다고 느낄 때마다 그녀의 마음속에 있는 작은 버튼만 누르면 그에 맞는 적절한 구절들이 녹음기를 틀 듯 그녀의 뇌에서 줄줄 흘러 나왔다.

그녀는 사우스이스트에 사는 할머니를 꽤나 자주 방문했다. 그때마다 할머니는 손녀가 성경 학습에 크게 진보가 있는 것을 알고서 아주 기뻐하였다. 화니는 릿지필드에서 어린이들과 십대들을 대상으로 성경 암송대회를 하면 언제나 우승을 차지했다. 누구든지 가장 많은 구절을 암송하는 사람이 성경책을 타는 것이었는데, 성경은 늘 그녀의 몫이었다.

홀리 부인은 성경 외에는 읽을 가치가 없다고 믿었다. 하지만 아주 엄격한 칼빈주의자는 아니었다. 그녀는 화니가 대중적인 시 뿐만 아니라 교훈을 주는 세상 작품들도 암송하도록 했으며, "실제적인 교훈이 되는 것들"을 많이 가르쳤다. 엄마 역시 시간이 있을 때마다 화니에게 읽어주었고, 화니는 엄마가 "굉장한 감정을 넣어서" 밀턴의 유명한 단시(sonnet) "그의 눈멂에 관하여"를 암송하는 것을 생생하게 기억했다.

그 당시 뉴잉글랜드에서는 "음악학교"가 아주 인기 있었다. 겨울이면 음악선생이 마을의 젊은이들을 찾아왔는데, 그 선생은 화니와 릿지필드에 사는 그녀의 친구들에게 로웰 메이슨(Lowel Mason, 1792-1872)의 저 유명한 "헨델과 하이든 모음곡"을 가르쳤다. 여기에는 주로 유럽의 고전음악 스타일의 노래와 송가들이 들어있었다. "헨델과 하이든 모음곡"은 교회 성가대에서 많이 사용했는데, 화니 제인도 거기에 소속한 멤버였다.

릿지필드 장로교회는 재정이 약해서 찬송가책을 구입할 수 없었다. 그래서 사우스이스트의 집사님들이 그랬던 것처럼, 이곳 집사님들도 메이슨의 모음곡에서 몇 곡 뽑아서 노래를 불렀다. 하지만 가끔은 그들이 스스로 찬송가를 지어 "헨델과 하이든 모음곡"의 곡조에 붙여 노래를 불렀다. 이런 경우 대체로 마무리가 좋지 않아 때로는 찬송가를 한 두 소절로 끝낼 수밖에 없었다.

이때쯤에 화니는 감리교 신자인 한 양복쟁이를 알게 되었다. 그리고 이따금 그 사람과 함께 그의 교회에 나갔다. 그녀는 그곳 교회에서 부르는 찰스 웨슬리(Charles Wesley)와 아이작 왓츠(Isaac Watts)의 장엄

하고 아름다운 찬송가를 좋아하게 되었다.

> 그녀는 눈이 안 보인데다
> 교육받을 기회가 없어 실망하고 좌절했다.
> 그러나 하나님께 기도했다.

화니가 때로는 행복했지만, 사춘기에 접어들면서 자주 기분이 언짢고 우울한 감정이 반복되었다. 저녁마다 성경을 "읽으면서" 생각에 잠기는 경우가 많았다. 눈이 안 보인다는 자신의 핸디캡이 어렸을 때보다 더 많이 울적하게 했다. 그럴 때마다 "눈먼 어린 소녀가 할 수 있는 게 무엇인지를 세상에 보여주기 위해" 친구들과 경쟁하려고 자신을 더 몰아갔다.

화니는 커서도 이것을 전적으로 벗어날 수는 없었다. 심지어 나이가 들어서도 정상적인 눈을 가진 사람이 할 수 있는 것이라면 "자기도 다 할 수 있다"는 것을 사람들에게 증명해 보이려고 언제나 극성을 부렸다. 90대가 되어서도 함께 사는 조카딸에게 자기가 설거지를 하겠다고 우겨댄 적도 있었다.

### 화니의 고민와 우울증

열한 살, 열두 살이 되자 화니는 세상으로부터 더 닫혀지는 느낌이 들었다. 엄청난 양의 지식이 눈앞에 기다리고 있다는 것을 비로소 깨닫기 시작했다. 하지만 자기는 눈이 안 보인데다 교육받을 기회가 없어서 고민이었다. 그녀는 가끔씩 마을의 학교에 출석했다. 그러나 선생님은 소경을 어떻게 가르쳐야 할지 방법을 몰랐다. 그녀는 며칠 다니다가 실망하고 좌절해서 그만두곤 했다.

그녀의 우울증이 깊어갔다. 그래서 자주 할아버지, 할머니를 방문하였다. 두 분은 아직도 그녀가 태어났던 바로 그 집에 살고 계셨다. 할머니는 손녀가 깊이 상심한 것을 알고 어느 날 저녁에는 함께 오래도록 이야기를 나누었다. 할머니는 흔들의자에 앉으시고 화니는 속마음을 쏟아 놓았다. 그런 다음 두 사람은 무릎을 꿇고 자비로우신 아버지께 간절한 기도를 반복해서 드리곤 했다. 기도가 다 끝나면, 할머니는 아래층으로 조용히 내려가셨고, 화니는 홀로 남아 생각에 잠기었다.

'그날 밤은 아름다웠어요. 나는 창문 쪽으로 살며시 기어갔어요. 바로 창가에 서 있는 큰 참나무 가지 사이로 부드러운 달빛이 마치 천사가 축도하듯 내 머리 위를 비추었어요. 그때 나는 그곳에서 무릎을 꿇고 간단한 기도를 몇 번이고 자꾸 반복했어요. "사랑의 주님, 나에게도 다른 아이들처럼 공부할 수 있는 길을 꼭 좀 알려주세요."'

기도하고 나니, 화니의 마음이 한결 시원해졌다. 최근 몇 달 동안 가슴을 짓눌러왔던 심한 불안과 염려의 짐이 즉시 가벼워졌다.

"내 기도가 곧 응답될 거야."

그녀는 기분이 좋게 바뀌는 것을 느꼈다. 비록 화니가 앞 못 보는 장애인으로 제한받을 수밖에 없어서 가끔 우울하기도 했지만, 그러나 이때부터 마음속에 보물처럼 간직한 확신이 하나 있었다.

"나와 지식 사이에 가로놓인 큰 장벽이 결국엔 무너질 거야."

이것은 외할머니가 손녀에게 준 마지막 선물이었다. 그 달빛이 조요한 밤에 '지식'을 구했던 기도 말이다. 그 후 얼마 안 되어 할머니는 병으로 눕고 말았다.

### 외할머니의 유언

화니는 할머니와의 마지막 만남을 늘 기억하며 살았다. 1831년 그 "장밋빛 같은 여름 날 저녁"에 할머니는 애용하시던 흔들의자에 앉으셔서 고통스런 목소리로 속삭이셨다.

"사랑하는 화니! 할머니는 곧 본향으로 갈 거다."

놀란 아이에게 자신은 곧 천국으로 갈 거라고 말씀하셨다. 이 말을 듣고 화니는 너무도 서글프게 흐느꼈다. 그런데 할머니가 정말 죽어가는 듯, 더듬거리는 음성으로 다시 어두운 침묵을 깨고 물으셨다.

"애야, 저 천국 우리 아버지 집에서 너, 할머니와 만날 수 있겠니? 말해다오."

화니는 할머니가 지금 자신을 내려다보고 계심을 느낄 수 있었다. 다시 침묵이 흘렀다. 이윽고 화니가 목이 메는 것을 참고 대답했다.

"하나님의 은혜로 그렇게 할게요." 할머니는 기뻐서 어쩔 줄 몰라 하시며 화니를 가슴에 껴안았다. 두 사람은 머리를 숙이고 마지막 기도를 드렸다. 그리고 오래지 않아 할머니는 눈을 감았다. 쉰셋의 나이로…

할머니와의 이 마지막 만남이 여러 해 동안 화니의 뇌리를 떠나지 않았다. 할머니는 날짜까지도 명확한 '회심' 체험을 해야만 구원의 확신을

> 아름다운 목소리로 가수로서의 평판을 얻었다. 그러나 최고의 명성은 시인으로서였다.

가질 수 있다고 믿었던 독실한 칼빈주의 신봉자였다. 그녀는 화니가 이 체험을 가졌으면 하고 바랬다. 그러기에 임종하기 전에 물어본 말도 궁극적으로는 그것을 권면하기 위한 것이었다.

그러나 화니는 그 마지막 시간에 할머니를 떠나보낸 후, 구원에 대해 별로 색다른 느낌을 갖지 못하였다. 그녀가 날짜까지 확실한 회심체험을 갖지 못했다는 사실이 때때로 그녀의 마음을 짓눌렀다.

## 십대 때의 명성

십대에 들어서자, 화니는 뚜렷한 음악적 재능을 보이기 시작하였다. 아름다운 하이(high) 소프라노 목소리로 그녀는 지역에서 가수로서의 평판을 얻었다. 그녀는 여러 모임에서 언제나 초청을 받을 정도로 기타도 마스터하였다. 그녀는 또 탁월한 여성 승마자가 되었다. 또한 재미나는 이야기꾼(storyteller)으로서도 명성을 얻었는데, 자선을 베푸는 산적 이야기를 꾸며내기를 좋아하였다.

후일에 그녀는 고백하였다.

"그렇지만 실생활에서는 불행히도 만나보지를 못했어요."

화니가 릿지필드에서 최고의 명성을 얻은 것은 시인으로서였다. 그녀는 지역사회에서 일어나는 사건들을 서정시로 표현하였다. 예를 들면, 인근의 제분업자가 옥수수가루를 상습적으로 밀가루와 섞어 파는 부정한 행위를 저질렀다. 그래서 화니는 시를 썼다.

우리 마을에 한 제분업자가 있네.
그의 행위가 얼마나 무서운지 몰라
그가 지금 회개하지 아니하면
더 큰 부끄러움을 당할 거야.

이웃사람들이 그 시를 읽고 좋아했다. 즉각 관심을 끌 수 있는 상황이라 판단하여 제일 가까운 지역 주간신문인, 댄버리(Danbury)의 '헤럴드 오브 프리덤'(Herald of Freedom) 편집인에게 그 시를 보냈다. 그 신문의 편집인은 비니아스 테일러 발눔(Phineas Taylor Barnum)으로, 20대 초반의 전도유망한 사람이었다. 그는 그 시가 너무 마음에 들어 전문을 활자화하고 싶었다. 그는 화니에게 관심을 가졌기에 엄마가 중간에 끼어들어 방해만 하지 않았더라면 그녀를 "앞 못 보는 천재"라고 그의 신문에 띄웠을 것이다. 엄마는 젊은 발눔이 사람과 물건을 전시하여 이득을 얻으려는 성향이 있음을 재빨리 눈치챘던 것이다. 그녀가 "그의 명예의 전당에서 편치 못한 자리를 차지했을 뻔"했다고 후일에 쓰기도 했다.

그 당시의 문학의 중심 주제가 '죽음'이었기에 시대의 흐름에 따라 화니는 죽음에 관한 시를 쓰려고 노력하였다. 얼마 동안은, 이웃에서 누가 죽게 되면 그 때마다 화니는 "나의 시상을 자극하여 몇 방울 동정의 눈물을 흘리게" 하곤 하였다. 후에 그녀는 이들 젊음에 찬 애가를 부끄럽게 여겼다. "그 중에 하나도 보존된 게 없다는 것이 얼마나 다행인지!"

화니가 "꽃을 향한 바람의 애절한 소리"(The Moaning of the Wind for the Flowers)라는 시를 썼을 때였다. 홀리 부인이 그 시가 너무도 마음에 들어 할아버지(실바누스)에게 베껴서 보냈다. 할아버지는 그 시를 읽고 감동을 받아 홀리 부인에게 손녀의 시 작품을 더 많이 보내달라고 편지를 썼다. 그는 손녀의 시를 칭찬하고 친구와 이웃들에게 손녀를 "유망한 신인"이라고 자랑하였다. 하지만 그는 "손녀를 교만하게 해서 망치게" 하고 싶지 않았기에 머시에게는 자신이 받은 감동을 절대 화니에게 알리지 말아달라고 당부하였다. 여러 해가 지나고 나서야, 비로소 화니는 할아버지가 얼마나 자랑스러워하셨는지를 알게 되었다.

열네 살(1834) 때 머시는 다시 노스살렘으로 돌아가기로 했다. 릿지필드에서 화니는 성경을 철저하고 완벽하게 암송하게 되었고, 처음으로 기초 음악 훈련을 받았다. 그리고 그녀의 미래에 가장 큰 영향을 주게 될 사람을 만나게 되었다. 릿지필드의 풀밭에서 함께 뛰놀던 아이들 가운데 하나가 그녀보다 세 살 많은 실베스터 메인(Sylvester Main)이었다. 퇴역군인인 메인과 그의 아들 휴(Hugh)의 작품이 이제 미국 모든 사람들의 가정과 마음속에 들어가게 되는 주요 수단 중 하나가 될 참이었다.

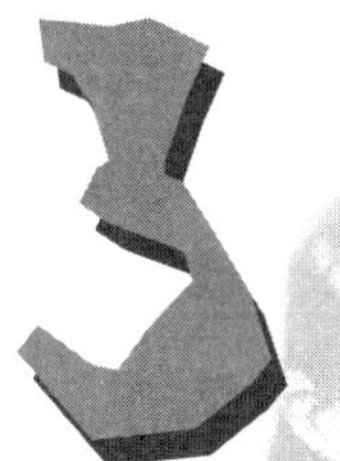

# 행복했던 뉴욕 맹인학교

Fanny Crosby

### 사춘기 소녀의 열정

화니가 이제 열네 살이 되었다. 키는 작았지만, 칠흑의 곱슬머리에 성격이 활달한 어린 소녀였다. 특별히 매력적인 데는 없었지만 열정적인 감정, 즉 열렬한 기쁨과 함께 깊은 슬픔까지도 표현해내는, 강한 개성과 활력이 넘치는 사춘기 소녀였다. 말 타고 달리기, 기타치고 노래 부르기, 이야기하기, 시 쓰기 등 무엇을 하든지 그녀는 자신의 연약한 몸집으로 감당할 수 있는 것 이상의 대단한 열정을 가지고 임했다. 평생을 그렇게 하면서 살았다.

그녀는 여전히 마음이 내키면 마을의 학교에 출석을 했다. 그렇지만 선생님은 많은 학생들 때문에 화니에게 시간을 낼 수가 없었다. 며칠 참석을 하다가 낙심한 채 또 그만두었다.

엄마가 뉴욕 맹인학교 입학 안내서를 읽어주었다. 그녀는 이 날을 일생에서 가장 행복했던 날로 기록했다.

열네 살 때 기회가 왔다. 1834년 11월, 엄마가 신설된 뉴욕 맹인학교 입학 안내서를 읽어 주었다. 화니는 손뼉을 치며 외쳤다.

"오, 하나님, 감사합니다! 저의 기도를 들어주셨군요. 그렇게 해주실 줄 알았습니다."

기쁨과 슬픔의 세월 70년이 지나고 나서, 그녀는 그 날을 일생에서 가장 행복했던 날로 기록할 수 있었다.

1835년 3월 3일 아침이 밝았다. 그녀는 승합마차를 타고 뉴욕을 향해 출발했다. 화니는 너무 무기력해지고 걱정도 되었기에 거의 옷을 입을 수가 없었다. 학교에 간다는 감격에 목이 메어 엄마가 준비해준 아침도 먹는 둥 마는 둥 하였다. 감사의 눈물을 삼키며 서둘러 집을 나섰다. 승합마차는 코네티컷 주 놀왁(Norwalk)을 향하여 달렸다. 그 곳에서 화니와 그녀의 길동무(어떤 여성인지 그 이름은 알려져 있지 않다)가 증기선을 타고 맨해튼(Manhattan)으로 가게 되어 있었다.

그 여자는 화니에게 말을 시키려고 하였다. 하지만 화니는 입을 다문 채 재미없는 표정을 지었다. 마침내 그 여자가 심한 말을 내뱉었다.

"화니야, 네가 뉴욕에 갈 마음이 없다면 다음 정류장에서 내려서 집으로 돌아가는 승합마차를 타야겠구나. 네가 없으면 네 엄마가 외로워하지 않겠니."

화니는 시골에서 마을 시인으로 사는 것이 어떤 것임을 잘 알고 있었다. 그녀는 결코 다시 돌아가고 싶지 않았다. 다음 정류장에서 내리지 않고 그대로 계속 타고 갔다. "루비콘 강을 건너기로" 결심했던 것이다.

"그 날 아침 엄마에게로 다시 돌아갔더라면, 나는 굉장히 값비싼 진주를 던져버렸다고 생각을 해요. 그 이유는 내가 맹인학교에 들어가기 위해 다시 시작할 만한 용기가 나지 않았을 것이기 때문입니다."라고 그녀는 적었다.

뉴욕 맹인학교는 주(州)에서 재정 지원을 하고 국민들의 기부금으로 만든, 4년 전에 학생 3명으로 출발을 했다. 보스턴 맹인학교가 설립된 지 2년 후에 미국에서는 두 번째로 세워진 학교였다. 선생님들은 역마차를 타고 학교와 교회를 찾아다니며 재학생들의 작품을 전시하여 후원금을 모으곤 했다. 당국자들도 주(州) 내 각 지역에 전단지를 보내기도 하였다. 그 당시만 해도 맹인교육이 성공할 수 있다고 믿는 사람은 많지 않았다.

이런 노력으로 학생들의 수는 급격히 증가하였다. 1835년에는 30명까지 늘어나서 선생님들이 시골의 아름다운 땅에 개인 소유의 맨션을 한 채 임대하기까지 했다. 의사이자 예일(Yale) 대학교 졸업생인 존 데니슨 러스(John Denison Russ)가 그 당시 맨해튼 서부 지역에 있는 그 땅의 관리자였다. 그 때에는 맨해튼 서부 지역이 시골이었다.

러스 박사(1801-1881)는 학생들의 사랑과 존경을 듬뿍 받았다. 그는 음성기호를 발명하고 프랑스에서 루이 브라유(Louis Braille)가 수년 전에 개발했던 양각 문자와 지도(map) 체계를 완성하려고 각고의 노력을 하였다. 러스는 맹인학교가 설립되자 이 학교에 부임하여 처음 2년 동안은 무임봉사 하였다. 바쁜 스케줄과 막중한 책무에도 불구하고 그는 바쁘다는 핑계로 학생들에게 개인적 관심을 안 보인 적이 한 번도 없었다. 그는 성경반을 맡아 가르치고, 그가 좋아하는 시인 바이런(Byron)의 시를 학생들에게 읽어 주었다.

### 드디어 학교에 입학하다

화니는 3월 7일에 도착하여 입학했다. 처음 며칠 동안은 집 생각이 많이 났다. 첫날 밤 자기가 쓸 작은 방으로 안내를 받았다. 모든 것이 다 낯설었다. 집에서 같으면 너무도 익숙하게 찾을 수 있는 것들이 기숙사엔 하나도 없었다. 그녀는 트렁크 위에 앉아 스스로 용기를 다지며 눈물을 삼키고 있었다. 그때 사감이 들어왔다.

"화니야, 전에 집을 떠나 본 적이 한 번도 없었겠구나."

사감은 마치 어머니처럼 자애롭게 말하면서 소녀의 가냘픈 몸을 안아 주었다.

"네, 선생님." 하고 화니가 힘없이 말했다.

"죄송스러운데요, 지금 울고 싶어요."

실제로 그녀는 울었다. 다른 학생이 그녀를 위로하며 달래줄 때까지 큰 소리로 오래 동안 울었다.

처음에는 가까이 하기 힘들었던 맹인학교가 이윽고 얼마간 시간이 지나자, 화니의 행복한 가정이 되어갔다. 이곳에서 화니는 그 다음 20년간 "내가 여태까지 맛본 기쁨 중 가장 밝은 기쁨"을 경험하였다. 사교성이 풍부해서 그녀는 빠르게 친구들을 사귀었다. 예리한 지성 덕분에 그녀는 영어, 문법, 과학, 음악, 역사, 철학, 천문학 및 정치 경제학을 빠르게 마스터하였다. 공부 방법은 강의와 독서로 수업이 진행되었고, 그 후에 학생들은 강의 들은 내용을 중심으로 선생님의 질문에 자세하게 답을 하는 방식이었다. 다음 날에는 수업 받은 내용 전체를 알기 쉽게 풀어 설명해야만 하였다. 화니는 유별나게도 학습 능력이 뛰어났다. 죽는 날까지 그녀는 브라운의 문법(Brown' s Grammar)을 통째로 암기할 수 있었다.

사교성이 풍부한 화니는 빠르게
친구들을 사귀었다. 유별나게 학습능력도 뛰어났다.
그러나 수학은 손들었다.

그녀는 문법, 철학, 천문학과 정치 경제학 과목은 "반할 정도로" 좋아했지만, 브라유* 점자법(Braille)과 수학은 애를 먹었다. 그녀는 성경과 천로역정(Pilgrims Progress)과 코울리지(Coleridge)의 "늙은 수부의 노래"(Rime of Ancient Mariner)를 브라유 점자법으로 읽는 수업을 받았는데, 속도가 아주 느리고 또 힘들게 겨우 공부했다. 손의 촉각으로 즉석에서 사람을 알아보는 능력이 있었던 이 소녀가 양각 알파벳을 마스

본문이해를 위한 해설(3)

**브라유 점자법**

브라유 점자법은 프랑스의 교육자인 루이 브라유(Louis Braille, 1809~1852)가 1829년에 고안한 6점식 점자(종3, 횡2)를 말한다. 시각장애인이나 시력에 손상을 입은 사람들에게 읽기를 포함, 배움의 세계에 대한 문을 열어준 것이다. 브라유는 3살 때 눈을 다쳤는데, 15살 때 자신만의 양각점 읽기 체제를 만들었다가, 20살 때 6점식 알파벳을 만들게 되었다. 1834년에 다시 개편하여 오늘에 이르고 있다. 200여년이 지난 현재도 이 브라유 점자가 널리 사용되고 있다.

터하는 재주는 없노라고 고백하였다. 그 이유를 그녀는 기타 연주 때문이 아닌가 생각했다. 기타를 치다보니 손가락 끝이 무디어졌던 것이다. 맹인학교를 졸업하고 나서 브라유 점자법은 거의 사용하지 않았다. 자신의 기억력과 훈련에 더 많이 의존하였다. 책을 읽고 싶을 때는 누군가에게 책을 읽어달라고 부탁했다. 그러나 한 번 읽어준 내용은 그녀의 기억력에 깊이 각인되었다.

**"수학은 싫어!"**

수학은 큰 괴물이었다. 구멍을 낸 금속제 석판으로 수학을 가르쳤다. 그래서 학생들은 공부할 때 구멍의 수를 세고 체득하였다. 그녀는 간신히 덧셈과 뺄셈을 배웠다. 곱셈은 더 어려웠고, 나눗셈은 완전히 손들었다. 학교 수업 자료를 싫어해 본 적이 없는 화니였지만 산술(Science of Number) 과목만은 화니가 싫어했다고 술회하였다.

맹인학교는 가끔씩 고학년 학생들이 저학년 학생들을 가르치게 되어 있었다. 안나 스미스(Anna Smith)는 나중에 화니의 절친한 친구 중 하나가 된 사람으로, 화니에게 수학을 가르쳐주려고 무진 애를 썼다. 하지만 그녀는 화니가 숫자에는 적성이 없다는 것을 금세 깨닫고, 러스 교장 선생님에게 이 사실을 말씀 드렸다. 교장 선생님은 화니가 다른 학과 공부에 시간을 쓰는 것이 더 효과적이라고 판단하여 더 이상 수학 공부를 하지 않아도 되게 배려해 주셨다.

"그 때부터 나는 새로운 피조물이 되었어요."라고 화니는 웃으며 회상했다.

선생님들은 화니가 잘난 체한다고 생각했다.
교장은 화니를 부르더니 눈물을 쏙 뺄 정도로 훈계했다.
나중엔 학교에서 가장 유망한 학생이 되었다.

"지긋지긋한 악몽에서 벗어난 느낌이었습니다!"

화니가 제일 좋아하는 취미는 계속 시를 쓰는 것이었다. 그녀는 당대의 앞서가는 시인들을 모방하려고 노력하였다. 그런가 하면 학교 친구들은 화니의 시를 또 모방하려고 애를 썼다. 그녀는 눈이 잘 보이는 학교의 음악 교사인 안토니 라이프(Anthony Reiff)의 행진곡에 가사를 붙일 만큼 능력 있는 학생으로 인정을 받았다. 그 행진곡은 1837년, 새 교사 신축공사 기공식 때 맹인학교 합창단이 불렀다.

### 맹인학교의 가장 유망한 학생

화니의 선생님들은 그녀가 점점 "잘난 체한다."고 생각했다. 이것을 사일러스 존스(Silas Jones) 박사가 관심 있게 지켜보았다. 그는 1836년에 러스 박사의 후임으로 온 교장이었다.

어느 날 아침이었다. 새 교장 선생님이 화니를 자신의 집무실로 불렀다. 그녀는 교장실로 가면서 속으로 기대했다.

"어떤 유명인사나 사건을 기리는 시를 한 편 써달라고 부탁하시려고 그러겠지."

그런데 그게 아니었다. 교장이 엄하게 훈계했다. 그녀는 갑자기 어리둥절했다.

"시에 대해서, 또 그것으로 인한 찬사에 대해서 너무 오버해서 생각하지 말아라. 유용한 지식을 가지고 네 지성이나 쌓도록 하고, 네가 사람들에게 어떻게 보이느냐보다는 네가 어떤 사람이 되느냐에 더 많은 신경을 쓰도록 해라."

교장 선생님의 훈계는 "나의 생각의 진지에 떨어진 포탄이었다."고 화니는 고백했다. 뜨거운 눈물이 쏟아져 나왔다. 그렇지만 그녀는 정신을 가다듬고 두 팔로 선생님의 목을 감은 채 이마에 키스를 하였다.

"선생님은 저의 아버지가 살아계시면 해주셨을 말씀을 저에게 해주셨어요. 귀한 말씀 주셔서 감사드려요."

그런 이후에 날이 가고 달이 지났다. 그녀의 시작(詩作) 수준이 급속도로 향상되었다. 스무 살이 되기 전에 그녀는 맹인학교에서 가장 유망한 학생이었다. 피아노와 오르간에 능했고, 미국에서 가장 뛰어난 하프 주자 중 하나라는 평판을 얻었다.

맹인학교에서의 이 몇 년 동안 그녀는 열심히 공부했고, 기분도 아주 유쾌하고 행복했다. 그녀의 빠른 발전과 능력에 대해 존경 받기도 했지만, 의기충천한 아가씨여서 어떤 악영향을 끼칠 수도 있었다.

**교장의 금지령**

그녀는 가난한 엄마를 경제적으로 돕고 후원하기 위해서 선생님이 되기로 결심하였다. 정규 선생님은 아니었지만, 신입생들에게 몇몇 과목과 기술을 가르치는 임무를 맡았다. 마치 안나 스미스가 그녀에게 수학을 가르쳐주려고 애썼던 것처럼.

존스 박사는 화니가 다른 학과목은 제외하고 오로지 시작에만 너무 많은 시간을 할애하는 것에 우려를 표시했다. 그는 화니에게 진짜 시에 대한 재능이 있는 건지, 아니면 시를 좋아하기 때문에 시를 쓰는 건지 어느 하나를 결정하길 원했다. 그는 화니가 석 달 동안 어떤 시도 쓰지 못하게 금지령을 내렸다. 그녀가 진짜 시인이라면 이 "불같은 시련"을 도저히 견디어 낼 수 없을 것이고, 그저 취미삼아 하는 정도라면 이 강제 금지령의 기간에 그녀가 아무렇지도 않을 거라고 추론했던 것이다.

교장은 시를 못쓰게 금지령을 내렸다.
화니는 너무 낙심되고 아무 일도 할 수 없었다.
"너가 진짜 시인이구나."

화니는 교장의 금지령에 너무도 낙심이 되었다. 아무 일도 할 수가 없었다. 공부가 손에 안 잡혀서 6주 동안 공부를 게을리 했다. 교장 선생님이 그녀를 집무실로 부르더니, 공부를 게을리 한 이유를 캐물었다.

"선생님, 제 머리 속은 온통 시에 대한 생각으로 꽉 차 있습니다. 그렇기 때문에 시를 쓰지 말라고 금지령을 내렸을 때 제가 시 쓰는 것 말고는 다른 공부에 전념할 수가 없었어요."

교장 선생님은 그 말을 듣고 화니가 진짜 시인이라는 확신이 들었다.

"앞으로 수업에 더 많은 주의를 기울일 수 있다면, 시를 써도 좋다."

존스 교장 선생님은 드디어 허락을 해 주셨다.

그 후 일마 안 되어 스코틀랜드의 골상학자(뇌를 연구하는 학자) 조지 코움(George Combe, 1778-1858)이 맹인학교를 방문하였다. 두개골 모양과 조직에 근거하여 성격이 결정된다는 이론을 신봉하는 코움이 화니의 머리를 살펴보고는 말했다.

"야, 여기에 여류시인이 계시네! 화니에게 모든 편의를 다 제공하세요. 가장 좋은 책들을 읽어주고 가장 좋은 시구를 감상하도록 가르치세요."

그래서 존스 교장 선생님은 화니에게 시작(詩作) 선생님인 해밀턴 머레이(Hamilton Murray)를 붙여주셨다. 이분은 자기가 시를 잘 쓸 수는 없지만 다른 사람들에게 시를 쓰도록 가르칠 수는 있다고 주장하는 선생님이었다. 머레이는 긴 시구(詩句)를 화니에게 읽어주고 그것을 외우라고 하였다. 그는 운(rhyme)과 리듬과 운율의 정확한 사용법을 가르쳐주었고, 화니의 시의 결점을 지적해 주었으며, 유명 시인들의 작품을 많이 읽고 습작을 해보게 하였다.

그는 매우 엄격한 사람이었다. 이 선생님으로부터 화니는 시적인 테크닉 뿐 아니라 빠른 작시법까지 배우게 되었다. 후년에 그녀가 하루에 십수 개씩 찬송가를 신속하게 작사할 수 있었던 것은 그의 훈련 덕분이었다. 머레이 선생님이 가르쳐주신 그 모든 일에 대해서 화니는 평생토록 감사하였다.

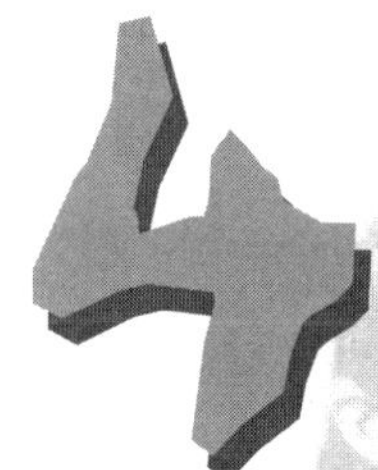

# 눈 먼 여류시인

*Fanny Crosby*

**화니**가 맹인학교에서 가장 전도유망한 학생이 되어가고 있을 때, 그녀의 어머니는 이제 막 새로운 삶을 시작하고 있었다. 1836년에 머시는 노스살렘을 떠나 브리지포트(Bridgeport) 교외에서 남동생 조셉과 그의 가족들과 함께 살게 되었다.

그곳에서 어머니는 자녀 셋을 둔 홀아비 토머스 모리스(Thomas Morris)를 만나 1838년 2월에 재혼하였다. 그 이듬해, 나이 40에 그녀는 딸, 윌헬미나(Wilhelmina)를 낳았다. 그러나 그 아이는 유아 때 죽어서, 화니를 비롯한 모든 가족들이 크게 슬퍼하였다. 다음 해에 어머니는 또 하나의 딸을 낳았다. 이름은 줄리아(Julia)로 집에서는 쥴(Jule)이라 불렀다.

열렬한 민주당원인 화니는 1840년 가을에 라이벌 휘그당(Whig)에서 크게 사랑 받는 윌리엄 헨리 해리슨(William Henry Harrison)장군에 정면으로 반대하는 시를 쓰는데 대부분의 시간을 할애하였다. 그녀의 노력에도 불구하고 해리슨이 미국의 9대 대통령에 당선되었다. 그러나 취임한 지 한 달 만에 그가 죽게 되자, 화니는 기꺼이 시를 써서 화해하였다. 그녀의 초기 작품들은 미국의 전통적인 공상적 엘레지(elegy)로서 눈 먼 여자가 쓴 것이어선지 뉴욕 헤럴드(New York Herald)에 발표되자, 상당한 주목을 받았다. 손녀가 자랑스러운 실바누스 할아버지는 아직도 게이빌에 살고 계셨는데, 발표된 신문 한 장을 사려고 시내까지 편도 6킬로를 걸어가셨다.

### 눈 먼 여류시인의 명성

이 일이 있고 난 후에 화니는 "눈 먼 여류시인"으로서 명성이 높아갔다. 이 때가 스무 살 때였다. 맹인학교 학생들은 눈 먼 사람들이 무엇을 성취할 수 있는가를 보여주기 위해서 학교나, 교회나, 기타 여러 곳으로 자주 초청을 받아 실물로 증거하였다. 그들은 노래와 시낭송은 물론 지리, 역사, 수학 및 그 밖의 과목들을 브라유 점자 독본으로 시범을 보여주었다. 화니는 노래를 부르고 피아노, 오르간, 하프를 연주하였다. 시범 행사는 언제나 그녀의 "독창적인 시적인 연설"로 끝을 맺었다. 이들 작품은 온통 상투적인 시어로 가득 차 있었다. 어떤 자발적인 동기에 의해서 그녀의 영혼을 쏟아 부어 쓴 것이 아니었다. 단지 후원금을 얻기 위해 맹인학교 경영진들의 요청으로 쓴 것이었다. 형태와 문체에는 결점이 없었지만, 대부분 이런 시들에는 기발하게 뛰어난 점은 없었다.

> 수많은 저명인사들이 학교를 방문하였다.
> 어느 날 대통령이 뉴욕 시장과 의원을 대동하고 왔다.
> 화니는 그분 앞에서 시낭송과 노래를 불렀다.

그녀의 시를 듣는 청중들은 그녀의 시적 재능에 관심은 없었다. 단지 그녀를 보면서 맹인 교육의 가능성 여부에 관심을 가졌다. 그녀는 말하자면, 맹인학교의 학교시인인 셈이었다. 그래서 점점 더 명성을 얻게 되자, 그녀가 쓴 시와 그녀가 상징하는 것이 함께 높아만 갔다.

그럼에도 불구하고 청중들은 그녀가 쓴 시의 어떤 특성들, 그 중에서도 특히 그녀의 시적 묘사 능력(descriptive powers)에 감동 받았다. 화니는 공식적인 행사 때보다는 밤의 모임에서 낭송할 때 훨씬 더 깊은 감명을 주었다. 그도 그럴 것이 공식 행사가 아닌 곳에서는 자신이 실제로 영감을 받아썼던 시를 간혹 낭송했기 때문이다. 그녀의 몇몇 무운시(blank verse)에서 그녀의 환상적인 묘사가 두드러졌다.

맹인학교 초창기 때에는 맹인들을 교육시킨다는 새로운 호기심 때문에 수많은 저명인사들이 학교를 방문하였다. 화니는 그때마다 그분들 앞에서 시낭송을 하게 되었다. 스물한 살 때, 6월 어느 날이었다. 존 타일러(John Tyler, 전임 대통령이 임기중 사망함으로써 중도에 10대 대통령직을 승계한 최초의 대통령)대통령이 뉴욕 시장과 시의회 의원 전원을 대동하고 갑자기 학교에 나타나셨다. 신임 교장 피터 브룸(Peter Vroom)이 급하게 화니를 찾았다.

"화니! 대통령 각하 일행이 지금 접견실에서 기다리고 계신다. 빨리 와라."

연락을 받은 지 15분 만에 화니는 존 타일러 미합중국 대통령을 환영하는 시를 준비하였다. 약속된 시간에 시가 완성되었다. 화니는 대통령을 비롯한 시장, 시의회 의원들 앞에서 그 시를 낭송하고 노래를 불렀다.

뉴욕 주지사로, 후에는 링컨 대통령의 국무장관이 된 윌리엄 헨리 씨워드(William Henry Seward)도 맹인학교를 방문하였고, 해외에서도 저명인사들이 방문하였다. 1843년에는 프랑스에서 앙리 그라띠앙 버트란드 백작(Henri Gratien, Count Bertrand, 1773-1844)이 방문하였다. 그는 나폴레옹 휘하의 육군 원수로, 사면 받기 전에 그의 주군(主君)과 함께 세인트 헬레나로 유배된 사람이었다. 화니는 노병(老兵)을 기리는 시를 써서 낭송하였다. 버트란드는 아주 깊은 감명을 받았다.

맹인학교는 당시 49세의 나이로 미국의 일급 시인인 윌리엄 쿨렌 브라이언트(William Cullen Bryant)의 방문을 받는 은혜를 입었다. "타나토시스"(죽음에 관한 고찰)와 "물새에게"를 쓴 작가가 밤의 모임에 나타난 것이다. 화니는 브라이언트가 그녀의 시를 알고 있다는 사실을 전혀 몰랐었다. 그런데 놀랍게도 미국의 일급 시인인 그가 화니를 "눈 먼 여류 시인"으로 인정해 주었다. 그리고 그녀의 노력에 아낌없는 칭찬을 해주었다.

"진짜 재능 있고 가능성이 있는 사람이군요. 꾸준히 시작(詩作)을 하세요."라고 격려해 주었다. 후에 화니는 이렇게 썼다.

"그분은 그 몇 마디 말로 나에게 얼마나 많이 좋은 일을 하셨는지 결코 알지 못했어요."

학교 이사회는 우수학생 20명을 선발하여 학생 순회단을 파견하였다. 그들의 이야기를 듣고 도회지 사람들이 많이 모여들었다.

화니는 많은 일반 대중들과 사귀었으며, 동료들과도 따뜻한 우정관계를 맺었다. 이들 가운데 이모진 하트(Imogene Hart)가 있었는데, 나중에 음악가가 된 사람이다. 또한 화니보다 한 살 아래인 룸메이트 앨리스 홈즈(Alice Holmes)도 있었는데, 그녀는 아홉 살 때 천연두에 걸려 시력을 잃게 되었다. "저지 시(Jersey City)의 눈 먼 시인"으로 알려진 홈즈 양은 여러 권의 시집을 발간하였다. 아마도 맹인학교 시절에 화니가 가장 좋아했던 사람은 그녀에게 수학을 가르쳐 주려고 애를 썼던 안나 스미스(Anna Smith)였을 것이다.

## 신입생 유치를 위한 학생순회단

1842년 여름, 학교 운영 이사회는 아주 중요한 결정을 내렸다. 맹인학교에서 가장 우수한 학생 20명을 선발하여 뉴욕 주의 중심도시들을 순회하면서 맹인교육의 가능성을 보여주고 맹아 부모들을 설득해서 자녀들을 뉴욕 맹인학교로 보내달라는 것이었다. 물론 "눈 먼 여류시인"도 그 순회단의 멤버로 선발됐다. 그들은 화니가 "바다의 하이웨이"로 명명한, 이리 운하(Erie Canal)를 통과해 서쪽으로 여행하였다. 정기 여객선들이 화물과 승객들을 태우고 왕복운행을 하였다. 이런 배를 타고 화니와 일행들은 셰넥타니, 로마, 유티카, 시라큐스, 로체스터 및 버팔로를 통과하였다. 그 길을 따라 각 도시와 몇몇 읍(邑) 소재지에서 프리젠테이션이 열렸다. 시장과 유력한 시민들이 연설을 하고, 유용한 직업교육을 받은 맹인 학생들의 신기한 이야기에 이끌려 도회지 사람들이 수백 명씩 모여 들었다. 학생들은 노래 부르고, 춤추며, 연설을 하고, 학교 소개를 하였다. 화니는 피아노와 하프를 연주하고, 노래도 부르고, 시도 낭송하였다.

그 이듬해 여름, 화니는 또 한 번 뉴욕 주 순회 여행 팀에 뽑혔다. 그녀는 학교 순회단의 "진열품 제1호"가 되어서 이 도시 저 도시를 다니며 시장님의 허풍 연설을 듣고 관리들의 마음에도 없는 화려한 생색내기 자원 약속을 지겹게 생각하였다. 그런데 사람들은 우리를 격분케 하는 질문을 예사로 던졌다.

"이봐, 그렇게 된 지 얼마나 됐나?"

"맹인들은 식사할 때 음식을 어떻게 입으로 가져가지?"

화니는 그때마다 이런 대답을 준비하였다.

"실의 한 쪽 끝을 테이블 다리에 묶고, 다른 쪽 끝을 혀에다 맨 다음, 그 실을 따라 음식을 입으로 들어가게 하지요…"

화니가 그렇게 답변을 하고, 도착하는 곳곳마다 "독창적인 시적인 연설"을 작성하여 낭독해주다 보니, 여러 주 후 순회여행을 끝마칠 때쯤엔 완전히 녹초가 되었다.

이 순회 여행을 통해 화니는 15년 동안 이루어지지 않았던 이상한 인연을 갖게 되었다. 오스웨고(Oswego)에서 한 여자가 그들의 시범에 너무 감동을 받은 나머지, 자신의 눈 먼 아들을 이 맹인학교에 보내기로 결정하였다. 그녀는 아들을 화니에게 소개하고는, 입학하거든 특별히 잘 돌봐달라고 부탁까지 하였다.

> 그 해 가을, 화니는 맹인학교 정규교사가 되었다. 하루가 끝날 때쯤 녹초가 되기도 했지만, 그래도 새벽 2시까지는 시를 썼다.

"내 아들을 잘 돌봐줘요." 메리 반 알스타인(Mary Van Alstine)이 말하였다.

화니는 어린 알렉산더(Alexander)를 그토록 잘 돌봐주다가 그 아이와 정작 결혼하게 될 줄은 꿈에도 미처 몰랐었다.

### 정규 교사가 되다

그 해(1843년) 가을, 화니는 맹인학교에서 정규직 교사가 되었다. 그녀가 가르치는 과목은 수사학, 문법, 로마사 및 미국사였다. 강의 준비에는 많은 노력과 작업이 필요했다. 하루가 끝날 때쯤에 심신이 피곤했지만, 화니는 새벽 2시까지 자지 않고 시를 쓰는 경우가 자주 있었다.

그녀가 맡은 수업의 긴장이 여름 순회여행이 끝날 때쯤엔 폭발하기 일보 직전이었다. 맹인학교 주치의인 클레멘츠(J.W.G. Clements)가 그녀에게 휴식이 필요함을 눈치 채고 몇 가지를 권고했다. 잠시 학교 강의를 중단할 것과 얼마 후에 있을 워싱턴(Washington, D.C.) 방문도 취소하는 게 좋을 거라고 말했다. 그 곳을 방문해서도 연방 의회 의원들 앞에서 시를 낭송하게 되어 있었다. 화니는 워싱턴에 가기를 동경하였고, 주치의는 만일 못 가게 막으면 그녀가 속이 타서 열병에 걸릴 것이라 우려하여 마침내 결정을 내렸다.

### 연방 의원들을 감동시킨 시낭송

학교는 워싱턴 방문을 허락했다. 그러나 기쁨도 잠깐, 그녀의 프리젠테이션(발표)이 중요하다는 걸 알고 걱정이 태산 같았다. 학교에서는 의회가 맹인교육 기관들을 설립하여 전국 각 주의 맹인 어린이들에게 무료교육 실시 법령을 통과시켜주기를 원하고 있었다. 그들은 화니의 시 한 편이 의원님들의 심금을 울려 주기만을 간절히 염원했다.

1844년 1월 24일 저녁. 맹인학교 학생 순회단 17명이 "연주와 시범"을 보였다. 음악 연주 및 문법과 수학시험의 프로그램이 절정에 이르자, 화니가 13절로 된 시낭송을 하였다. 그리고 연방 의회 의원들의 뜨거운 박수갈채가 이어졌다. 화니에게는 그것이 천둥 치는 소리같이 들렸고, 놀라움을 감출 수가 없었다.

그들은 화니에게 앵콜을 외쳤다. 그녀는 지난 여름 휴 리가르(Hugh Legare)의 갑작스런 죽음에 부쳐 쓴 엘레지, 타일러(Tyler) 대통령의 "국무장관을 애도함"으로 정했다. 그는 새 벙커 힐 기념관에 주춧돌을 놓을 때 심장발작을 일으켜 사망했던 분이다. 그녀가 낭송을 다 끝마칠 때쯤, 의회 의원들은 여기저기서 소리 내어 울고 있었다. 리가르의 누이동생이 의사당 입구에서 화니를 만나 아름다운 반지를 선물로 주었다. 무뚝뚝하고 통명스러운 전직 대통령, 존 퀸시 애덤스(John Quincy Adams, 미국의 6대 대통령으로서 그는 2대 대통령 존 애덤스의 아들이다)도 그녀의 손을 꽉 쥐어 주었다. 그런데 이렇게 울고불고 감격했음에도 불구하고, 의회는 맹인학교 법을 통과 시키지 않았다.

## 첫 시집 출간

뉴욕으로 돌아오자 거의 허탈 상태에 빠졌다. 그리고 화니는 그 해 봄에 어떤 학과목도 맡지 않았다. 단지 곧 발간하게 될 최초의 시집 발간 작업에만 몰두하였다. 4월에 "눈 먼 소녀"(The Blind Girl)를 출간할 계획이었다. 160쪽짜리 이 시집은 그녀에게 빠른 작시법을 가르쳐 준 선생님이며 멘토인 해밀턴 머레이(Hamilton Murray)가 서문을 썼다. 이 시집은 맹인학교 기금 모금을 위하여 일부만 출판되는 것이기에 머레이는 독자들의 지갑을 열게 하려고 서문을 활용했던 것이다. 그는 시인의 "쇠약해진 건강"을 불길하게 부풀렸다.

출판사에서는 시집의 권두 그림을 위하여 저자의 음판 사진을 원하였다. 그런데 사진을 찍기 위해 앉아 있기란 화니에게는 죽기보다 싫은 일이었다. 몸을 노출하는 데에 수 분(分)이나 걸렸으며, 그 동안엔 꼼짝도 안 하고 앉아 있어야만 했기 때문이다. 흥미롭게도 이 때 찍은 최초 사진이 화니의 웃는 모습을 보여주는 유일한 사진이다. 그녀는 건강이 나빠진 것 같지는 않았다. 키가 143센티 밖에 안 되었고 체중이 45킬로 이상 넘은 적이 한 번도 없었던 그녀였지만, 일생에 찍은 모든 사진 중에 이 사진만 가장 뚱뚱한 모습이었다. 화니가 미인은 아니었다. 사진을 보면 얼굴이 좀 길쭉하고, 코는 작고 뭉툭하다. 입은 웃을 때 약간 벌어지는

데, 앞니가 조금 돌출한데다 사이가 벌어져 있다. 짙은 직사각형의 안경이 시력 없는 눈을 완전히 덮어 버린다. 귀는 주전자 손잡이 형이다. 머리털은 숱이 많고, 진하며, 웨이브이고, 가운데에 가리마가 있고, 곱슬머리를 뒤로 넘겨 어깨까지 늘어뜨려져 있다.

첫 시집은 그런대로 괜찮게 팔려나가고, "화니 크로스비"라는 이름이 점점 알려지게 되었다. 하지만 그녀는 삼류 작가인가, 아니면 천부적 재능을 가진 자인가? "눈 먼 여류시인"은 시인으로서 정당한 평가보다는 시각 장애자로 더 많이 알려졌을지 모른다. 그녀는 대부분의 사람들에게 시각 장애자가 할 수 있는 일의 상징으로서 인식되어졌다. 그녀의 시는 그처럼 보다 큰 성취를 이룬 성공 사례로 간주되었다. 그렇지만 설령 그녀의 시가 눈 뜬 정상인이 썼다 할지라도 주목받았을 것이다.

그녀가 세속적인 시를 몇 편이나 썼는지 알려진 것은 없다. 그러나 대략 수천 편은 될 것이다. 그녀는 평생을 살면서 경험한 모든 것을 시로 표현했고, 친구들의 일과 관련해서도 시를 썼다. 예컨대 결혼식, 기념일, 생일, 장례식, 교회 행사, 국가적 행사, 다과회 등등. 친구의 집을 방문하고 떠날 때마다 그녀는 대접해 준 주인에게 몇 줄의 시를 써 주었다. 매일의 일상적인 대화에서도 그녀는 다음과 같이 시적인 표현 내지는 그와 유사한 표현을 즐겨 사용하였다.

"맹인학교에서 나는 시거니(Sigourney) 여선생님의 시적인 옷을 만지고, 베이야드 테일러(Bayard Taylor)의 발밑에 오래 앉아 있다가, 프랜시스 리들리 하버갈(Frances Ridley Havergal)의 생수의 강에서 내 갈한 영혼의 갈증을 풀고, 롱 펠로우(Longfellow), 휫티어(Whittier), 홈즈(Holmes) 및 로웰(Lowell)의 술잔에서 깊이 들이켰지."

그녀는 또한 거침없는 시를 쓰기 좋아했다. 예를 들면, 식사 후에 말했다. "내가 죄인인 것은 틀림없어. 이렇게 맛있게 식사했으니 말이야."

그녀는 뉴욕의 여러 신문들의 시를 싣는 난에 정기적으로 기고를 하였다. 그 결과 그녀는 4권의 시집을 발간하였다. "눈 먼 소녀"(1844), "몬테레이와 다른 시들"(1851) "컬럼비아의 꽃다발"(1858) 및 "저녁종"(1897).

그녀가 쓴 시의 특징은 아주 다양하다. 출간된 시 중에 대부분은 힘이 없고 특징이 없으며, 조악하기까지 하다. 그런데 아연실색할 정도로 진부한 시구(詩句)를 만들어낸 그 동일한 두뇌가 또한 "삼손과 블레셋"에서 이런 인용구를 쓸 수도 있었다.

그의 머리가 자랐네. 그는 그것을 알았지.
하지만 그의 눈은- 회복이 될 것인지?
다시 보게 될까?- 해, 달, 별, 그리고 인간의 얼굴을,
오, 하늘이여! 연이어 화를 당했지만
이토록 마음을 괴롭게 하고 심장을 갈기갈기 찢는 것이 있을까
우리가 노년이 되었을 때 당하게 되는 것처럼 말이다.
당신께서 한 번만 치셔도 다른 모든 것 중에서

우리가 가장 소중히 여기는 그 감각을 우리는 잃어버린다.
우리가 과학과 시와 예술 분야들을 걸어가고
신적인 탁월성으로 당신을 따라가는 저 영광스러운 길을 잃어버린다.
당신이 살아있는 빛으로 오신
당신의 이름을 어디에 두셨나요?
진리의 영원한 기록인, 당신의 거룩한 책에지요.
오, 대낮에 어둠 가운데 빠지다니!
달빛 없는 캄캄한 밤에 여기저기 돌아다니는구나!
영혼의 창문이 닫혀 있는 걸 알았네.
영원한 세계에서 열릴 때까지 닫혀 있겠지!
이를 느낀 자들은 어둠이 얼마나 깊은지 말할 수 있네.
영혼 속에서 믿음으로 행하고 하나님의 도움을
의지하는 법을 배운 자들만이
그와 같은 운명을 감수할 수 있다네.

화니의 절친한 친구인, 헨리 애들버트 화이트(Henry Adelbert White, 1880-1951)는 그 자신이 시인이자 대학교에서 영어교수로 여러 해 봉직한 사람인데, 화니의 시를 칭송하고 그녀를 일급 작가로 생각하였다. 문학 비평가요 편집자인 조지 헨리 샌디슨(George Henry Sandison, 1850-1900)은 복음찬송가 중 대부분에서 문학 비평가들이 "시인의 만개(滿開)한 천재성을 즉시 발견하지" 못했다고 1897년에 인정하였다. 그는 화니가 탁월한 세속적인 시를 쓴 "타고난 전형적인 시인"이라고 주장하였다.

그녀는 그 당시 대중적인 시인들의 양식을 따라 시를 썼다. 그들의 시는 대부분 예외를 인정하지 않는 것 같다. 그러나 일반 독자들은 시인들이 심오한 것을 많이 말하는 것을 원치 않았다. 시인들은 가정, 모성, 보답 없는 사랑, 애국심, 슬픔 및 죽음과 같은 친숙한 주제들을 다루어서 감성에 자극을 주어야 하였다. 시인의 성공은 얼마나 쉽게, 또 얼마나 많이 독자를 울리느냐가 테스트의 기준이었다.

## 학교기금 마련을 위한 엔터테이너

19세기에 쇼터쿠아 회의(Chatauqua Assemblies)는 여러 가지 면에서 현대의 TV의 역할을 충족시켰다고 할 수 있는데, 시적인 연설로 개회와 폐회를 하는 게 다반사였다. 저명인사가 도시나 학교를 방문하게 되면, 보통은 지역의 대표 시인을 모셔 와서 시를 지어 환영을 하였다. 유명인사가 죽게 되면 고인을 칭송하는 수많은 찬사가 지역 신문에 실리거나 장례식 혹은 장례식 전야에 낭독이 되었다.

바로 그와 같은 문학적인 시대에 화니 크로스비가 세속적인 시 대부분을 썼던 것이다. 그 당시 다른 시인들과 마찬가지로 그녀는 일반적인 센티멘탈한 주제들을 시로 표현하려고 하였다. 그녀는 감정을 충분히 일으킬 수가 있었다. 매일의 일상적인 활동들을 취급하여 과장된 표현보다는 가정과 같이 편안한 실례와 풍자를 가지고 심금을 울렸다.

그녀는 맹인학교와 맹인들의 처지에
사회적 관심을 불러일으키는 눈 먼 여류시인이 되었다.
또 학교기금 마련을 위한 엔터테이너였다.

그녀는 일류 시인으로서의 명성은 결코 얻지 못하였다. 그녀는 심각한 시를 쓸 귀중한 기회가 별로 없었다. 그녀는 맹인학교와 시각 장애인들이 처한 곤경에 사회적 관심을 불러일으키는 대변인 격의 "눈 먼 여류시인"으로 족하였다. 또 그녀의 역할은 학교 기금 마련을 위한 통로로서의 엔터테이너(예능인)였다.

그녀는 그런 역할에 만족하였다. 무엇보다 훌륭한 교육을 무료로 받을 수 있게 해준 맹인학교에 감사의 보답으로서 화니는 자기가 할 수 있는 일이라면 무엇이든지 기쁘게 감당하였다. 설령 그것이 시에 대한 순수성을 희생시키는 일이라 할지라도 순종했던 것이다.

# 5 최고 인기를 누린 교사시절

Fanny Crosby

"눈 먼 여류시인"으로서의 성공이 화니를 자만케 하지는 않았다. 어느 날 오후, 그녀는 한 방문객을 안내하여 맹인학교의 이곳저곳을 보여드리라는 전달을 받았다. 방문객을 모시고 돌아보던 중에 그 사람이 우연히 "눈 먼 소녀" 시집이 싸여 있는 것을 보게 되었다.

"아, 여기에 화니 크로스비의 시집이 있네."

그가 아주 감격적인 어조로 말했다.

"그분을 아시겠네요?"

유명한 문학가를 눈앞에 두고도 알아보지 못하는(그녀의 사진이 책의 앞머리에 나와 있었는데도) 그 사람에게 핀잔을 주려다가, 던지 고개만 끄덕였다.

"호감이 가는 분이죠!"

"아니요, 그렇지 않아요!" 검은 컬머리를 흔들면서 진지하게 그녀가 말했다.

"거리가 한참 멀어요!"

책을 한 권 집어 사더니 그가 화니에게 명함을 주고 떠났다. 그가 가고 난 후에 보니, 이 방문객이 바로 컬럼비아 대학의 저명한 교수인 요한 루드빅 텔캄프(Johann Ludwig Tellkampf)였다.

첫 시집, "눈 먼 소녀"는 많이 팔려나갔다. 화니 크로스비의 이름이 뉴욕과 뉴잉글랜드 지역에 널리 알려지게 되었다. 할아버지가 계셨으면 얼마나 자랑스러워했을까. 하지만 슬프게도 실바누스는 지금 도아네스버그(Doanesburg)의 작은 묘지에 묻혀 있다.

연이은 행사로 과로한 탓인지 그녀의 몸은 많이 쇠약해 있었다. 클레멘츠(Clements)박사는 화니의 건강을 우려하여 집에서 푹 쉬면서 여름을 지내도록 지시하였다.

### 엄마의 행복과 불행

2년 전 그녀가 브리지포트를 마지막으로 방문한 이래, 행복한 일과 비극적인 사건들이 그곳에서 일어났다. 1843년 크리스마스 날에 머시는 남편에게 살아있는 선물을 드렸다. 바로 셋째 딸 캐롤린(Carolyn)이 태어난 것이다.

그런데 그 다음해 봄에 불행한 일이 터졌다. 의붓아버지 토머스 모리스가 어머니를 버리고 '말일성도 예수 그리스도 교회'(몰몬교)의 예언자 조셉 스미스(Joseph Smith) 이단에 들어가 일리노이로 떠나 버렸다. 토머스는 그의 첫 번째 부인이 낳은 자녀 둘마저 데리고 갔다. 그러나 그의 장남인 열다섯 살 된 윌리엄(William)은 이 이상한 사건에 가담하기를 원치 않아서 아버지가 떠날 때까지 숨어 있다가 의붓엄마와 함께 살게 되었다. 토머스는 스미스의 후계자인 브리검 영(Brigham Young)의 정원사로 유타(Utah)에서 생을 마쳤다.

가족을 버리고 떠난 이 비극적인 사건의 말미에 화니가 엄마의 집으로 갔다. 휴식을 취하고 환경적인 변화가 꼭 필요했기 때문이다. 9월이 되어 화니는 건강을 완전히 회복해서 뉴욕으로 돌아왔다. 동료들이 그녀를 보고 깜짝 놀랐다.

화니는 가르치는 일과 맹인학교를 방문하는 고위 인사들에게 자기의 시를 낭송하는 일상적인 일에 재빨리 복귀하였다. 여름휴가 기간 동안에 "눈 먼 소녀"는 동부 지역의 문학계에서 더 많이 회자되었다.

전에 맹인학교를 방문한 적이 있었고, 지금 화니에게 새롭게 관심을 갖고 있는 명사 한 분이 있었다. 그는 유명 신문사 편집국장인 호레이스 그릴리(Horace Greeley, 1811-1872)였다. 그가 그녀에게 자신의 뉴욕 트리뷴(New York Tribune)지에 시를 기고해 달라고 요청하였다. 그것은 휘그당과 사회 개혁을 지지하는 영향력이 큰 자유주의적 신문이었다. 화니는 민주당원이긴 했으나 정치, 사회적 관점이 진보적이어서 그릴리와 그의 신문이 지지하는 대부분의 이념을 좋아하였다. 그녀는 그의 제안을 쾌히 받아들였다.

"그날 밤 내가 내 방으로 걸어가야 할지, 아니면 날아가야 할지 정말로 알지 못하였다"고 그녀는 기록했다.

"호레이스 그릴리와 같은 유명한 언론인으로부터 시인으로 인정받았다는 게 나는 너무도 자랑스러웠다."

이때쯤에 화니는 여러 정기 간행물에 시를 기고하고 있었다: 제임스 고든 베넷(James Gordon Bennett)의 뉴욕 헤럴드(New York Herald), 새터데이 엠포리움(Saturday Emporium), 새터데이 이브닝 포스트(Saturday Evening Post) 및 클린턴 시그널(Signal).

**여러 대통령들에게 사랑 받다**

그 해 가을, 전직 대통령인 마틴 반 뷰런(Martin Van Buren, 미국의 8대 대통령)이 그녀를 만찬에 초대하였다. 세련된 고위인사인 반 뷰런은 그의 젊은 초대 손님에게 매료되었고, 화니는 이 중년의 정치인에게 애착심을 갖게 되었다. 그는 60대였다. "그가 죽는 날까지 그는 나의 가장 절친한 친구"라고 말한 것이 무슨 뜻이었는지는 의문 사항이다. 경건한 신앙에도 불구하고 화니는 뭐랄까 약간은 저명인사의 이름을 마치 친구인양 입에 올리는 버릇이 있었다. 심지어는 나이가 들어서도 겨우 한두 번 만난 저명인사를 가리켜 "가까운 친구"라고 종종 언급하기도 했다.

이듬해, 화니는 그녀가 맞는 네 번째 대통령인, 11대 대통령으로 새로 취임한 제임스 포크(James K. Polk, 그는 텍사스 주를 미국의 28번째

주로 합병시켰다)를 만나는 영광을 얻게 되었다. 취임 후 그가 맹인학교를 공식 방문하게 되었는데, 이번에도 여느 때와 마찬가지로 화니가 대통령 각하의 학교방문 환영 리셉션에서 환영시를 낭송하였다.

맹인학교 대표단이 미국 모든 주에 무료 맹인학교 설립을 위해 다시 연방의회 앞에 서게 됐다.

26세이던 1846년 4월에 화니는 다시 워싱턴을 방문했다. 한 번 더 포크 대통령과 교제하는 기회를 가졌다. 보스턴, 필라델피아, 뉴욕 맹인학교의 대표단이 미국의 모든 주(州)에 무료 맹인학교 설립을 위해 다시 연방의회 앞에 서게 되었다. 노력은 수포로 돌아갔지만, 화니는 포크 대통령과의 교제를 다시 새롭게 하였다. 그녀와 대표단 일행들을 위한 백악관 만찬에서 그녀는 대통령께 헌정의 노래를 열창했다. 또한 전직 대통령으로서 그때까지 존경받는 의회 의원인 존 퀸시 애덤스(John Quincy Adams, 6대 대통령 역임)도 다시 만나는 행운을 얻었다. 그리고 미래의 대통령이 될 두 분, 제임스 뷰캐넌(James Buchanan, 15대 대통령)과 앤드루 존슨(Andrew Johnson, 17대 대통령)을 포함한 많은 의회 의원들에게 소개되고 인사하였다.

맹인학교로 돌아온 뒤, 화니는 이따금 계관시인으로서 자신의 위치에 대하여 싫증을 느꼈다. "어떤 특별한 일이 발생할 때마다 의례히 시와 운율로 그 사건을 오랫동안 기억에 남기려고" 한다는 것이 귀찮아졌다. 하지만 그녀의 애독자들은 그것을 요구했던 것이다. 예를 들면, 화니-그녀가 이제는 종종 "환"으로 불리었는데, 맹인학교에서 여학생이 쥐를 잡은 사건을 시로 축하하지 않으면 안 되었다. 또 한 번은 맹인학교의 한 선생님이 잠에서 깨어보니 그의 헝클어진 긴 머리 속에 새앙쥐가 한 마리 있었는데, 그 사건을 시로 써 보라는 요청을 받기도 하였다. 그런 말도 안 되는 것을 시로 써 보라는 요청을 받는 게 신경질났다. 하지만, 화니는 그것을 써 주곤 하였다. 순수시를 쓰는데 보내야 할 시간을 희생시키는 일임에도 불구하고 그렇게 했던 것이다.

**죽은 자를 위로하는 애가**

저명인사가 죽었다는 소식을 들을 때마다 그녀는 자동적으로 그 자리에 앉아 애가를 지었다. 1848년 2월에 존 퀸시 애덤스(미국의 6대 대통령 역임)가 뇌출혈로 쓰러졌다. 화니는 "죽은 자를 위하여 울지 말라"는 제목의 애가를 지었다(거기서 그녀는 죽은 자의 영혼을 새의 형상으로 묘사하는 이교적 수사법을 구사했다).

2주일 후, 그의 장례식에 참석한 사람들 가운데 헨리 클레이(Henry Clay)가 있었다. 그는 켄터키 출신의 인기 있는 상원의원이자 유력한 대통령 후보였다. 그 이튿날 클레이가 맹인학교를 방문하였다. 당시 교장인 제임스 챔버린(James Chamberlain)이 공식 환영 석상에서 장황한 인사를 늘어놓았다. 챔버린은 화니를 상원의원에게 소개하였다. 그녀가 환영시를 낭송한 후 헤럴드 기자가 말하길, 클레이 상원의원이 "크게 감명 받은"것 같다고 하였다. 낭송을 마친 그녀를 클레이가 팔을 잡고 연단 앞으로 데리고 갔다. 그는 청중들에게 말했다.

"내가 이 선생님에게 이번에만 은혜를 입은 것이 아닙니다. 6개월 전에도 나의 사랑하는 아들이 죽었을 때 이분이 내 아들의 죽음을 애도하는 시를 나에게 보내주었어요."

아닌 게 아니라 화니는 멕시코 전쟁*에서 전사한 헨리 클레이 2세(Henry Clay, Jr)를 추모하여 "클레이 대령의 죽음에 부쳐"라는 애가를 썼다. 친구들이 그녀를 설득하여 그 시를 상원의원에게 보내도록 하였다. 그가 청중들에게 그 시에 대하여 자세히 말할 때 목소리가 떨렸다. 그러더니 그가 한참을 말을 잇지 못하였다. "우리 두 사람은 그곳에 서서 울고 있었어요." 화니가 회고했다.

2주일 후였다. 멕시코 전쟁의 영웅, 윈필드 스콧(Winfield Scott)장군이 예고도 없이 학생들을 방문하였다. 교장이 "산전수전을 다 겪은 장군"을 환영하는 행사를 준비하려고 동분서주하는 동안 화니에게는 응접실에서 장군을 즐겁게 해 드리라는 지시가 내렸다. 화니는 평생토록 전쟁에 매력을 느꼈다. 이것이 그녀의 상냥함과 감수성에 대해서 우리가 아는 것과는 모순되는 것처럼 보일지 모른다. 심지어 나이가 들었을 때에도 그녀는 미국 독립전쟁에서부터 미서(美西)전쟁(Spanish-American War, 쿠바섬의 이해관계를 둘러싸고 미국과 스페인 사이에 일어났던 전쟁)과 의화단 사건(Boxer Rebellion)에 이르기까지 미국이

---

* 미국의 텍사스 합병(1845년)에 대한 멕시코인들의 분노와 텍사스의 경계 문제를 둘러싼 분규에서 발생했던 전쟁(1846. 4~ 1848.2).

개입된 모든 군사적 충돌에 관계를 가졌다는 사실을 자랑스럽게 여겼다. 그녀는 멕시코 전쟁에 관한 포크 대통령의 정책을 열렬히 지지하여 그 끔찍한 전쟁을 기리는 시를 여러 편 썼다. 이런 시이다.

몬트수마의 홀에서
지금 죽음의 잔치가 벌어지네
이것은 멕시코 노예들을 정복한
그대의 팔이라네
그대는 대적의 가슴에서
칼을 불에 달구었네
그대의 눈빛에
그들은 기가 꺾였네
그대가 그들을 매장시켰기에

그녀는 이와 같은 시를 스콧 장군 앞에서 낭송했다. 그런데 그 시구가 이 군인에겐 너무나도 평범하여서 그가 불쾌해했다.

화니는 거침없이 말했다.

"장군님께서 몬트수마(Montezuma)의 홀에 계셨을 때 기분이 어떻든가요? 소리를 지르고 싶으셨나요?"

장군이 불만스런 소리로 말했다.

"아니요. 무릎을 꿇고 승리를 주신 하나님께 감사를 드리고 싶었지요."

그가 계속 화니에게 말하였다.

"전쟁은 소름끼치는 일입니다. 사기를 떨어뜨리고, 자존심을 멍들게 하고, 참혹하고, 모든 것을 즉시 황폐화시켜버려요."

최고 인기를 누린 그 몇 년 동안
그녀는 헌신적인 교사요, 친구로서
학생들의 사랑을 듬뿍 받았다.

화니는 그 장군의 말을 절대로 잊을 수 없었다. 그토록 높이 존경 받는 전쟁 영웅이 자신의 생존에 대해 그렇게도 염증을 느끼는 말을 하는 것을 듣고 어리둥절했다.

그 해 여름, 포크 대통령께서 예고도 없이 수행원도 대동하지 않고 맹인학교를 방문하셨다. 건강이 좋지 않아서 재선의 꿈을 접었던 포크 대통령은 놀라서 어쩔 줄 모르는 교직원들에게 환영 리셉션을 원치 않는다고 하였다. 우연히 그 도시에 오게 되어 단지 휴식을 취하려고 캠퍼스에 들렀다는 것이다. 그는 캠퍼스의 평온한 아름다움을 기억하고 있었다. 화니와 포크 대통령은 전에도 만난 적이 있어서 챔버린 교장은 그녀에게 대통령을 수행하여 한가로운 산책을 도와드리도록 하였다.

대통령들과 함께 나란히 걸으면서도 화니는 한 번도 아부하거나 영합하지 않았다. 뉴욕 맹인학교에서 최고의 인기를 누렸던 그 몇 년 동안에 그녀는 헌신적인 교사요, 애정 어린 친구로서 학생들의 사랑을 듬뿍 받았다.

# PART 2 성장과 성숙을 위하여

Fanny Crosby Fanny Crosby Fanny Crosby

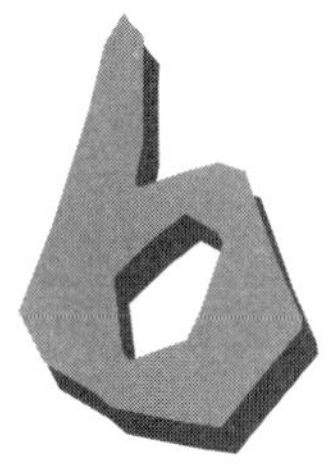

# 인생의 분수령이 된 11월 체험

Fanny Crosby

**1848**년은 맹인학교에 많은 저명인사들이 방문한 해였다. 그에 반해, 1849년은 반갑지 않은 방문객을 맞게 된 해였다. 맹인학교에, 더 나아가서는 미국에 최대의 피해를 준 이 고약한 방문객은 동양에서 찾아온 무서운 역병이었다.

### 미국을 휩쓴 콜레라

죽음의 사자, 콜레라가 1846년에 러시아, 인도, 페르시아를 휩쓸기 시작하였다. 페르시아에서는 불과 한두 달 사이에 2만 명이 죽었다. 영국에서는 1849년 봄까지 7만 명이 사망했다고 보도되었다. 미국민들은 흑사병이 엄습한다며 공포에 사로잡혔다.

맹인학교에서 화니와 몇몇 사람들은 '미래가 하나님의 손에 달려있어도시에서 3,500명이 죽었다.
이제는 뉴욕을 강타하기 시작했다.
화니는 간호사로 자원했다.

요' 라면서 겁에 질린 사람들을 확신 있는 말로 진정시켰다. 여러 해 전에 할머니께서 그녀에게 깊은 확신을 주었던 것처럼, 화니는 학생들에게 확신을 심어 주었다.

"지금까지 우리에게 그토록 자비를 베풀어 주신 저 위에 계신 선하신 아버지께서 지금 우리를 버리지 아니하실 것입니다. 하나님께서는 이 세상에서도, 또 다음 세상에서도 우리를 위해 최선을 다하여 모든 것을 해 주실 것입니다. 우리는 기도를 드리고, 기다려야 합니다."

전염병은 1848년 12월, 뉴올리언스(New Orleans)로 가는 여객선으로 옮겨졌다. 그 도시에서 3,500명이 죽었다. 죽음의 망령은 이 남부의 항구를 떠나는 돛단배나 증기선에 소리 없이 스며들었다. 5월이 되자 동부지역에까지 확산이 되었다.

챔버린 교장선생님은 방학을 빨리 해서 학생들을 집으로 보내는 것이 최상책이라 생각하였다. 인구 밀집 지역보다는 시골에서 병이 훨씬 덜했기 때문이다. 그렇지만 몇몇 학생들은 여러 가지 다른 이유로 집에 돌아갈 수 없는 입장이었다. 화니와 다른 몇몇 선생님들은 "하나님께서 우리를 돌보아 주실 것이며, 우리가 도움이 될 수 있을 것이라 확신하고" 학교에 남아 돕기로 했다.

5월 17일에 저지대 맨해튼의 주택에서 콜레라로 세 사람이 죽었다. 전염병이 뉴욕을 강타하기 시작한 것이다. 화니는 간호사로 자원하여 맹인학교의 주치의인 클레멘츠 박사를 도왔다. 그녀는 3분의 2가 염화제일수은이고 3분의 1은 아편으로 된 "콜레라 정제"를 만드는 일에 구슬땀을 흘렸다.

7월 중순쯤까지 한 주간에 500명에서 800명이 맨해튼에서 죽어갔다. 두 달 만에 맹인학교에서 한 블록 떨어진 학교가 콜레라 병원으로 바뀌어버렸다. 여기서 클레멘츠 박사와 화니는 환자들을 치료하느라고 정말 눈코 뜰새 없었다. 맹인학교 학생 몇 명도 병에 걸려 죽었다.

병원에서 너무 고생하여 화니는 기력이 많이 쇠하였다. "사태에 대한 두려움과 공포가 날마다 우리에게 가중되어왔다"고 그녀는 기록하였다. 반세기가 지난 후에도 그녀는 "죽은 자를 끄집어내세요!"라고 외치는 트럭 운전수들의 외침이 아직도 귀에 들리는 것 같았다. 돌보던 환자들이 죽으면 그들은 재빨리, 그리고 소리 없이 치워졌다. "나는 이 방 저 방으로 다니면서 홀에 놓여진 관들에 이따금 걸려 넘어져서 깜짝깜짝 놀랐던 것이 기억나요."

이 전염병이 창궐하는 와중에서도 화니는 백발의 아일랜드 사제인 테오발드 매튜(Theobald Matthew) 신부의 방문을 시(詩)로 환영하라는 지시를 받았다. 그는 맹인학교 시찰을 목적으로 방문했다. 매튜 신부는 대서양 양안(兩岸)에서 복음 전도자로 굉장히 명성이 자자했던 사람이다. 그는 절제와 금주를 강력히 주장했다. 그는 평생 70만 명 가까운 사람들을 완전 금주 서약에 서명하도록 선도했던 성직자이다. 또한 수많은 치유의 기적을 행했던 분이다. 그의 방문은 "죽음의 집에 천사가 방문한 것과 같았다."고 화니는 전하였다. 사제는 화니의 독실한 신앙심에 감명을 받고는 떠날 때 그녀의 머리에 손을 얹고 축복해 주었다.

"나에게 그의 안수기도는 처참한 지경에 처한 이 땅의 아이들을 즐겁게 해 주려고 잠시 하늘의 처소를 떠나 이 땅에 내려온 성자(聖者)의 만짐과도 같았어요."

화니가 로마 가톨릭 교회에 대해 사랑과 존경의 마음을 갖게 된 것은 이 매튜 신부의 영향 때문이었을 것이다.

### 죽음의 공포와 우울증

화니는 그 해 여름의 공포와 두려움을 견디어 낼 수가 없었다.

이미 브루클린(Brooklyn)으로 가서 3일간 휴식을 취했다. 그런데 그곳에 다녀온 직후 자신이 콜레라에 감염되었다는 느낌이 들었다. 그녀는 자기가 만들고 있는 콜레라 정제를 대충 복용하고 잠자리에 들었다. 이튿날 아침까지는 모든 증상이 없어진 것 같았다. 하지만 교장이 어떻게 알았는지 그녀에게 명하였다. "가장 신중해야 할 교사가 역병에 감염된 거나 다름이 없는데, 즉시 학교를 떠나세요." 그래서 8월초에 화니는 브리지포트(Bridgeport)로 떠나 가을까지 머물렀다.

죽음과 처량하다는 생각에 사로잡혀서 그녀는 깊은 우울증에 빠졌다. 그녀는 "몬테레이와 다른 시들"이라는 새로운 두 번째 시집을 준비함으로써 마음을 다잡아보려고 애를 썼다. 그녀의 정신상태는 서문에 잘 나타나 있었다. 거기서 그녀는 "건강이 무척 상했다"는 것과 "내가 지금까지 지속해 왔던 그런 의무들을 수행할 수 없었다."는 점을 말하였다.

단지 슬픔과 우울증에 시달렸다. 자신의 믿음을 의심하기 시작했다. 자신의 삶이 하나님을 섬기는 일에 헌신의 확신이 없었다.

1849-50년의 단축된 학기 동안에 그녀는 수업을 진행할 수가 없었다. 구체적으로 어떤 병에 걸린 것은 아니었다. 단지 슬픔과 우울증으로 시달렸다. 이것은 부분적으로는 그녀의 영원한 운명에 대한 불안에 기인하였다.

'내가 역병에 걸려 죽었더라면 지금 어디에 가 있을까?'

'나는 조물주를 만날 준비가 되어 있었을까?' 라는 생각을…

외할머니가 돌아가시기 전의 마지막 만남이 떠올랐다. 그녀의 내적 갈등에 무거운 짐이 되었다. 화니는 자신의 조상들이 강조하고 중요하게 여긴 분명한 "회심 체험"을 아직 경험하지 못했기 때문이다. 그녀는 자신의 믿음을 의심하기 시작했다. 자기의 삶이 하나님을 섬기는 일에 온전히 헌신되어 있다는 확신이 없었다. 마땅히 그래야 한다고 느끼긴 하였다. 그렇지만 하나님과 그의 선하심에 대한 깊은 믿음은 알 수는 없지만, 존스 교장 선생님의 "성공에 자만하지 말라"는 오래 전에 그에게 한 충고를 그다지 심각히 여기지 않았다는 것이 확실했다. 그녀는 "눈 먼 여류 시인"으로 인정받는 것을 즐겼지만, 그 가치를 의심하게 되었다. "죽음 앞에서 그게 대체 무슨 의미가 있다는 말인가?"

## 결단을 촉구하는 꿈

화니는 그 해 가을, 30번가의 브로드웨이 감리교회(Methodist Broadway Tabernacle)에서 열리는 부흥회에 참석하였다. 화니는 냉랭하고 특색 없는 칼빈주의 장로교회에서 자랐기 때문에, 감리교회의 따뜻하고 활기찬 예배와 열렬하고 명랑한 찬송가를 부르는 것에 마음이 이끌렸다. 일찍이 1839년에 그녀는 18번가 교회에서 감리교의 "속회"에 참석해 본 적이 있었다. 거기서는 수많은 젊은이들에게 어필하는 -자유롭고 형식에 구애 받지 않는 집회에서 신자들이 모여 함께 찬양하고, 기도하고, 간증하고, 성경을 읽었다. 더러는 인도자가 사전 예고도 없이 어떤 한 사람을 지명하여 간증을 시키면 그 사람은 하나님께서 자신에게 행하신 모든 일을 다 이야기하곤 하였다.

십대 후반, 이십대 초반에 화니는 일주일에 두 번씩 속회에 참석하였다. 한 번은 18번가 교회에서, 그리고 또 한 번은 맹인학교에서 모였는데, 학교의 경우에는 감리교회에서 매주 목요일 저녁에 사람을 보내어 모임을 인도하였다. 그럼에도 불구하고 그녀는 "은혜의 수단에 다소간 무관심해져 갔다. 그녀가 참석하는 이유는 단지 예배드리는 신자들에게 음악을 제공하기 위한 것 때문이었다. 그녀는 "저들이 나에게 간증을 시키지 않는다는 조건으로" 연주를 했던 것이다. 10년 후에도 화니는 여전히 집회에서 "간증하는"것을 두려워하였다.

화니에게는 데어도어 캠프(Theodore Camp)라는 가까운 친구가 있었다. 맹인학교에서 공업을 가르치는 동료교사였다. 그가 브로드웨이 교회의 부흥회에 함께 가자고 제안하였다. 처음에는 우물쭈물 망설였다. 그러던 어느 날 밤, 생생하고 혼란스러운 한 꿈을 꾸게 되었다.

"하늘에 여러 날 동안 구름이 잔뜩 끼어 있었는데, 누군가가 나에게 와서 '캠프 선생님이 즉시 나를 보고 싶어한다'는 말을 전해 주었어요. 그래서 방에 들어가 보니 그가 중병에 걸려 있는 것이었어요."

그 죽어가는 캠프 선생님이(그는 50여년을 더 살았다) 화니에게 "죽은 다음, 천국에서 만날 수 있겠소?" 하고 물었다.

"그럼요. 만나지요. 하나님께서 나를 도와주실 겁니다."

이 말은 외할머니가 돌아가시기 전에 그녀가 대답했던 말이었다.

꿈 속에서, 캠프 선생님이 죽기 직전에 말했다.

"꼭 기억하세요. 죽어가는 사람에게 약속했어요!"

화니는 기록하였다.

> "그러자 검은 구름이 내 영혼에서 떠나가는 것 같았고, 나는 깜짝 놀라 꿈에서 깨어났다. "당신, 천국에서 나를 만날 수 있겠소?" 나는 이 말을 잊을 수가 없을 것이다. 나의 친구가 건강이 무척 좋았지만, 과연 내가 정말로 저 복된 천국에서 그를 만날 수 있을 것인지, 아니면 또 다른 아는 사람을 만날 수 있을 것인지 나는 곰곰이 생각하기 시작했다.

화니는 현재 상황에서 자기가 천국에 갈 수 있을 거라는 확신이 없었다. 모든 증거로 봐서는 그녀가 신앙심 깊은 사람이 아닌 적이 한 번도 없었다. 하지만, 그녀는 자기가 양육 받았던 신앙을 부인하고 신앙이 그녀의 삶에서 문학과 사회적 관심사에 뒤쳐졌다는 생각이 더 강하게 들었다. 그녀의 영적 생활에 뭔가가 빠져 있다고 느꼈던 것이다.

## 1850년 11월 20일의 영적 체험

그녀는 1850년 가을에 저녁마다 캠프 선생과 함께 부흥회에 참석하였다. 그 당시 예배는 감정에 호소하는 긴 설교가 하이라이트였고, "아멘!"과 "할렐루야!"를 외치는 것이 특징이었다. 무슨 말인지 알아들을 수 없는 부르짖음, 격동적인 흐느낌, 환희에 찬 결정적 폭발이 있었다. 열광적인 신도들이 자리에서 벌떡 일어나 이리저리 달리거나 바닥에 쓰러지는 것이 다반사였다.

설교자가 설교를 끝마치면(대개는 복음 메시지를 받아들이지 않은 결과에 관해, 또 지옥 불에 관해서 여러 가지를 언급함으로 마무리를 한다) 교회에 등록하여 계속 다니기 원하는 사람들이 앞으로 나와서 기도를 받도록 초청되었다. 사람들은 강단 앞으로 나가서 길게는 두 시간 정도 차가운 바닥에 무릎을 꿇고 있으면, 집사님과 장로님들이 와서 개심자들의 머리에 손을 얹고 큰 소리로 기도하였다.

그 가을 부흥회 때, 화니는 두 번씩이나 강대상 앞으로 나아갔다. 그때마다 그녀는 바닥에 무릎을 꿇은 채 장로님들이 머리에 손을 얹고 큰 소리로 기도를 드리는데 머리가 깨질 뻔하였다. 그녀는 "행복감을 얻지" 못하고, 두 번이나 헛탕을 쳤다.

마지막으로 11월 20일, 화니는 이젠 좌절감과 불안감에 지칠 대로 지쳤다. 하지만 세 번째로 강단 앞에 다시 나아갔다. 이번에는 전과 달리 흥분되는 것이었다. "빛이 임하든지, 아니면 영영 임하지 않을 것 같았다."

11월 체험은 그녀 인생에 분수령이 되었다. 기독교적 신앙 체험이 깊어지는 출발점이 되었으며, 그녀 삶을 하나님께 전적으로 헌신하는 시작이 되었다.

그날 밤에 강단 앞으로 나간 사람들이 한 명도 없었다. 여러 시간을 장로님과 집사님들이 기도하였지만, 아무 일도 일어나지 않았다. 회중들은 아이작 왓츠(Isaac Watts)의 은혜의 찬송, "웬 말인가 날 위하여"를 부르기 시작하였다. 마지막 5절, "몸 밖에 드릴 것 없어 이 몸 바칩니다"를 부를 때였다.

드디어 일이 벌어졌다. 갑자기 화니가 "바로 나의 영혼이 하늘 영광의 빛으로 충만해짐"을 느꼈던 것이다. 그녀가 벌떡 일어섰다. 그리고는 "할렐루야! 할렐루야!"를 연발하였다. 그녀는 환희에 차서 말했다.

"내가 한 손으로는 세상을, 다른 손으로는 주님을 붙잡으려고 애쓰며 살아 왔었다는 것을 처음으로 깨닫게 되었어요."

아주 어릴 적부터 기독교 신앙의 확신에서 오는 영향을 고려하지 않고 이때까지의 화니의 인생을 평하기는 어렵다. 그러나 그날 밤, 정말 아주 의미심장한 일이 벌어졌던 것이다. 설령 그 체험이 그녀의 신앙생활에 처음 시작은 아니었을지라도 틀림없이 신앙생활이 한 단계 더 깊어지는 뚜렷한 계기가 되었다. 아마도 은사파(charismatics)에서 말하는 "성령세례"를 체험했던 것이다.

## 하나님께 전적헌신의 출발점

그녀가 지칭하는 바, 그 "11월 체험"은 화니 크로스비의 인생에 일대 분수령이 되었다. 비록 그녀의 삶에 당장 무슨 극적인 변화는 없었을지라도, 또 그것이 그녀의 모든 영적인 문제를 해결해 주지 못한다는 것을 곧 깨닫게 되었음에도, 그 사건은 기독교적 신앙 체험이 깊어지는 출발점이 되었고, 그녀의 삶을 하나님께 전적으로 헌신하는 시작이 되었다.

대부분의 다른 젊은이들과 같이 화니도 이전에는 그녀의 이름을 세상에 나타내고, 돈을 많이 벌고, 다른 세상적인 목표를 달성하는 것을 희망으로 삼고 살아 왔었다.

그런데 이제는 그 모든 세속적 야망을 하나씩 하나씩 물리치게 되었다. 그 체험은 그녀의 찬송가와 시 여러 군데에 자주 언급이 된다. 1900년경에 쓴 "십자가에서"(At the Cross)라는 시에도 들어있다. 또 그녀가 95세의 나이로 죽기 두 달 전쯤에 쓴, 장문의 유고 시 "침묵의 골짜기"(Valley of Silence)에도 자세히 묘사되어 있다.

나는 침묵의 골짜기를 내려가네
어둑하고 소리 없는 골짜기를 혼자 걷네
주위에 발자국 소리도 들리지 않네
하나님의 소리와 나의 소리 이외에는
내 마음의 고요는 천사들이 내려온
그때만큼이나 거룩하다네

오래 전 나는 소리에 싫증이 났지
그 음악을 내 마음이 견딜 수 없었지
오래 전 나는 소음에 싫증이 났지
그 시끄러운 소리에 내 영혼이 시달렸지
오래 전 나는 장소에 싫증이 났지
인간들과 죄만을 만났으니

이 골짜기에서 무얼 발견했느냐 묻는다면
내가 신과 만나기로 약속한 장소이기에
거룩하신 분 앞에 엎드렸더니
위에서 말씀하시네 - "너는 내 것이야"
내 영혼 깊은 곳에서 소리가 울려나오네
"내 마음은 주님의 것이옵니다."

그녀는 이렇게 마무리를 지었다.

이 골짜기에서 내가 어떻게 사느냐 묻는다면
나는 울어요, 나는 꿈꿔요, 나는 기도해요
하지만 내 눈물은 5월의 장미꽃에서 떨어지는
이슬방울처럼 영롱하지요
내 기도는 향로에서 뿜어져 나오는 향기처럼
밤낮으로 하나님께 올라가지요

"침묵의 골짜기"는 그녀가 쓴 다른 어느 작품보다 1850년 11월 20일의 그 신비한 영적 체험을 잘 설명해준다.

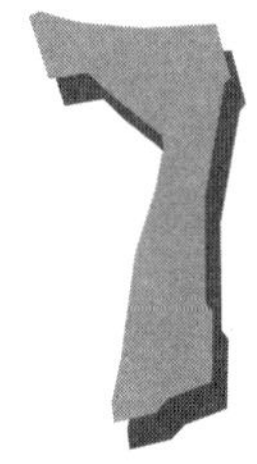

# 운명적 만남 그리고 결혼

Fanny Crosby

1850년대 초에 맹인학교를 방문한 저명인사들이 많았다. 예를 들면, 스웨덴의 나이팅게일(Swedish nightingale)로 불리는 영국의 시인 마틴 파쿠할 터퍼(Martin Farquhar Tupper), 제니 린드(Jenny Lind), 노르웨이의 바이올리니스트 오올 보너만 불(Ole Bornemann Bull) 같은 사람들이었다. 그 유명한 소프라노가 오페라풍의 아리아와 스웨덴 민요 및 미국의 애국적인 가곡을 열창했다. 화니는 "내가 천국에서 천사의 노래를 듣고 있는 것으로 상상했었다"고 놀라며 말했다. 화니는 전혀 예상치 않은 장소에서 푸른 눈을 가진 금발의 제니 린드를 친히 만나게 된 것이다.

화니는 여름만 되면 브리지포트에 가서 종종 친구들을 데리고 왔다. 머시와 의붓동생들은 "페어필드 우즈"(Fairfield Woods)의 시(市)경계

선 외곽에 살고 있었는데, 대도시에서 온 방문객들을 보며 매료되었다. 매너와 말씨와 복장에 있어서 그들은 시골 동네의 촌사람들과는 너무도 달라보였다. 여러 해 후에 화니의 의붓동생 줄리(Julie)는 화니가 방문올 때마다 가져온 향수를 어린 소녀로서 난생 처음 킁킁거리며 냄새 맡던 그 황홀감을 얘기하곤 하였다.

머시는 자기가 엄격한 규율주의자였음에도 불구하고 호기심이 강하고 마음이 열려 있는 사람이었기에, 딸이 향수와 보석 장신구를 사용하는 것을 보고도 한 번도 야단치지 않았다. 머시는 도시의 문화에 흥미가 있었기에 학생이든 교수든 상관 않고 딸의 손님들을 환대했으며, 그들의 대화를 진지하게 귀담아 들었다. 그녀는 퓨리턴의 풍습과 뉴잉글랜드 요리와 생생한 뉴잉글랜드식 콧소리로 그들을 즐겁게 해 주었다.

쥴(Jule)과 캐리(Carrie)는 "내가 그들을 만나 본 이래 내가 지은 모든 시는 정식으로 낭송이 되고 그들의 비평을 받아야 한다."고 주장하였다. 다행히도 이들 손아래 아마추어 문학 비평가들은 그들 언니의 시 작품을 전혀 부끄러움 없이 좋아하였다. 어린 쥴(Jule)도 시인이 되겠다는 열망이 있어서 밤마다 화니의 시작(詩作)의 몸짓과 자세를 그대로 모방해 봄으로써 자신도 목표를 이룰 수 있을 거라고 상상하였다.

### 클리블랜드 형제교사

1853년 가을에 윌리엄 클리블랜드(William Cleveland)라는 젊은 사람이 맹인학교의 문학부 학과장으로 임명되었다. 그 후 얼마 안 있어, 그는 열여섯 살 된 그의 동생을 채용하여 어린 아이들에게 읽기, 쓰기, 산수 및 지리를 가르치고, 신임 교장인 콜든 쿠퍼(T. Colden Cooper)선생님의 사무실에서 서기로 근무하도록 조처하였다. 그 동생의 이름이 그로버(Grover)였다.

화니는 교사들 가운데 가장 사랑받는 교사로 인정받았고, 교사와 학생들이 어려움이 있을 때마다 찾는 대상이었다.

클리블랜드 형제들이 학교에 온 지 얼마 안 되었을 때였다. 윌리엄 선생이 동생에 관하여 화니의 조언을 구하였다. 학생처장으로 있는 화니는 학부의 교사들 가운데 가장 사랑받는 교사로 인정받았으며, 교사와 학생들이 어려움이 있을 때마다 찾아가는 대상이었다. 그 형제의 부친이 최근에 돌아가셨다고 윌리엄 선생이 그녀에게 말했다.

"그로버가 우리 아버지의 죽음을 너무 애달파 하고 있는데, 선생님께서 사무실에 가셔서 가끔씩 한 번 이야기 좀 해 주시면 좋겠어요." 화니는 그렇게 하겠다고 하였다. 그는 나이에 비해 성숙한 편이었다. 마르긴 했지만 키가 거의 1미터 85센티였으며 아주 고상한 염소수염을 하고 있었다. 어린 클리블랜드는 조용하고 내성적이었다. 그러나 그는 곧 화니를 신임하게 되었고, 자기보다 나이 많은 여성과 좋은 우정을 나누게 되었다. 어머니 마냥 화니는 그 나이 어린 선생을 따뜻하게 보살펴주었다. 그가 과도하게 독서에 몰두한다 싶으면 "너무 지나치게 공부하여 몸을 해치지 말라"고 주의를 주기도 했다.

그로버는 그가 좋아하는 시인들인 바이런 경(Lord Byron)과 토머스 무어(Thomas Moore)의 시를 화니에게 읽어 주었다. 그는 화니가 구술하는 시를 자원하여 받아 적었다. 학교에서 이러한 모습이 쿠퍼 교장 선생님의 신경을 건드렸다. 그가 그들을 귀찮게 하기 시작했다. 화니는 그녀의 작품을 통해 쿠퍼의 이름을 거론한 적은 없었지만, "인정머리 없는 무자격자"라고 언급하였다. 클리블랜드가 그녀를 위해 시를 받아 적어 준 것이 규정 위반은 아니었다고 그녀는 주장했다.

**교장의 횡포**

그로버가 화니의 구술시를 베껴 적고 있을 때, 쿠퍼 교장이 그의 사무실에 들이닥친 적이 두 번 있었다.

"이봐요, 크로스비 선생!" 교장의 날카로운 목소리가 들렸다.

"클리블랜드 선생이 당신의 작품을 받아 적을 일이 있거든 나에게 먼저 말하세요. 내 사무실에서 일하는 직원이 시를 받아 적는 것 말고도 할 일이 얼마나 많은 줄 아세요!" 화니가 그런 위반(?)을 여러 번 되풀이 하자, 교장은 아예 자신의 허락 없이는 클리블랜드에게 말도 걸지 못하도록 금지시켰다. 화니는 말은 못하고 속이 들끓었다. 클리블랜드가 이를 참지 못하여 충고를 하였다.

"크로스비 선생님, 저 인간이 당신의 감정을 상하게 하도록 언제까지 참고 내버려 둘 작정이세요?"

"하지만 내가 무슨 수로 막을 수 있겠어?"

"그가 하는 짓에 걸맞게 하면 되잖아요!"라고 그로버가 말했다.

"그가 금세 잊어버리지 못할 평범한 글을 한 줄 써 줘 보세요."

"하지만 그로버, 나는 지금까지 살아오면서 한 번도 불손하게 행동해 본 적이 없었어요." 그녀가 정중히 거절하였다.

"지금까지 선생님의 무례한 언행을 오래 참아왔어요. 이제 더 이상은 참지 못해요. 또 이런 일이 벌어지면 학교 경영진에게 교장 선생님을 고발하겠습니다."

"그러나 선생님께서 자신의 몫을 말하는 것은 경솔한 행동이 아닙니다. 선생님이 더 나이 들면 독립과 자립을 배우지 못할 겁니다."

그는 그녀가 자기 딸이라도 되는 양 훈계하듯 말했다.

자기 나이의 절반밖에 안 되는 어린 선생으로부터 아이에게 하듯 훈계를 듣는다는 것이 쿠퍼 교장의 무례함 못지않게 화니의 기분을 상하게 할 수도 있었다. 그렇지만 그녀는 그로버의 조언을 받아들였다.

이튿날 그녀가 그로버에게 시를 구술하고 있을 때 쿠퍼 교장이 또다시 사무실에 들이닥쳤다. 이번에는 악담과 무례한 말과 위협을 하며 퍼부어댔다. 화니가 몸을 돌려 냉정하게 말했다.

"우리 맹인학교에서 교장 선생님 다음에는 저밖에 없다는 것을 잘 아실 텐데요. 지금까지 교장 선생님의 무례한 언행을 오래 참아 왔었는데, 이제 더 이상은 참지 못하겠습니다. 만일 앞으로 또 이런 일이 벌어지면 학교 경영진에게 교장 선생님을 고발하겠습니다."

쿠퍼는 뜨끔했는지 살며시 나가더니, 그 후로는 괜찮았다.

클리블랜드 형제는 맹인학교를 싫어했다. 그들은 건물이 지겹도록 지저분하고 학교에서의 생활이 기분을 우울하게 한다고 생각하였다. 쿠퍼가 재임하는 동안 맹인학교는 학생 수가 급증하여 1850년에 60명이던 학생들이 3년 후에 116명으로 불어났다. 아이들은 학생으로서보다는 피수용자에 더 가까운 대우를 받았다. 쿠퍼 교장은 사소한 위반에도 엄한 징벌을 내렸고, 좀 더 큰 위반시에는 매질까지 하였다. 클리블랜드 형제는 만 1년이 조금 넘은 1854년 말에 사직하였다.

## 조지 루트와의 만남, 그리고 히트송 작업

그로버 클리블랜드를 만난 거의 같은 시기에 화니는 한 남성과 함께 일하게 되었다. 그는 미국 역사에서 중요도와 비중에서는 떨어질지 몰라도, 그녀의 미래에서는 훨씬 중요한 역할을 할 사람이었다. 그녀가 이 조지 프레데릭 루트(George Frederick Root)를 알고 지낸 지는 10여년 되었다. 그녀와 같은 해에 태어난 동갑내기 미국인으로, 유럽에서 공부를 하였고, 돌아와서는 로웰 메이슨(Lowell Mason)이 했던 것처럼 유럽풍의 음악을 미국에 소개하려고 부지런히 뛰어다녔다. 그가 어느 정도였는가 하면 (그 당시 많은 음악가들과 예술가들이 이렇게 하였다) 그의 이름을 유럽식으로 고쳐서 게오르게 프리드리히 부르첼(George Friedrich Wurzel)로 개명까지 하였다. 그 당시 수많은 교양인들처럼 그도 미국 음악을 투박한 것으로 생각하였다. 그리하여 헨델, 하이든, 모짜르트, 베토벤 같은 위인들의 음악적 요소들을 채택해서 부드러우면서도 세련된 대중적인 노래를 만들었다.

루트는 1840년대에 맹인학교에서 음악을 가르쳤다. 그러나 그 다음 10년이 지난 후 비로소 화니가 그를 한 인간으로 알게 되었다. 1851년 어느 날이었다. 루트가 피아노를 치고 있었고, 화니는 가만히 듣고 있었다. 창의성이 풍부한 악곡의 선율에 눈 먼 여류시인은 깊은 감동을 받았다. 그 곡은 어느 유럽 대가의 음악과도 같이 들렸다.

"오! 루트 선생님, 그 곡을 출판하는 게 어때요?" 그녀가 물었다.

키가 작고 수염을 기른 루트 선생은 작은 새 같은 눈으로 그녀를 뚫어져라 바라보더니 말했다. "글쎄요, 그런데 곡에 가사가 없어요."

"그래요? 가사는 내가 짓지요. 선생님의 멜로디는 이렇게 하면 돼요."

"오 푸른 숲으로 오라 자연이 웃고 있구나.
푸른 숲으로 오라 너무도 사랑스럽고 아름답구나.
부드러운 음악이 그대의 영혼을 기쁘게 하고
그대의 슬픔을 노래로 달래줄 테니."

"선생님의 가사를 사용하겠습니다!" 루트는 열광했다.

"내가 작곡한 노래에 가사를 써 줄 사람이 필요하거든요. 그 일을 선생님께서 맡아 주시겠습니까?" 화니는 너무 바빠서 그와 함께 일을 할 수가 없었지만, 그 이듬해 여름에 매사추세츠 주 노스리딩(North Reading)의 정규 음악 아카데미(Normal Academy of Music)에서 강좌를 개설하게 되었다. 루트는 로웰 메이슨과 함께 원장으로 있었고, 바로 이곳에서 화니는 그의 노래에 가사를 붙이기 시작했다.

초여름에 화니는 여러 곡의 가사를 썼다. 악보는 전부 루트가 작곡했고, 가사는 화니가 작사했다. 그 중에 두 곡이 꽤 인기가 있었다. "사랑하는 키티여, 잘 가시오"와 "개암나무 골짜기"가 그것이다. 그 시대 음악을 듣는 사람들에게 크게 어필한, 진부하나 눈물이 날 정도로 센티멘탈한 노래였다. 루트는 화니에 대해 "시를 짓는데 탁월한 재능을 타고 났으며, 무엇보다 섬세하고 시적인 상상력이 넘치는 여류시인"이라고 인정하며 만족해했다.

그 해 가을, 그가 "꽃의 여왕"(The Flower Queen)이라 하는 우스꽝스런 곡을 그녀에게 주면서 가사를 붙여 달라고 부탁했다. 화니는 후에 그것을 "최초의 미국 칸타타"라고 불렀다. 루트는 이미 줄거리를 마음에 두고 있었기에 "다음날엔 시가 준비될 거야."라고 말해 주면 좋겠다고 말하곤 했다.

사실, 그녀는 가끔씩 두 세 편의 시를 준비하였다. 루트는 대체로 운율과 리듬 있는 스윙 음악에 필요한 아이디어를 그녀에게 주려고 멜로디를 콧노래로 불러 주었고, 더러는 그녀가 작사하기 전에 곡 전체를 연주해 주기도 했다. 그는 그녀의 시를 수정할 필요가 거의 없었다. 그녀가 쓴 대체 가능한 두 버전(version) 가운데 하나를 선택만 하면 되었기 때문이다. 그래서 루트는 출근시간에 최종 악보를 생각해 냈었다.

"꽃의 여왕"은 동부해안 전역에서 인기를 끌었다. 이듬해 여름에 두 사람은 비슷한 악곡 "필그림 파더즈"(The Pilgrim Fathers)를 시도해 보았다. 이번에는 화니의 시에 로웰 메이슨과 루트가 합작해서 멜로디를 붙였다. 나중에는 화니가 루트와 윌리엄 브래드베리(William B. Bradbury)와 공동으로 또 하나의 칸타타를 만들었다.

1855년 여름에 화니는 또다시 루트와 함께 작업했다. 여러 곡이 히트했는데, 그 몇 가지는 노예들의 노래인 "강의 하류 쪽으로 날 팔아버렸네", 음울한 노래인 "거만한 세상이여, 안녕", "북부의 탄생" 및 "본향에 가는 이 기쁨" 등이었다. 그들이 그 해에 작사, 작곡한 세 노래가 특히 인기를 끌었다: 아름다운 소녀의 죽음을 노래한 "인동덩굴, 글렌", 화니가 그때까지 작사한 그 어떤 곡보다 더 인기를 끌었던 "대초원의 꽃, 로잘리", 그리고 각급 학교와 대학에서 20세기까지 애창되었던 "공중에 음악이 있네"(There' s Music in the Air)가 그것이다.

그 히트송의 작사자가 화니라는 사실은 아무도 몰랐다. 로열티도 3천달러나 되었어도 화니가 받은 돈은 1, 2달러에 불과했다.

그런데 이들 노래의 작사자가 화니 크로스비라는 사실은 아무도 몰랐다. 그것이 루트의 필명으로만 발표되었기 때문이다. "대초원의 꽃, 로잘리"의 로열티가 3천 달러나 되었지만, 화니가 받은 돈은 겨우 1, 2 달러에 불과했다. 루트는 화니에게 시를 사서 출판한 이익을 혼자 독식했다. 그는 출판사가 작사자에게 지불하는 표준 원고료를 규정대로 지불했으니 더 이상 지불할 의무가 없다는 것이었다.

### 운명적 만남 - "미래의 남편"

루트를 위해 히트송을 작사해 주는 동안, 화니는 하나님의 은혜로 그녀 생애에 훨씬 더 중요한 역할을 해 줄 사람, 곧 미래의 남편과 다시 만나게 되었다. 그녀는 후에 이렇게 한 마디 하였다.

"어떤 사람들은 눈 먼 여자들이 눈 뜬 사람들과 똑같이 사랑할 능력을 갖고 있으며 그들과 똑 같은 분량으로 똑같이 진실하게 사랑한다는 사실을 잊고 있는 것 같아요."

서른다섯의 나이에 화니는 "사랑을 갈구하는 가슴이 있었지만 아직도 노처녀였다. 그녀가 실연한 사랑에 관한 시를 계속 발표한 것이 어쩌면 그녀의 내면의 좌절감을 표출한 것이었는지 모른다.

그러던 차에 1855년, 맹인학교에 알렉산더 반 알스타인(Alexander Van Alstine)이라는 신임교사가 부임했다. 그는 화니가 12년 전인 1843년(당시 화니 23세) 여름, 뉴욕의 오스웨고를 학교 순회단으로 방문하는 중에 소년이었던 그를 만난 적이 있었다. "반"은 맹인학교에서 2, 3년 공부하였지만 실력이 뛰어났다. 1848년에 그는 맹인학교 최초로 정규대학에 진학한 학생이 되었다. 그가 선택한 전공은 음악이었다. 또한 헬라어, 라틴어, 철학 및 신학을 마스터하였다. 1854년까지는 뉴욕의 알비온(Albion) 소재 공립학교에서 음악을 가르쳤다. 1855년에 맹인학교에 부임한 그는 음악 교사를 담당하였다.

처음에 환(Fan, 화니)과 반(Van)은 서로가 음악과 시를 사랑했고, 그것 때문에 단지 플라토닉(platonic)관계로만 지냈다. 그러다가 반은 화니의 시에 깊은 관심을 갖게 되었고, 그녀는 그의 음악에 관심을 가졌었다. 그녀는 둘의 관계에 대해 말했다. "이렇게 해서 우리는 곧 서로에 대해 더 지대한 관심을 갖게 되었어요."

1857년 가을, 반은 맹인학교를 그만두고, 롱아일랜드의 매스펫(Maspeth)에서 사설음악학원을 열어 가르치기 시작했다. 화니도 그를 따라갈 준비가 되어 있었다. 콜든 쿠퍼 교장의 "잔혹한 무능력"으로 인해서 오랫동안 그녀의 "행복한 가정"이었던 맹인학교가 황량한 곳으로 바뀌어 버렸다. 아이들은 학대를 받았고, 교사들은 박봉에 시달렸으며, 건물은 겨울이면 얼음 창고였고, 식사는 갈수록 부실했다. 반과 화니 같이 헌신적인 교사들은 쿠퍼 교장의 스파르타식 체제에서는 더 이상 능력 발휘를 할 수 없다고 느꼈다.

> 그녀의 존재는 완전히 바뀌었다. 더 이상 주목의 대상도, 고위인사들이 찾아오는 일도 없었다. 생활고와 싸우며 살아가는 가정주부였다.

### 맹인학교 사직과 결혼이야기

1858년 3월 2일, 화니는 23년간이라는 맹인학교와의 오랜 관계에 마침표를 찍었다. 그리고는 롱아일랜드로 가서 결혼을 하고, 독립된 생활을 시작하게 되었다. 그들은 3월 5일 매스펫에서 조용한 결혼식을 올렸다. 그때 반이 27세, 화니가 38세였다.

그녀의 존재는 이제 완전히 바뀌었다. 더 이상 주목의 대상이 아니었다. 맹인학교에서처럼 고위 인사들이 찾아오고 축하해 주는 일이 없었다. 그녀는 더 이상 "눈 먼 여류시인"으로서의 명예를 가진, 전국 최고의 문화계 중심인물이 아니었다. 이제는 농부들과 상인들과 노동자들이 그녀의 이웃이었다. 앞도 못보고 왜소하게 생긴 그녀를 전국적으로 유명한 시인이라고 알아주는 사람도 없는 지방 소읍에서 생활고와 싸우며, 하루

하루 살아가는 가정주부에 지나지 않았다.

하지만 그녀는 이러한 생활에 만족하였다. 왜냐하면 그녀는 널리 알려져서 인기가 있고 무리들이 따라다니는 것을 결코 좋아하지 않았기 때문이다. 20여년 만에 처음으로 그녀는 그렇게도 살고 싶어 했던 시골로 돌아왔다. 그리고 일반대중을 위해서가 아니라 남편을 더 많이 위해 주며 살고 있다고 느꼈다. 1858년 봄에 화니는 그 꿈이 실현되어 가고 있는 듯하였다.

그녀의 결혼생활에 대해서는 아는 게 거의 없다. 남편에 대해서도 알려진 것이 거의 없다. 심지어는 그의 이름의 철자가 제대로 되었는지도 알지 못한다. 기록에 의하면 "반 알스타인"(Van Alstine과 Van Alsteine)으로 되어 있는데, 후년에 화니는 언제나 그녀의 결혼명(법적인 문서에 딱 한 번 사용했음)을 "반 알스타인"(Van Alstyne)으로 적었다.

그녀의 자서전 중 한 곳에서 화니는 엔지니어인 그의 아버지가 "라인 강변" 출신이었고, 청년 때 미국으로 이민 왔다고 말한다. 그의 어머니는 잉글랜드 태생으로, 반은 아주 어렸을 때 질병으로 인해 시력을 잃었다고 한다. 그에 관한 두 장의 사진을 보면, 그는 호리호리하고, 이목구비가 뚜렷한 튜턴계 얼굴을 한데다, 수염을 말끔히 깎은(그의 세대 대부분의 남자들과는 달리) 핸섬한 남자로 보인다.

반은 뉴욕에서 최고가는 오르간의 대가 중 한 사람이었다. 그는 또한 피아노, 코넷, 기타 여러 악기에 능하였다. 그가 건반에 손을 얹으면 그의 모습은 말로 표현할 수 없는 환희의 얼굴로 변화되었다고 한다. 그는 명랑하고, 태평하고, 외관상으로는 호감을 주는 사람이었다. 그의 평생의 사명은 그가 사랑하는 유럽의 고전 명작들을 일반 대중들에게 소개하여 알리는 것이었으며, 가난한 아이들에게 저렴한 비용으로 음악을 가르치는 일에 전력을 다하는 것이었다. 화니와 자신의 생활을 위해서 그는 여러 지역의 교회들에서 유급 오르가니스트로 봉사하였다.

1858년 늦은 봄과 초여름에 화니는 세 번째 시집, "컬럼비아의 꽃다발"(A Wreath of Columbia' s Flowers)을 만드느라 바빴다. 그 시집에 뛰어난 시들이 많이 있었다. 그렇지만 나머지는 진부했다. 화니는 짧은 이야기 세 편도 포함시켰다. 시의 주제는 대도시 경찰, 짝사랑, 다니엘 웹스터(Daniel Webster)의 죽음에 이르기까지 다양했다. 하지만 이번 시집은 그녀의 시집 중에서 가장 성공하지 못한 작품이었다.

### 일생에서 가장 큰 불운

이러는 사이 그녀의 가족들에게 몇 가지 변화가 생겼다. 화니의 삼촌 조셉이 아내와 아이들, 프랭크와 이다를 데리고 조지아 주 사반나(Savannah)로 가서 크로스비와 메이 마구(馬具) 용품 지점을 냈다. 거기서 결핵에 걸려 5월 2일에 사망했다. 같은 해에 여동생 쥴이 브리지포트의 바이런 아딩턴(Byron Athington)과 결혼하였다. 쥴은 더 이상 언니의 시작(詩作)을 방해하는 장난꾸러기 작은 요정이 아니라 검은 머리의 포동포동한 젊은 여자로, 키는 작지만 언니보다는 머리만큼은 더 컸다. 머시는 여전히 열다섯 살 된 캐리와 함께 페어필드 우즈(Fairfield Woods)에 계속 살고 있었다.

1859년, 화니는 드디어 엄마가 되었다. 하지만 기쁨도 잠시, 아기가 유아 때 그만 죽었다. 화니의 일생에서 이것이 가장 큰 불운이었다. 이에 대해 그녀는 입을 닫았다. 그 아기가 남아였는지 여아였는지, 또 죽음의 원인이 무엇인지 우리는 알지 못한다.

이런 비극적 사건을 겪고 나서 롱아일랜드 시골의 조용한 은둔생활에 대한 화니의 꿈은 깨어져버렸다. 그녀가 점차 회복을 하기는 했지만, 친숙한 환경으로 돌아가고 싶어 하였다. 한때는 시골이 낙원이었는데, 지옥과 같은 고통의 장소로 변해 버렸다. 그녀는 고통의 현장에서 하루라도 벗어나길 원했다. 그리하여 1860년에 남편과 함께 맨해튼으로 돌아갔다. 맹인학교에서 두어 블록 떨어진 곳에 방을 얻었다. 그들이 돌아온 뉴욕은 정말 신앙 부흥의 열정에 휩싸인 새로운 도시였다.

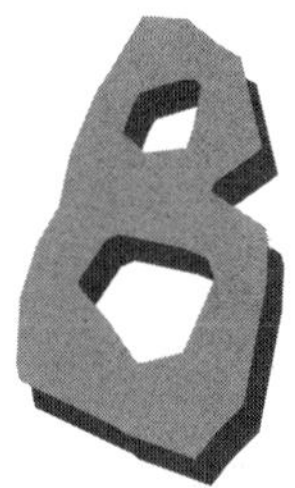

# 위대한 일의 시작

Fanny Crosby

**신앙부흥**은 화니가 맹인학교를 그만두기 전에 시작되었고, 그녀가 결혼하여 롱아일랜드의 매스펫에 사는 동안에 엄청나게 발흥하였다. 미국 역사에서 이전에 두세 차례 신앙부흥이 있었다. 그 첫 시작은 1740년대의 제1차 대각성 운동(First Great Awakening)이었다. 한편, 미국에 불어 닥친 경제 불황에 뒤이어 다시금 신앙에 대한 강렬한 관심이 일어났다. 제2차 대각성 운동(Second Great Awakening)이라 일컫는 이 신앙부흥운동이 전국을 휩쓸고 있었다.

### 신앙부흥의 성상 배경

성령의 놀라운 역사 외에 어떤 인간적인 요소들이 신앙부흥을 촉진하

주일학교와 선교회들의 성장이 신앙부흥을 촉진시켰다. 특히, 젊은이들의 정신적, 영적 상태를 향상시켰다.

는 데에 기여하였다.

첫 번째는 주일학교의 성장이었다. 원래 "주일학교"란 지금의 야간학교에 해당되는 19세기의 학교 이름이었다. 거기서는 근로자들이 휴일에만 수업에 출석하여 세상 교육을 받을 수 있었다. 그러나 얼마 안 있어 종교교육이 주일에도 인기를 끌게 되었다. 특히 젊은이들을 위한 종교 교육이 활발하였다.

두 번째 요소는 선교회들의 성장이었다. 이들 선교회는 종교를 보급하는 목적 외에 노예제도, 술, 담배와 같은 악폐들을 폐지하고 그밖에 다른 사회적 병폐들을 개선하고자 했다. 1840, 50년대에는 전국의 급성장하는 도시와 읍면에서 날로 증가하는 불신자들에게 예수 그리스도의 복음을 전파하기 위한 '가정 선교회' 들이 굉장히 많아졌다.

이러한 단체들 가운데 가장 주목할만한 것이 YMCA(Young Men' s Christian Association)였다. 영국에서 시작된 YMCA가 미국에 나타난 것은 1850년대 초였다. 이것의 목표는 "복음적인 신앙"을 증진시키고, 신앙생활의 삶의 질을 높이고, "젊은이들의 정신적, 영적 상태"를 향상시키는 것이었다. YMCA는 선교와 주일학교 뿐 아니라 성경교육을 위한 헌신적인 모임과 클래스를 제공하였다. 그것은 사회적 행동에 나서서, 가난한 자들과 눌림 당한 자들을 돕기 위한 지역사회구조 활동들을 조직화 하였다. 도서관과 독서실을 설치하고, "즐겁게 해주고, 흥미를 갖게 해 주고, 정보를 제공해 주기 위한" 강좌들이 열렸다. 복음을 전파하기 위해서 YMCA는 젊은이들을 파송하여 길거리에서, 부두에서, 소방서에서, 그리고 때로는 제일 번화한 거리에서 전도하였다.

화니 크로스비의 이름이 도저히 빠져 나올 수 없을 정도로 연관을 갖게 된 저 유명한 디엘 무디(D. L. Moody)의 생애가 바로 이와 같은 사회적 분위기 가운데 시카고 북부에서 시작되었다. 무디는 슬럼가의 아이들을 끌어내어 와이(Y)의 프로그램에 참여케 하고, 그 단체에서 제공하는 여러 활동과 교제를 통하여 성공적이고 존경받는 크리스천 시민이 되게 하는 데에 큰 성공을 거두었다. 뉴욕에서도 YMCA는 적극적이었다. 여기서 주도적 인사가 화니의 먼 사촌간인 하워드 크로스비(Howard Crosby, 1824-1891) 박사였다. 4번가 장로교회의 이 젊은 목사는 뉴욕 YMCA의 창립위원이자 2대 회장이었다. 그는 YMCA를 "교회의 연장"으로 간주하여 뉴욕 주민 70만 명에게 그 사업을 펼쳐 나가려고 진력하였다.

신앙부흥운동은 1857년에 대도시 및 전국의 다른 지역에서도 일어나기 시작하였다. 뉴욕 전지역에서 기도회가 열렸고, 매일 회개하고 신앙을 고백하는 회심자들이 생겼다. 신앙부흥운동이 너무도 크고 널리 확산되었기 때문에 신문에서는 매일 보도 범위를 넓혀갔다. 1858년에서 1860년 사이에 전국적으로 매수 5만 명의 회심자들이 생겼고, 매수 1만 명 정도가 교회에 등록을 했다고 보도했다.

화니는 신앙부흥운동의 영향을 크게 받았다. 빈민들을 위해 뜨개질도 하며 적극적으로 활동했다.

크리스천들은 이 집과 저 집을 다니면서 우아한 응접실과 부유한 객실에서는 물론 우중충한 다락방, 지저분한 지하실에서도 복음을 전하였다. 그들은 주인들을 초청하여 주일학교와 구도자반에 참석케 하였다. 그리하여 그들이 함께 몰려들었다! 하루에 1,200명이나 되는 많은 사람들이 존 스트리트 감리교회(John Street Methodist Church)의 정오 기도회를 꽉 메웠다.

화니의 삶은 신앙부흥운동의 영향을 크게 받았다. 그녀는 존 스트리트 교회에 출석하기 시작하여, 재봉 봉사회에서 빈민들을 위해 뜨개질을 하면서 적극적으로 활동하였다. 그녀는 그 교회의 기도회 및 헨리 워드 비처(Henry Ward Beecher) 목사의 플리머스 회중교회 기도회에 참석하면서 그 유명한 설교의 대가를 알게 되었는데, 얼마 안 있어 그 목사님을 친구로 교제하게 되었다.

## 열광적인 애국주의자

한창 신앙부흥운동이 일어나는 때에 남북전쟁(Civil war)이 터졌다. 화니의 친족들이 사는 브리지포트의 모든 남자는 징집되거나 입대하였다. 그녀의 제부인 바이런 아딩턴(Byron Athington)은 스물네 살이었는데, 나라의 부름에 응하려고 잘 나가던 유명한 사업을 접었다. 화니의 "남동생" 역시도 입대를 하였다. 그녀는 엄마의 의붓아들 윌리엄 모리스(William Morris)를 그렇게 불렀다.

화니는 자기의 친족들을 무척 자랑스럽게 여겼다. 전에는 민주당원이었고, 그 당시에는 휘그당원이었는데, 이제는 열렬한 공화당원이 되었고 남은 생애에도 그대로 지지하였다. 대단한 애국주의자인 그녀는 항상 소형의 실크 기(旗)를 갖고 다녔는데, 이제는 그것을 자신의 블라우스에 꽂고 다녔다.

연방(Union)에 대한 그녀의 광적인 열정으로 인해 하마터면 거의 싸울 뻔하였다. 어느 날 저녁이었다. 그녀가 맨해튼의 식당에서 식사를 하고 있었는데, 남부 출신의 한 부인이 화니가 연방제의 상징을 자랑해 보이는 것에 자극 받아 히스테리를 일으켰던 것이다.

"그 더러운 물건을 치우지 못해!"

화니가 가진 기(旗)를 보자 그 여자가 톡 쏘아붙였다.

화니는 옆의 친구들이 깜짝 놀랄 정도로 분노가 머리끝까지 치밀어 올랐다. 의자에서 벌떡 일어나 그 목소리가 들린 쪽으로 돌진하였다. "또 다시 그 따위 소리해 봐라, 없애 버릴 거야!"라고 겁을 주었다. 식당 매니저가 시끄러운 고함 소리를 듣고 때마침 나타나 겨우 충돌을 막았다.

다시 브리지포트로 돌아갔다. 화니의 여동생 캐리는 리 발눔(Lee Barnum)이라는 남자와 결혼하였는데, 머시가 그랜드 스트리트에 있는 아파트에서 이 신혼부부와 함께 살게 되었다. 전쟁은 의붓아버지 모리스(Morris) 일가를 봐주지 않았다. 윌리엄(동생)은 결핵에 걸리고 말았다. 그 병으로 거의 20년 동안 죽음은 면했지만, 그가 돌아와서 그의 아들 월터(Walter)에게 전염시켰다. 아딩턴은 1863년 버지니아에서 중상을 입었는데 완전히 회복하지 못했다.

이러한 일련의 사건들이 화니의 애국심을 더욱 강화시켰다. 전쟁 중에 그녀는 댄 엠멧(Dan Emmett)과 다른 음악가들이 곡을 붙인 애국의 노래들을 작사하였다. 그 노래들은 등골이 오싹할 정도로 효과적이었다. "연방찬가"(Union Song)에서 그녀가 쓴 가사는 이랬다.

불경스런 손으로 우리의 신성한 군대를
공격한 자들에게는 죽음만이,
우레와 같은 보복만이,
용사들에게 보답하는
정당한 요구이다.

"제프 데이비스에게 보내는 노래"(Song to Jeff Davis)에서 그녀는 위협적으로 역설하였다.

오라, 자랑하며 뽐내는
제프 데이비스와 그 도당이여
우리 북군이 기다리고 있는가.
자, 사내대장부의 모습을 보이라
그대 모든 군대를 끌고 나오라
그대 반역의 도당들에게 우리는 맞서노라
그대의 병사들을 박살내 버리겠다.

손에 손을 맞잡고 그대들과 싸우리라
자, 제프야, 먹을 것이 없거들랑
그대 반군들에게 붙어먹으라.
우리가 모두를 환영해주마
물론 총알과 화포를 가지고 말이야
그대의 몸뚱아리를 날려 버리겠다.
그대 남부의 법을 없애버리겠다
우리의 성조기가 펄럭이고 있구나.
하늘이 우리의 주장을 성공시켜 주리라

이 노래는 남부군 지도자를 처형하겠다는 위협으로 끝을 맺는다.

이러한 시들이 정말 주목할만하다고 하는 것은, 그것이 정감과 감수성 및 심지어는 달콤한 감미로움이 두드러지는 작품을 쓰는 여자의 펜에서 나왔다는 점 때문이다. 그 시대의 대중적인 노래들은 대부분 전쟁을 개인적인 상황과 연관지어서, 격렬한 감정과 감상적인 성격을 특색으로 나타냈다. 화니의 남북전쟁을 위한 노래들은 따뜻함이나 인간적 관심은 없고, 세련되지 못한 야유섞인 외침이었다.

그러나 전쟁이 그녀의 마음에 자리 잡고 있지 않을 때는 자신의 필치를 계속 간직하고 있었다. 그래서 전쟁통에도 그녀는 세속적인 시, 음악가적인 안목, 혹은 교사직이 지금까지 성취해온 것보다 훨씬 더 많은 인정을 받도록 시에 대한 재능을 발휘할 기회를 가졌다.

**본문이해를 위한 해설(4)**

**회중교회**

16세기 말과 17세기 초에 잉글랜드 개신교 교회에서 출발한 교회이다. 이 회중교회는 각 회중이 지교회 이상의 인간 권위로부터 독립해서 자체 문제에 대해 독자적인 결정을 하는 권리와 의무를 강조한다. 회중교회주의는 포괄적인 청교도 운동의 한 부분으로 발전했고, 이들은 종교개혁의 '만인제사장론' 을 실천하는데 관심을 가졌다. 회중교회 신도수가 많이 발전한 곳은 미국으로, 영국 국교회 개혁을 주장하는 매사추세츠베이 청교도들과 영국교회에서 이탈을 주장하는 플리머스 식민지 순례자들이 있었다. 이들은 개신교의 두 가지 성례전, 세례와 성찬식을 인정한다. 세례교인이 아니어도 교인자격을 얻는다.

교회 가는 일도 그녀는 언제나 치우치지 않았다. 그래서 43세 때 그녀는 어느 교회에도 등록하지 않고 다녔다. 여러 해 동안 감리교회가 좋아서 존 스트리트 교회에 자주 출석하였다.

그리고 종종 브루클린(Brooklyn)에 있는 플리머스 회중교회*에 가서 그녀가 좋아하는 설교자요 친구인 비처 목사의 설교를 들었다. 또 존 홀(John Hall) 박사가 담임목사로 있는 제5번가 장로교회, 그녀의 사촌 하워드 크로스비가 목회하는 4번가 장로교회 및 트리니티 영국 성공회 교회(Trinity Episcopal Church)를 다녔다.

그녀는 또한 23번가의 화란개혁교회에도 출석하였다. 담임인 피터 스트라이커(Peter Stryker) 목사는 "눈 먼 여류시인"을 알게 된 것을 기쁘게 여겼으며, 그녀가 송구영신예배의 찬송시를 써달라는 그의 부탁을 들어 주자 감격하여 목이 메기도 했다. 그녀가 첫아기를 잃고 우울증에 걸려 있다는 소식을 듣고 스트라이커 목사는 그의 친구인 윌리엄 브래드베리(William Bradbury)가 그의 멜로디에 가사를 붙여줄 사람이 필요하다는 얘기를 그녀에게 해주었다. "화니가 원한다면 당장에라도 브래드베리를 만나볼 수 있어요"라고 권하자, 화니는 곧 동의하였다.

### 미국 찬송가학의 큰 변화

제2차 대각성 운동은 미국의 찬송가학에 커다란 변화를 가져왔다. 기독교 교리를 제시하는 새로운 접근방법에 맞는 찬송가에 대한 필요성이 높아졌기 때문이다. "미국 교회음악의 아버지"라 일컫는 로웰 메이슨이 오래 전에 그의 기준을 발표한 바 있었다. 찬송가학의 목적과 성격에 관한 그의 지침은 1831년에 널리 통용되던 그의 "교회 찬송가집"(Church Psalmody)으로 출판된 것인데, 아직도 미국의 찬송가 저작에 권위를 가지고 있었다. "감정과 형상은 엄숙하고, 품위가 있어야 한다"라고 그는 썼다. 또한 "비성경적이고, 천박하고 … 가볍고, 공상적인 것은 무엇이든 피해야 한다." 그 이유는 "영혼의 흐름을 막기"가 쉽기 때문이라는 것이다. 더구나 "통속적이고 시시덕거리는 어구, 즉 표현 형식이 삼위 하나님을 지칭하게 될 경우, 순수하고 경건한 감정에 큰 해를 끼치는 연상 작용을 하기 때문에 피해야 한다."

메이슨은 죄와 지옥을 두드러지게 강조하라고 하였다. 그는 예배자들을 "기분 좋게" 할 가능성이 있는 찬송가는 어느 것이나 경시했다. 왜냐하면 죄인에게는 회개가 필요하다는 것만 강조해야 했기 때문이다.

이처럼 엄숙한 찬송가들이 점점 인기를 잃어가고 있었다. 1850, 60년대에 "신앙부흥"을 경험한 사람들은 개인적이고, 경쾌하고, 형식이 없는 찬송가를 원하였다. 과거에 작시된 찬송가들 중에 몇 곡은 이러한 설명에 딱 들어맞아서 널리 사용되기도 했다. 예를 들면 이런 찬송가들이다. 레이 팔머(Ray Palmer)의 "못 박혀 죽으신 하나님 어린양"(435장), 사라 플라워 애덤스(Sarah Flower Adams)의 "내 주를 가까이 하게 함은" (364장), 샬럿 엘리엇(Charlotte Elliott)의 "큰 죄에 빠진 날 위해" (339장), 프랜시스 라이트(Francis Lyte) 목사의 "때 저물어 날 이미 어두니" (531장), 찰스 웨슬리의 "비바람이 칠 때와" (441장) 및 톱레이디(A. M. Toplady) 목사의 "만세 반석 열리니" (188장).

몇몇 음악가들은 그 요청에 부응했다. 조지 루트는 주일학교 음악으로 방향을 바꾸었다. 또 한 사람의 주일학교 찬송가 작곡자는 침례교 목사 로버트 로우리(Robert Lowry)였다. 그는 1864년에 공전의 히트곡 "우리 강가에서 모일까"를 작곡하였다.

## 내가 살아야 할 새로운 이유

그 시기에 가장 중요하고 다작(多作)의 찬송가 작곡자는 윌리엄 브래드베리였다. 그는 칸타타 "다니엘"에서 루트, 화니와 함께 공동작업을 했다. 1816년 메인(Maine)주에서 태어난 브래드베리는 로웰 메이슨 밑에서 음악을 공부하였다. 그의 생애 초기에 오르간을 미국의 신자들에게 소개하는데 일조를 하였다.

젊었을 때 브래드베리는 뉴욕침례교회(Baptist Tabernacle)의 오르가니스트로 임명 받아 찬양반(singing classes)을 인도하였다. 그 교회에서 여러 해를 봉사하는 동안 그는 해마다 청소년 음악페스티벌 (Juvenile Musical Festival)을 열었다. 그 도시에서는 최대의 음악 이벤트 중 하나였다. 30세 때 브래드베리는 영국과 독일로 가서 작곡을 공부

살아야 할 새로운 이유를 주셨다.
하나님께서 그녀의 작사 재능을 사용하기
원하신다는 확신을 갖게 됐다.

하였다. 뉴욕에 돌아와서는 브래드베리 피아노 회사를 설립해 제작했다. 노래와 유럽 대가들의 스타일을 미국의 음악에 많이 응용하였고, 가끔씩 베토벤, 헨델, 기타 주요 작곡가들의 멜로디를 편곡하였다.

브래드베리의 노래들은 "쉽고 자연스런 흐름"이 특징이었고, 그의 화음은 단순함을 특징으로 하였다. 일부에서는 브래드베리가 연주자도 아니고 작곡자도 아니라고 불평하였다. 또 다른 쪽에서는 그가 유럽의 작곡가들을 모방하는 멜로디로 미국의 음악을 망치고 있다고 주장하였다.

그럼에도 그가 작곡한 찬송가가 수많은 성도들의 영혼에 큰 은혜를 끼치고 사랑을 받았다. "큰 죄에 빠진 날 위해"(339장), "예수가 거느리시니"(444장), "선한 목자 되신 우리 주"(442장), "이 몸의 소망 무엔가"(539장). 그 가락이 당시 지식인 성향의 비평가들로부터는 조소를 받았을지 모르지만, 일반 대중들에게서는 사랑을 듬뿍 받았었다.

브래드베리는 현존하는 찬송가에 경쾌하고, 곡조가 아름다운 가락을 붙이고 싶어 했다. 그뿐 아니라, 새로 쓴 시에 곡을 붙이고 싶어 하였다. 그는 자기에게 보내진 가사의 질적 수준에 불만이 많았다. 그러던 차에 1864년 1월, 친구인 스트라이커 목사한테서 연락이 왔다.

"이보게, 친구. 조만간 당신에게 답이 될지도 모를 한 부인을 만나게 될 걸세." 그는 친구가 알려주자 뛸 듯이 기뻐했다. 화니 역시도 좋아서 어쩔 줄 몰라했다.

"기대했다는 듯이 내가 살아야 할 새로운 이유를 주셨구나!" 자신의 찬송가 작사 재능을 하나님께서 사용하기 원하신다는 확신을 갖게 되었다.

화니는 1864년 2월 2일, 브룸 스트리트에 있는 폰톤 호텔에서 브래드베리를 만났다. 그는 얼굴이 수척하고, 숱이 많고 검은 머리털이 사자같이 덥수룩한 데다 거대한 수염을 가진, 아주 깡마른 사람이었다. 화니는 그의 얼굴을 눈으로는 볼 수 없었지만, 그의 성격을 감지할 수는 있었다. 그녀는 환상과 황홀경에 빠지기 쉬운 면도 있었지만, 또한 풍기는 전반적인 것을 통해서 사람의 성격을 읽어내는 신기한 능력을 갖고 있었다. 그가 그녀를 좋아하듯, 그녀도 브래드베리를 좋아하였다. 그리하여 두 사람은 곧 막역한 관계가 되었다.

"화니, 우리가 드디어 만났다는 게 하나님께 감사할 뿐입니다. 당신이 찬송가 가사를 쓴다는 걸 알고, 오랫동안 소원했던 것은 당신과 이렇게 이야기를 나누는 것이었어요."

브래드베리는 화니를 그의 조수, 실베스터 메인(Sylvester Main)에게 소개하였다. 그는 릿지필드 출신으로 어렸을 때 화니와 함께 놀았고, 이때 이후 오랜 친구가 되었다. 실베스터는 음악학교를 시작하기 위해 여러 해 전에 뉴욕에 와 있었다. 이제는 놀포크 스트리트 감리교회의 중심인물이자 뉴욕의 여러 교회에 잘 알려진 독주자였다.

### 위대한 일의 시작

화니가 브래드베리에게 먼저 말했다.

"선생께서 내 능력을 테스트해 볼 수 있도록 찬송시를 만들어서 일주일내에 돌아오겠어요."

화니는 '이제 내 생애에 위대한 일이 진짜 시작되었구나!' 라는 생각이 들었다.

삼일 후, 그녀가 시를 가지고 돌아왔다.

우리는 가네 우리는 가네
하늘 저편 본향을 향해
들판이 아름다움으로 옷 입고
햇빛이 없어지지 않는 곳
푸르고 탁 트인 골짜기에
기쁨의 샘물이 흐르는 곳
우리는 사랑으로 함께 거할 거야
이별이 없는 곳에서

그 찬송시는 브래드베리가 찾고 있던 모든 것이었다.

"시구가 경쾌하고 격식에 매이지 않아 상당히 좋은 시네요. 굉장한 따뜻함과 정서적인 힘이 들어 있구요."

그는 준비 중인 찬송가집에 "우리는 가네"를 넣기로 결정하였다.

그 다음 주간에 브래드베리가 급히 화니를 오라고 했다. 전쟁노래(그

역시도 세속음악을 출판하였다)가 필요했기 때문이다.

"맨 첫줄에 '뽕나무 밭에서 소리가 나네' 를 넣는 게 어떻겠어요?" 하고 그가 제안하였다. 화니는 그것을 "나무숲에서 소리가 나네" 로 바꾸었다. 그러자 브래드베리는 그녀가 가사를 붙일 멜로디를 연주하였다. 어려운 작업인데도 그녀는 두세 번 들어본 뒤에 박자를 맞추고 적합한 가사를 찾을 수 있었다.

브래드베리는 쉽게 믿기지가 않았다. 그는 그녀를 테스트해보려고 너무하다 싶을 정도로 까다로운 멜로디를 주었는데, 그녀가 그 곡에 꼭 맞는 가사를 재빨리 쓸 수 있으리라고는 꿈에도 생각지 못했다. 하지만 그녀는 그 테스트를 당당히 통과하였다!

"화니, 정말 충격적이네요! 내가 출판사를 가지고 있는 한, 당신에게 언제나 일거리를 주겠소." 그가 기쁘게 말했다.

그 후부터 화니는 윌리엄 비 브래드베리 회사(William B. Bradbury and Company)에서 일하게 되었다.

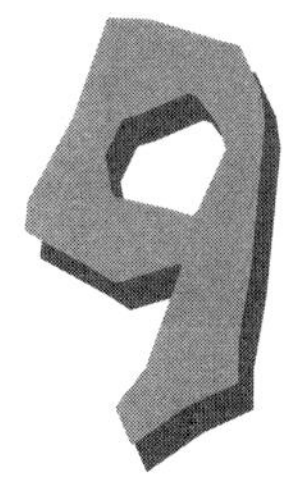

# 9 브래드베리 출판사에서의 작사자 활동

Fanny Crosby

화니는 메리 앤 키더(Mary Ann Kidder), 조세핀 폴라드(Josephine Pollard)와 트리오를 이루어 브래드베리와 그의 동료들이 주일학교 찬송가책을 위해 곡을 붙인 시들의 대부분을 작시하였다. 화니가 작시하여 만든 최초의 브래드베리 찬송가는 "금향로"(The Golden Censer, 1864)였다. "저 밝은 우리의 본향 집"이라는 타이틀로 나온 "우리는 가네"와 "마게도냐에서 오라고 부르네"는 화니 작(作)으로 이름이 붙어 있었다. 그녀가 그밖에도 찬송시를 많이 기고했었으나, 브래드베리는 루트와 다른 출판인들의 관행을 좇아 언제나 작가의 이름을 밝히진 않았다. 그밖에 다른 찬송가집들이 뒤를 이었다.

그녀의 찬송시는 대부분 "화니 제이 크로스비 양"(Miss Fanny J. Crosby)이라는 이름으로 표시되곤 했다. 그들이 결혼을 하자 남편인 반

(Van)은 중년의 나이인 그의 신부가 자기 나름의 이력과 평판이 있음을 깨닫고, 그녀의 이름을 바꾸도록 하면 그녀의 이력이 자기에게 종속된다고 생각했다. 그래서 그는 아내가 자신의 이력과 이름을 그대로 유지하도록 배려해 주었다. 화니는 자기 자신을 "미스 크로스비" "미세스 크로스비" "마담 크로스비" 등 여러 가지로 불렀다. 법적인 이유 때문에 자신의 결혼한 이름을 써야만 할 때면 언제나 "반 알스타인"(Van Alstyne)을 사용하였다.

### 찬송가 작사 작업의 본격시작

남북전쟁은 끝났으나, 찬송가 작사자로서 화니의 일은 이제 시작에 불과하였다. 브래드베리는 또 하나의 찬송가집을 준비하면서 화니에게 찬송가 가사를 부탁하였다. 대개는 곡이 먼저 나왔다. 브래드베리는 화니에게 곡을 보내어 가사를 짓도록 하였다. 때로는 타이틀과 주제를 보내 주기도 하였다. 그렇지만 늘 그런 것은 아니었다. 그녀가 토픽을 선택하는 경우가 자주 있었고, 이따금씩은 브래드베리나 그의 동료 중 하나가 작곡을 하기 전에 시를 작사해 주었다.

때로 화니의 시는 평범한 일상의 대화에서 영감을 얻기도 했다. 예를 들면, 오후에 그녀와 브래드베리와 벳 메인(Vet Main)과 필립 필립스(Philip Phillips) 등 뛰어난 음악가들이 여러 가지를 의논하고 있을 때 필립스가 시계를 보더니 갈 시간이 된 것을 알았다. "아침에 만날 때까지 잘 지내세요." 하고 그가 말했다.

그가 떠나자 화니가 브래드베리를 향해 말했다.

"만일 내가 그 주제로 시를 쓴다면 당신이 곡을 만들어 주시겠어요?"

브래드베리가 동의하자, 화니가 이런 장례시를 썼다.

굿나잇! 굿나잇!
아침에 다시 만날 때까지
이 무상한 해변 건너 저 먼 곳에서
한순간 깨어보니 한없이 기쁘구나
더 이상 잠이 없는 그곳에서는

"우리 강가에서 모일까"의 작곡자인 로버트 로우리 목사가 그 시에 곡을 붙였다.

브래드베리는 화니와 처음 만났을 때 몸에 병이 있었다.

"화니, 나는 오래 살지 못할 거예요."라고 처음부터 말했다. 1866년 4월에 그는 심하게 아파서 건강 회복에 대한 희망을 안고 남부로 가서 휴양하지 않으면 안 되었다. 그곳에서 여름 내내 지냈다.

## 교회음악계의 관심을 끌다

브래드베리가 없는 중에도 화니는 한가하게 지내지 않았다. 그녀는 새로운 책을 위해 시를 준비하고 멜로디를 받으려고 정기적으로 사무실에 연락하였다. 그녀의 재능이 교회음악계 다른 작가들과 출판인들의 관심을 끌게 되었다. 그 중 하나가 피비 팔머 내프(Phoebe Palmer

그녀의 재능이 작가들과 출판인들의 관심을 끌었다. 그 중 하나가 피비 내프였고, 또 한사람은 필립 필립스였다.

Knapp)로서, 화니의 가장 헌신적인 친구 중 하나가 되었다. 1835년경에 태어난 피비는 조셉 페어차일드 내프(Joseph Fairchild Knapp)와 결혼하였다. 그가 후에 메트로폴리탄 생명보험회사를 설립하였다. 기독교에 대한 그녀의 인식은 가난한 자를 돕고 사회개혁을 촉진하는 것이었다.

피비는 키가 크고 호리호리하며, 이목구비가 반듯하고, 열정적인 눈과 검고 곱슬곱슬한 머리를 하여 매력이 넘치는 여자였다. 가난한 자들의 곤경에 지대한 관심을 가졌지만, 부자들의 생활도 결코 경멸하지 않았다. 그녀는 옷 입는데 돈을 많이 썼으며, 정성들여 만든 긴 웃옷과 다이아몬드 머리장식을 하였다. 브루클린의 호화저택인 "내프 맨션"은 그녀가 유럽 스타일의 살롱을 열어서 그 당시 대부분의 유력 인사들을 접대하는 뉴욕의 명물이었다. 거의 모든 공화당 대통령과 연방의 군 장성 및 감리교 감독들이 그곳에서 접대를 받았다.

그녀의 저녁 음악회는 장안의 화젯거리였다. 그녀의 음악실에는 전국에 있는 악기 중 최고의 수장품이 있었으며, 수많은 유명 예술가들과 연주자들이 그녀의 게스트였다.

피비는 수다가 아주 심한데다, 숨이 막힐 정도로 억압하고, 소유욕이 강하고, 고집이 센 여자였다. 그래서 별난 괴짜라는 평판이 나 있었다. 그녀는 자기 자신을 실제 자기의 모습보다 더 실력 있는 음악가라고 생각하였다.

그럼에도 불구하고, 화니는 피비를 사랑하게 되었고 내프 맨션에 자주 초대받았다. 그곳에서 그녀는 음악실을 마음대로 출입할 수 있었다. 그 맨션에서 그녀는 대통령 그랜트(Grant), 헤이즈(Hayes), 가필드(Garfield), 맥킨리(McKinley) 및 테디 루스벨트(Teddy Roosevelt)와 같은 고위인사들에게 소개되었다. 여기서 그녀는 친구인 헨리 워드 비처 목사와 그의 누이인 해리엣 비처 스토우(Harriot Beecher Stowe)와 자주 담화를 나눴다. 그녀는 잔인한 장군 윌리엄 테쿰세 셔만(William Tecumseh Sherman), 금주운동가 프랜시스 윌라드(Frances Willard), 그리고 시인인 앨리스 캐리(Alice Cary)를 알게 되었다.

피비는 화니에게 더 많은 것을 해줄 수도 있었을 것이다. 그녀가 가난하게 살고 있었으니까. 하지만 시인은 그녀의 자선을 사양했다. 그녀는 피비에게 많은 시를 써 주었는데, 그것을 피비는 악곡으로 만들어 남동생이 경영하는 출판사를 통해 출판하였다.

화니의 재능에 지대한 관심을 가진 또 한 사람의 음악가는 필립 필립스(Philip Philips)였다. 그는 화니보다 열네 살 아래였지만, 그의 음악사역을 통하여 전국적인 명성을 얻고 있었던 사람이었다. 그의 아름다운 바리톤 찬송곡 연주는 청중들에게 상당한 감화를 주었다.

필립스는 때때로 화니에게 그의 복음전도사역을 위해 한두 개의 찬송시를 써 달라고 요청하였다. 1866년에 그는 "노래하는 순례자", 즉 "주일학교와 가정용의 삽화를 곁들인 노래, 천로역정"이라는 이름의 찬송가집을 준비하느라고 분주하였다. 그것은 존 번연(John Bunyan)의 17세기 고전을 중심으로 한 노래였다. 그는 화니에게 그 책의 여러 선집에 들어 있는 사상에 근거한 찬송시를 써 달라고 요청하였다. 곡은 그가 직접 붙이기로 하였다.

그는 두어 행(行)마다 75개의 인용문이 들어있는 선집을 그녀에게 주었다. 화니는 그것을 전부 암송하고 찬송가로 적합한 40개를 선택하였다. 그 다음에 머리 속으로 40개의 시를 작사하였다. 마지막 것이 완료되자 그녀는 브래드베리 사무실의 자기 비서에게 그 시를 하나씩 차례로 구술하였다.

필립스와 그 외 모든 사람은 화니의 대단한 기억력에 크게 놀랐다. 하지만 그녀는 앞 못 보는 사람은 누구나 기억력을 개발시켜야 하며, 그 밖의 사람들도 기록된 말을 읽을 수가 없다면 그렇게 할 수 있을 것이라며 기억력에 대해서 대수롭지 않게 생각했다.

그녀가 지은 40개의 찬송시는 "노래하는 순례자"의 대부분을 차지했는데, 그것이 아주 인기가 좋아서 널리 보급되었다. 그러나 그 인기 있는 가사를 누가 썼는지 아는 사람은 거의 없었다. 역시 필립스도 루트처럼 화니의 작시에 1, 2달러밖에 지불하지 않았고, 찬송가 출판도 자신의 이름으로 발행했기 때문이다.

피비 내프를 방문하는 것 외에 화니는 남편 반(Van)과 맨해튼의 셋집에서 이웃들과 아주 많은 시간을 보냈다. 그녀는 우중충한 집에서 주민들을 모아 기타를 치면서 자신의 음악의 밤을 열었다.

> 화니부부는 가장 후진 곳에서 살았다.
> 그들은 좋은 곳에서 살 수 있었다. 기본적인 것 외에는 전부 다 남들에게 자선했다. 인생의 사명 중 하나가 그들과 함께 하는 것이기 때문이다.

그녀와 남편은 각기 다른 길을 갔다. 남편이 교제하는 친구들과 활동들이 따로 있었고, 화니도 그렇게 했다. 그러나 두 사람은 그런 식의 삶에 만족했던 것 같다. 각자는 상대방의 일에 적극적인 관심을 가졌으나 거기에 실제로 참여하지는 않았다.

브래드베리는 1866년 가을, 건강을 완전히 회복하고 남부에서 돌아왔다. 그 이듬해에 "신선한 영예"(Fresh Laurels)가 출판되었다. 그 타이틀 찬송곡 외에도 그 안에 화니 크로스비 혹은 그녀의 필명 중 하나의 이름으로 된 찬송가 11곡이 들어 있었다. 여러 가지 특색이 있는 가운데 그 찬송가들은 단순성, 솔직성, 정서적 힘 및 일상생활과의 관계를 보여 주었는데, 그것이 그녀 예술의 특징이었다.

## 뉴욕 빈민들과 함께하는 삶

1867년에 화니와 반 부부는 로우어 웨스트사이드의 바릭 스트리트에 있는 3층 다락의 반쪽에 살고 있었다. 이 주택은 33명이 도저히 믿어지지 않을 정도로 작은 공간에 밀집해서 살았으니 뉴욕의 빈민굴 중에서도 가장 후진 곳이었다.

이웃 사람들은 모두가 노동자 계층의 사람들이었다. 재봉사, 금박공, 마부, 마차도장공, 트럭 운전수 및 식료품 가게 점원들이었다. 인종적으로는 아일랜드계, 독일계 및 흑인들이 많았다. 화니와 반은 백인 앵글로색슨인이라는 소수인종에 속하였다.

바깥에 통풍장치도, 방 안에 수도도 없었다. 화니와 반은 더 좋은 환경에서 살 수도 있었다. 그러나 화니는 그녀가 번 수입 중에서 그들의 기본적 필요 이외의 것은 전부 남들에게 자선하기를 고집하였다.

그녀는 가난한 자들과 함께 하나 되어 살기를 원하였다. 그 이유는 인생의 사명 중 하나가 그들과 함께 하는 것이라고 믿었기 때문이다. 이 사람들은 인생의 좋은 것들이 그들을 '그냥 지나쳐서' 다른 사람들에게로 가는 것을 보았다. 바로 그들을 위해서 그녀는 이런 찬송가를 작사하였다.

인애하신 구세주여 나를 지나가지 마소서
나의 겸손한 부르짖음을 들으소서
주께서 다른 사람들에게 미소를 지으실 때
나를 지나가지 마소서

그녀는 하루의 절반을 술에 취해 있고, 여름에는 숨 막히는 무더위 때문에 옥상에서 잠을 자야만 하는 비천한 사람들, 사는 집이 말도 못할 정도로 더럽고 너덜거리며, 넝마와 뼈다귀와 지나가는 마차에서 떨어지는 석탄 조각들을 모아서 먹고 사는 사회 최하층 사람들을 위해 시를 썼던 것이다.

그녀는 또한 부자들을 위해서도 시를 써서 사회적 실천을 촉구하였다.

화니의 찬송시는 지성의 깊이를 드러낸 거라고 말하는 사람이 많았다. 그녀는 문학 비평가들의 칭찬 듣는 시를 쓰는 게 아니었다. 대중들이 이해하고 공감하는 시를 썼다.

기분이 좋아서 아늑한 집에서 만나
기쁨의 노래 소리가 점점 커질 때
잠깐 멈추어서 슬픔에 젖은 외로운 집에서
흘러나오는 눈물을 생각해 보나요?

**찬송시의 목표가 분명했다**

화니의 찬송시 대부분이 극도로 단순한 것은, 그녀의 지성의 깊이를 드러낸 것이라고 단정 짓는 사람들이 많았다. 하지만 그것은 사실이 아니었다. 찬송시를 쓰는 그녀의 목표는 대학 교수님과 문학 비평가들의 칭찬을 듣는 시를 쓰는 것이 아니었다. 일반 대중들이 이해하고 공감하는 시를 쓰는 것이었다.

그녀는 음악에 대해서도 똑같이 느꼈다. 그녀는 분명히 이탈리아의 오페라를 알고 사랑했으며, 뛰어난 소프라노요, 오르가니스트요, 피아니스트요, 하프 주자였다. 그녀는 베토벤과 쇼팽과 멘델스존의 작품들을 잘 알고 있었다

하지만 그녀는 또한 대부분의 일반 사람들이 이런 음악을 이해하지 못한다는 것도 알고 있었다. 회중 찬송가는 훈련받지 않은 가수를 위한

것이었다. 음악은 모든 예배자들이 동참할 수 있어야 하는 것이라고 생각했다. 그녀의 입장에서 회중 찬송가에 가장 좋은 시는 바로 대중적인 가사였으며, 가장 좋은 음악은 대중적인 가락이었다.

### 윌리엄 돈의 개인 간증

1867년 11월, "십자가의 승리"라는 필립 필립스의 오라토리오 가극 대본을 완성한 후에, 화니는 가장 빈번하게 접촉한 협력자이자, 그녀의 가장 성공적인 찬송시에 곡을 붙인 작곡자를 만나게 되었다. 그가 윌리엄 하워드 돈(William Howard Doane)이다. 1832년 코네티컷 주 태생으로 신시내티의 부유한 제조업자였다. 그는 열여섯 살에 부친의 면제품 회사에서 직장생활을 시작하여 급속한 성공을 이루었다.

돈은 또 하나의 직업을 갖고 있었다. 아주 어릴 때부터 그는 음악 분야에 재능을 보였다. 열여섯 살에 그는 "솜틀 밑의 무덤"이라는 노래를 작곡하였다. 그는 사업을 하는 초창기 시절에 교회 성가대를 지휘하였고, 여러 음악 동아리를 이끌었다. 목소리가 좋아서 신시내티에서 살 때는 교회 솔리스트로 더 잘 알려지기도 했다.

그가 삼십이 될 때까지 음악은 그에게 단지 취미에 지나지 않았다. 그런데 삼십세 때 갑자기 심장마비로 거의 죽을 뻔한 위기를 만났다. 신앙심 깊은 침례교도인 돈은 그의 병을 하나님의 징계로 해석하였다. 그는 앞으로는 신성한 멜로디를 작곡하는 데에 더 많은 시간을 바치는 것이 자신을 향한 하나님의 뜻이라고 생각하였다. 병에서 회복한 직후에 그는

"주일학교 보석"이라는 찬송가집을 편찬하였고, 뒤이어 1864년에 "태양광선", 그리고 1867년에 "은색의 물보라"(데오도어 퍼킨스와 공동 편집)를 내었다.

그는 호텔 바닥에 무릎을 꿇고 기도했다.
"하나님, 저에게 좋은 축하시를 한 편 보내주세요."
그때 방 문 두드리는 소리가 들렸다. 한 소년이 편지를 들고 있었다.

그러나 돈은 가사 때문에 자신의 찬송가에 만족을 못했다. 브래드베리처럼 직접 가사를 써보려고 잠시 시도도 했으나 그에겐 그런 재능이 없었다. 작사자를 채용해봐도 나아진 게 없었다.

그 해 11월, 돈이 뉴욕에 머물고 있을 때였다. 그는 목사요 박사인 반 미터(W.C. Van Meter)라는 친구를 방문했다. 그분은 다섯 가지 선교회(Five Points Mission)라는 단체를 이끌고 있던 사람이었다. 반 미터는 돈이 찬송가를 작곡한다는 것을 알고 있었다.

"이보게! 돈, 우리 선교회 창립 기념일에 사용할 곡을 하나 작곡해 주면 고맙겠네." 하고 부탁하였다.

"그래. 멜로디는 문제가 없는데, 노래 가사는 있나?"

반 미터는 적절하다고 생각되는 시를 그에게 주었다.

돈은 마음에 들지 않았다. 더 좋은 것이 있는지 그의 가방을 찾아보았지만 없었다. 그때 호텔 바닥에 무릎을 꿇고 기도하였다.

"하나님, 저에게 좋은 축하시를 한 편 보내주세요."

전에도 여러 번 하나님께 구하였기 때문에, 이번에도 곡에 꼭 맞는 신앙적인 가사를 써줄 시인을 보내달라고 간구하였다 그때 방 문을 두드리는 소리가 들렸다. 문을 열었더니 한 소년이 그에게 온 편지를 들고 있었다. 그가 얼른 뜯어보았다.

돈 선생님께,

제가 선생님을 만나 뵌 적은 없어요.

그러나 이 찬송시를 선생님께 보내드리고픈 마음이 간절합니다.

하나님의 축복이 함께 하시기를 빕니다.

화니 크로스비 드림

이 짧은 편지와 함께 시 한 편이 동봉되어 있었다.

예수같이 되기 더욱 원하오니
내 주여 나와 함께 거하소서
평화와 사랑으로 내 영혼을 채우소서
나를 비둘기 같이 온유하게 하소서
예수같이 행하게 하소서
이 세상에서 나그네로 있을 때
심령이 가난한 자가 되기 원하오니
나의 주여 내 안에 거하소서

그 가사는 실제로 그에게 노래를 하는 것 같이 다가왔다. "더욱 예수같이" 되고자 하는 은혜를 하나님께 간구하는 노래보다 선교회의 창립 기념일에 더 적합한 노래가 어디에 있겠는가?

돈은 아무 어려움 없이 이 가사에 맞는, 부드럽고 쉬운 곡을 만들었다. 그는 다시 한 번 감사의 기도를 드렸다.

"전능하신 하나님께서 저에게 시뿐만 아니라 오랫동안 구하고 바라던 시인까지 보내주셔서 감사합니다."

이튿날 이웃 교회에서 반 미터가 오르간을 연주하고 돈은 찬송가를 불렀다. 반 미터는 감정이 북받쳐서 울컥 울음을 터뜨리고 흐느끼는 가운데 연주가 그만 중단되었다. 그는 두 눈에 이슬이 맺힌 채 오르간 뒤에서 나와 두 팔로 돈의 목을 껴안고 말했다.

"아니, 돈! 어디서 그런 시를 얻었단 말인가?"

돈이 그에게 경위를 간단히 말해 주었다. 돈은 그 여행기간에 그녀를 방문하겠다고 여러 차례 약속을 했지만, 다음번에 뉴욕에 오면 그렇게 하겠다고 결심하였다.

### 브래드베리의 마지막 부탁

브래드베리는 천천히, 고통스럽게 폐결핵으로 죽어가고 있었다. 그의 지병과 그가 그녀의 시를 더 이상 작곡할 수 없기 때문에 화니는 브래드베리의 친구인 로버트 로우리(Robert Lowry)로부터 그녀의 최신 작품을 돈에게 보내라는 요청을 받았다.

화니와 마지막 작별을 고하면서 브래드베리가 그녀에게 부탁하였다.

"내가 기초를 닦아놓은 내 평생의 사업을 맡아주시오."

"내 평생의 사업을 맡아주시오."
그는 자신이 죽은 뒤에도 화니가 주일학교 찬송가 운동의 지도자 역할을 해주길 원했다.

그는 자신이 죽고 난 뒤에도 화니가 주일학교 찬송가 운동에 지도자 역할을 맡아 해주길 원하였다. 견딜 수 없는 통증으로 고통을 당하다가 1868년 1월에 브래드베리는 눈을 감았다. 나이가 51세였다.

화니는 가슴이 찢어지는 듯이 슬펐다. 그의 장례식 때 고인이 죽기 전에 부탁한대로 그와 화니가 함께 작사 작곡한 최초의 찬송가를 성가대가 불렀다.

"우리는 가네, 우리는 가네, 하늘 저편의 본향으로."

화니는 관을 잡고 따라가면서 울음을 터뜨렸다.

바로 그때 그녀는 그녀 자신에게 말하는 분명하고도 아름다운, 신비한 음성을 들었다. "화니야, 브래드베리가 남겨놓은 그 일을 맡으라. 솜틀에서 너의 하프를 꺼내어 네 눈물을 닦으라."

다른 사람들도 여럿이 그 음성을 들었으나, 그것이 어디서 나온 소리인지는 확실히 알지 못했다.

# 대중이 공감하는 음악

Fanny Crosby

**브래드베리**가 죽은 후에 출판사는 그의 조수 실베스터 메인(Sylvester Main, 화니가 릿지필드에서 살 때 함께 뛰어놀던 사람으로 그녀보다 세 살 많음)과 루시우스 호레이쇼 비글로우(Lucius Horatio Biglow, 1833-1910)에 의해 개편되었다. 벳 메인(Vet Main)이 이따금 작곡을 하기도 했지만, 그와 비글로우는 원래 사업가였다. 그래서 찬송가 제작 업무를 대체로 회사와 연관 있는 시인과 음악인들에게 맡겼다.

### 찬송가 결정의 최종 책임자

이들 가운데 화니가 급속도로 가장 뛰어난 인물이 되었다. 그녀는 여러 가지 면에서 새로운 회사가 다음 반세기 동안 제작할 찬송가 스타일

하워드 돈과 47년간의 협력관계가 시작됐다.
그는 단순, 솔직하고 행진곡을 작곡하는데 능했다.
곡조가 재미있고 외우기가 쉬었다.

을 결정함에 있어 어느 누구보다 더 많은 책임을 졌다. 그녀가 작곡을 한 적은 좀체 없었지만, 가사를 붙여 달라고 그녀에게 보내온 수많은 곡들의 적합성 여부에 대해 최종 판정을 내렸다.

브래드베리를 장례 치른 지 얼마 안 되었을 때 하워드 돈이 뉴욕으로 돌아왔다. 그는 화니의 집을 방문하여 오래되고 헐어빠진 주택 상태를 보고 충격을 받았다. 그리고 온갖 피부 색깔의 거주민들이 빤히 쳐다보는 시선에도 어찌할 바를 몰랐다. 그들이 상류계층의 반다이크 수염을 하고 말쑥하게 차려입은 신사를 넋빠지게 쳐다보고 있었기 때문이다. 그는 화니에게 강요하다시피 원고료를 건넸다. 다른 사람처럼 2달러쯤으로 알고 그가 떠난 후에 보니 20달러가 들어있었다.

이렇게 해서 하워드 돈과 47년간의 협력관계가 시작이 되었다. 하워드 돈과 화니 크로스비는 개인적으로 절친한 친구가 되었으며, 화니는 종종 여름을 보낼 때 그와 역시 화니라는 이름을 가진 그의 아내 및 그들의 두 딸 아이다(Ida)와 마거릿(Maguerite)과 함께 보냈다.

## 47년간의 동역자, 하워드 돈

돈은 화니의 찬송가를 1천 곡 이상 작곡을 했지만 위대한 음악가는 아니었다. 그는 단순, 솔직하고, 행진곡 같은 노래를 작곡하는데 능했다. 그의 멜로디는 재미있고 외우기 쉬운 게 특색이었는데, "대왕 만세" 및

"바다의 보석, 컬럼비아"와 같은 전통에 크게 의지하였다.

하지만 화니는 돈의 팁사역을 좋아했다. 단순하고 재미있고 외우기 쉬운 곡이라야 대중들이 잘 이해하고 기억을 한다고 그녀는 생각하였다. 그 당시에는 사람들이 멜로디를 되풀이해서 들을 수 있는 기회가 거의 없었다는 점을 기억할 필요가 있다. 녹음된 것이라곤 전혀 없었고, 대부분의 사람들은 가난해서 피아노는커녕 찬송가책도 가질 수가 없었기 때문이다. 그래서 찬송가의 가락을 처음에 들었을 때 그 즉시 암기해야 했고, 그렇지 않으면 찬송가를 전혀 기억할 수가 없었다.

돈은 보기 드문 인물로, 기독인 실업계의 거두였다. 그는 분명히 그의 막대한 부를 정직하게 손에 넣었으며, 한 번도 탐욕이나 부정이나 부패의 비난을 받지 않았다. 그는 세법상 부자들의 기부금 행위가 합법화되기 이전 시대에 그의 수입의 상당액을 자선단체에 기부했던 자선가이다. 그는 그의 저택이 있는 신시내티 교외의 마운트 오번 침례교회에서 평신도로서 활발하게 활동하였다.

사업가로서 그는 70가지 발명품의 특허를 가지고 있었으며, 목세공기계의 생산성을 크게 개선시켰다는 명목으로 1889년, 프랑스 정부로부터 그 유명한 레지옹 도뇌르 훈장(Legion of Honor, 나폴레옹 1세가 제정한 훈장)을 받았다. 음악가로서 그는 53년간 활동하면서 무려 2,300곡의 찬송가를 작곡하였다

그들이 처음 만난 지 며칠 후였다. 그가 어느 날 저녁에 돌아와서 화니

한참 예배중에 재소자 한 사람이
울부짖었다. "오, 주님! 저를 지나가지 마소서."
며칠 후 그 장소에서 이 찬송을 불렀다.
재소자들이 감동 받고 결신했다.

에게 물었다. " '인애하신 구세주여, 나를 지나가지 마소서' 라는 문구로 시작하는 시를 써 줄 수 있겠어요?"

"네. 물론 써 드리지요."

**'인애하신 구세주여' (337장) 작시 배경**

그녀가 대답은 했지만, 얼른 영감이 안 떠올랐다. 여러 주간을 한 줄도 못썼다. 그러다가 1868년 이른 봄에 그녀가 맨해튼 인근 교도소에서 설교를 하게 되었다. 한참 예배중에 재소자 한 사람이 울부짖었다.

"오 주님! 저를 지나가지 마소서!"

그 날 저녁 잠자리에 들 때 그녀는 시를 쓸 수 있었다(역자주: '인애하신 구세주여' 찬송가 337장의 가사는 원문보다 약간 차이가 나지만, 의미는 통하기에 은혜로움을 위하여 337장의 가사로 대체하였음).

인애하신 구세주여 내 말 들으사
죄인 오라 하실 때에 날 부르소서
주여 주여 내 말 들으사
죄인 오라 하실 때에 날 부르소서

그녀가 이 가사를 돈에게 보내자, 그는 즉시 멜로디를 붙였다. 그 찬송가는 며칠 후 화니가 영감을 받고, 아직도 예배를 인도하고 있는 그 교도소에서 처음으로 불리어졌다. 그 찬송은 재소자들에게 큰 감동을 끼쳤으며, 그들 중 여럿이 그 자리에서 회심을 했다. 화니는 그 찬송가를 부른 재소자들의 반응에 너무 감동을 받아 기절하여 실려 나가지 않으면 안 되었다.

### '주 예수 넓은 품에'(476장)의 작시 배경

4월 30일에 돈은 다시 화니의 아파트를 방문했다. 그가 말했다.

"내가 신시내티행 열차를 타려면, 딱 40분밖에 여유가 없어요. 당신에게 줄 곡이 하나 있는데, 한 번 봐 주세요. 아마 당신이 곡을 기억해 놨다가 잘 어울리는 가사를 지어주면 좋겠네요."

그는 단순하면서도 애처로운 멜로디를 콧노래로 불렀다.

딱 한 번 그 곡을 듣고서 화니는 언제든지 뭔가 흡족할 때마다 그랬듯이 손뼉을 '딱!' 하고 쳤다.

"어머! '주 예수 넓은 품에 나 편히 안겨서!' 로 하면 되겠네."

그 곡이 그녀에게 뭔가에 대해 말해주자 그녀는 최고의 찬송가를 작사하게 되었다.

화니는 급히 종종걸음으로 다른 방으로 들어갔다. 그리고는 찬송가를 작사하기 전에 늘 하던 대로 바닥에 무릎을 꿇고 간절히 기도했다. "하나님, 저에게 영감을 주세요." 하나님께서도 급한 것을 아시고 재빨리 영감을 부어주셨다. 반시간도 채 안 되어 화니는 시 한 편을 완성했다. 그것을 작사하는 동안 그녀는 찬송가 외에는 주변 환경이나 어떤 것도 전혀 의식하지 못했다. 그 찬송가는 아무런 힘도 들이지 않고 자연스럽게 그 그녀는 최고의 찬송시를 작사했다. "이 찬송가는 내가 만든 게 아니에요. 전적으로 성령께서 만드신 작품입니다." 그녀는 아마 자신의 죽은 아이를 생각하며 쓴 곡일 것이다.

녀의 마음속에서 만들어졌던 것이다. 그녀는 언제나 그 찬송가에 대해 말했다.

"그 찬송가는 내가 만든 것이 아니에요. 전적으로 '복되신 성령님' 께서 만드신 작품입니다."

방에서 나온 그녀는 돈에게 재빨리 구술하였다(역자주: '주 예수 넓은 품에' 찬송가 476장의 가사가 원문과 별 차이가 없으므로 476장 가사로 대체하였음).

주 예수 넓은 품에 나 편히 안겨서
그 크신 사랑 안에 나 편히 쉬겠네
영광의 들을 넘고 저 푸른 바다 넘어
천사의 노래 소리 내 귀에 들리네
주 예수 넓은 품에 나 편히 안겨서
그 크신 사랑 안에 나 편히 쉬겠네

이 찬송가는 곧바로 큰 성공을 거두었다. 3년 후에 비글로우 출판사가 그 곡을 찬송가책에 실은 후에 전국적으로 널리 애창되었다. 화니는 항상 "주 예수 넓은 품에 나 편히 안겨서"에 특별한 애착을 가졌다. 그녀는 죽은 친척들을 위해서, 또 사랑하는 자녀를 잃은 어머니들을 위해서 그 곡을 썼다고 주장하였다. 그 가사가 그녀의 죽은 아이를 생각하는 가운데 영감을 받았던 것이었을까?

### '저 죽어가는 자 다 구원하고' (275장) 작시 배경

"이곳에 엄마의 가르침에서 멀리 떠나 방황하는 아들이 있다면 예배 후 나를 만나주세요." 열여덟 살쯤의 젊은이가 다가왔다. 화니는 그를 위해 간절히 기도했다.

그 이듬해인 1869년, 돈은 처음으로 화니를 자기 집으로 초청하였다. 그녀는 신시내티에서 사람들에게 설교하였다. 설교가 끝날 때쯤 그녀는 청중 가운데 "어떤 엄마의 아들이 이 밤에 구원을 받아야지, 그렇지 않으면 영영 끝장이다"라는 성령의 느낌을 강하게 받았다. 그녀는 다급하게 간곡히 말하였다.

"만일 오늘밤 이곳에 혹시 엄마의 집에서, 그리고 엄마의 가르침에서 멀리 떠나 방황하고 있는 사랑하는 아들이 있다면, 예배가 끝난 후에 나를 만나주시기 바랍니다."

그런데 틀림없었다. 열여덟 살쯤 되어 보이는 젊은이가 그녀에게로 다가왔다.

"저를 두고 말씀하셨습니까?"라고 그가 물었다.

"저는 천국에서 엄마를 만나겠다고 약속을 했었습니다. 그런데 내가 지금까지 살아온 행습을 볼 때 지금은 그게 가능할 것 같지가 않아요."

화니는 그를 위해 간절히 기도해주었다. 그는 마침내 두 눈에 새로운 빛이 나면서 일어나 외쳤다. "이제는 천국에서 엄마를 만날 수 있어요. 지금 엄마의 하나님을 만났거든요!"

돈은 얼마 전에 "멸망하는 자들을 구해내라"는 가정 선교회 주제에 맞는 찬송가를 써 달라고 화니에게 부탁한 적이 있었다. 그날 밤 잠자리에 들기 전에 그녀는 찬송가 한 편을 완성하였다(역자주: '저 죽어가는 자 다 구원하고' 찬송가 275장의 가사가 원문과 대동소이하므로 275장의 가사로 대체하였음).

저 죽어가는 자 다 구원하고
죄악과 무덤서 건져내며
죄인을 위하여 늘 애통하며
예수의 공로로 구원 하네

다음날 그 시를 돈에게 읽어주자, 그는 즉시 그 시에 곡을 붙였다. 그 이듬해 "헌신의 노래"('인애하신 구세주여' 와 함께)로 출판되자, 그 찬송은 전국의 가정전도 사역자들에게 사실상의 사역 구호가 되었다.

뉴욕의 비글로우 출판사와 신시내티 존 교회 회사(John Church Company)가 전국에서 가장 규모가 큰 찬송가 출판사였다. 1860년대 말부터 화니는 선별된 시들 중 삼분의 일 내지 절반을 기고하여, 뉴욕 회사가 찬송가집을 주도하였다. 그녀의 작사는 다작이었으므로 편집자들은 작사를 한 사람에게만 너무 의존한다는 것을 감추기 위해 그녀에게 필명을 사용해 달라고 부탁했다. 그래서 그녀의 필명을 "화니"(Fannie), "F. A. N.", "F. J. C.", "Fanny Van Alstyne", "Mrs. Alexander Van Alstyne", "Mrs. Van A"로 사인하는 것 외에, 그녀는 괴상한 명칭을 사용하기도 했다. "L .L .A.", "J. W. W.", "###", "*", "아이들의 친구" 등. 1880년대와 90년대에는 익명의 목록을 많이 늘려 "Carrie Hawthorne",

"Louis W. Tilden", "Maud Marion", "Ryan A. Dykes","H. N. Lincoln" 등등을 사용하였다.

익명을 사용하는 것은 그녀의 친구들 간에도 흔한 일이었다. 아이라 생키(Ira Sankey) 역시도 "Rian A.(혹은 'Ryan A.') Dykes"라는 이름을 사용하였다. 조지 콜스 스테빈스(George Coles Stebbins)는 종종 간단히 "George Coles"로 썼다. 찰스 가브리엘(Charles H. Gabriel)은 1900년대 초에 화니의 시를 여러 편 작곡하게 되는데, 열일곱 개의 필명을 사용하기도 했다. 그러나 204개의 필명을 사용한 그녀의 별스런 수집벽에는 어느 누구도 따라 갈 수가 없었다!

### 화니의 인기

찬송가 작곡자들이 화니를 서로 끌어가기 위해 야단들이었다. 그녀는 그 수요를 채우는 일에 아무런 어려움이 없었다. 47년여 간에 그녀는 비글로우 출판사에만 5,959편의 찬송시(그 중 2,000편만 출판이 되었지만)를 공급하였다. 하나의 주제가 제시되면 그녀는 종종 여러 편의 시를 지어서 작곡자가 그 중의 한 개를 선택하여 사용하게 하였다. 그녀는 너무 많이 작사해서 주었기에 시의 질이 타격을 받았다. 그렇지만 동시에 가장 인기 있는 노래들을 상당수 만들어 낼 수 있었다.

화니는 정식으로 비글로우 앤 메인사를 위해 일하지 않는 작곡자들을 위해서도 계속 시를 써주었다. 필립 필립스의 "음악집"(1868년)에 주로 기고하는 외에, 1869년에는 20곡 이상의 찬송가를 피비 내프에게 기고

했는데, 그가 "기쁨의 노래"를 편집하였다. 필라델피아의 작사자로서 화니가 조만간 만나게 될 존 롭슨 스위니(John Robson Sweney)가 그녀의 찬송가 중 일부를 그의 찬송가집에 실었다. 1870년대 초까지는 그녀가 "찬송가 작사자의 여왕"이 되는 길에 승승가도를 달렸다.

화니는 종종 그녀의 시를 이미 친숙하게 알고 있는 것에다 맞추었다. 한 가지 예를 들면, 저 유명한 "Adeste Fidelis"의 멜로디에 맞게 쓴 것이 "우리 아버지께 감사한다"이다. 그녀는 스코틀랜드와 웨일스의 멜로디에 맞게 시를 쓰고 스티븐 포스터(Stephen Foster)의 곡을 사용하였다.

최상의 전통적 음악가인 화니는 자신의 음악을 뛰어나게 작곡할 수 있었다. 사적으로 그녀는 피아노에서 즉석 연주를 하였다. 그녀가 작곡한 것 중에 아름답다는 말을 들은 곡들이 많았지만, 그녀는 그것의 출판을 거부하였다. 그녀는 또한 찬송가곡도 작곡했는데 출판된 것은 거의 없었다. 그녀가 작곡하고 싶은 곡이 일반 예배자들에게 너무 어렵다는 느낌이 들었다.

이때쯤 해서 그녀와 남편은 그들 자신의 찬송가집을 편집하였다. 일반 대중은 단 두 사람만이 모든 곡을 선정하는 찬송가를 선호하지 않는다고 지휘자들이 생각했기 때문에 비글로우 앤 메인사는 출판을 거절하였다. 그들의 찬송가는 또한 일반 대중들이 좋아하기에는 너무 어렵고 까다로운 것 같았다. 그녀가 곡과 가사를 둘 다 제공하여 출판된 유일한 찬송가는 "사랑하는 예수님, 나 이제 옵니다"와 "보혈로 씻긴 무리들"(그녀의 1906년도 자서전에 실림) 및 "봄철의 캐롤"이다.

## 화니의 음악 친구들

비글로우 앤 메인사의 가사 담당 팀에는 윌리엄 스티븐슨(William J. Stevenson), 조세핀 폴라드(Josephine Pollard)와 케이트 카메론(Kate Cameron)이 들어 있었다. 아마도 화니 외에 가장 잘 알려진 작사자는 세계에서 가장 많이 애창되는 찬송가인 "예수 사랑하심은"(411장)을 작사한 안나 바틀렛 워너(Anna Bartlett Warner)일 것이다. 화니는 또한 메리 앤 키더(Mary Ann Kidder) 부인, 애니 셜우드 호옥스(Annie Sherwood Hawks), 엘리사벳 페이슨 프렌티스(Elizabeth Payson Prentiss) 부인 및 연로한 환자 루디아 백스터(Lydia Baxter)와 함께 일하였다.

그녀의 가사에 곡을 붙여준 가장 뛰어난 작곡가들 중 하나는 로버트 로우리(Robert Lowry)였다. 분명히 그들의 가장 성공적인 공동작품은 1875년에 출판된 "나의 갈 길 다 가도록"(434장)이었다. 화니보다 여섯 살 아래인 로우리는 그의 비범한 능력으로 청중들을 휘어잡을 수 있는 침례교 목사였지만, 음악이 그의 첫사랑이었다. 로우리는 설교보다는 찬송가를 통해 더 많은 사람들에게 다가갈 수 있다고 항상 말했다.

작곡가로서 로우리의 재능은 돈(Doane)이나 다른 동시대인들과 같이 거의 제한되어 있었다. 그는 "우리, 강에서 모일까요"와 같은 용감하고 취주악단적인 스타일을 요구하는 찬송가에 능했다. "서랑한 박사"로 알려진 그는 쾌활하고, 명랑하고, 수염을 길렀으며, 지적인 사람이었다. 화니는 그가 시를 읽어주는 것을 아주 좋아했다. 그는 음악의 질적 수준 그는 로우리나 돈에 비해 더 뛰어났다. 그녀처럼 찬송가 멜로디를 더 대중적인 스타일로 작곡했다. 대중을 위한 음악을 믿었다.

에 예민했다. 그래서 그가 스스로 이름 붙인 "브라스 밴드 음악"의 장르에서만 성공할 수 있다는 것이 가슴에 한이 되었다.

화니는 "신실한 카운슬러요 가이드"로 알고 있는 친절한 신사, 실베스터 메인에게는 찬송시를 거의 써주지 않았다. 그는 작곡보다는 회사 경영에 더 많은 관심을 기울였다. 그러나 벳(Vet)의 아들인 휴(Hugh)는 그 당시 아버지를 돕고 있었는데, 화니의 찬송시 여러 편을 작곡하였다. 1869년에 "승리"(The Victory)로 시작해서 거의 30권에 가까운 찬송가와 세속 노래책을 편집, 발행하였고, 일천편이 넘는 시에 곡을 붙였다. 그는 로우리나 돈에 비해 훨씬 더 뛰어난 음악가였으며, 화니와 같이 그도 까다로운 멜로디를 만들 수 있었다. 하지만 그녀처럼 찬송가 멜로디를 더 대중적인 스타일로 작곡하였다. 왜냐하면 "대중을 위한 음악"을 믿었기 때문이다.

앞에서 살펴본 대로, 반(화니의 남편)은 아내의 찬송시 중에서 일부에 멜로디를 붙였다. 그녀의 시 여러 편에 곡을 붙인 또 한 사람의 작곡가는 윌리엄 셜윈(William F. Sherwin)이었다.

화니의 소중한 친구들 중에 하나는 그녀보다 17년 연하인 프랜시스 리들리 하버갈(Frances Ridley Havergal)이었다. 화니가 브래드베리에게 가사를 써 주기 전까지 그 영국 여성은 널리 인정받는 찬송가 작사자였다. 화니는 프랜시스 하버갈의 찬송가가 자신의 것보다 더 낫다고 생각하였다. 그것은 "누가 주를 따라 섬기려는가"(514장)와 "나의 생명 드리니"(348장)였다. 두 여성 작사자들은 정기적으로 서신 교환을 나누었으며, 이 땅에서는 한 번도 만나지 못했지만 그들은 서로를 높이고 존경했다.

1873년은 끝과 시작이 두드러진 한 해였다. 실베스터 메인이 56세의 나이로 세상을 떠났다. 그리고 드와이트 무디(Dwight L. Moody)의 사역이 시작되었다. 그는 후에 화니의 일생에 큰 역할을 한 사람이었다. 바리톤 솔리스트 아이라 생키(Ira D. Sankey)와 더불어 무디는 영국제도에서 일련의 전도집회를 시작했는데, 그 기간에 수천 명의 사람들이 그리스도를 믿고 신앙을 고백하였다. 영국 황태자 알렉산드라(Alexandra)까지도 무디의 설교에 "크게 도움을 받았다"고 인정하였다.

생키의 폐부를 찌르는 듯한 찬양을 통하여 영국의 대중들은 주일학교 찬송가를 사랑하게 되었다. 생키는 특별히 화니의 찬송곡을 많이 사용하였다. "인애하신 구세주여"(337장)는 선풍적인 인기를 끌었다. 화니의 이름은 영국에서 마치 일상용어처럼 오르내렸다.

## 찬송가학의 대가, 필립 블리스

그 이듬해, 화니는 키가 크고 금발의 머리와 수염을 기른 늠름한 체격을 가진 사람에게 소개되었다. 미국 찬송가학에 또 하나의 대가이며 기독교계를 흥분시켰던 필립 블리스(Philip P. Bliss)가 그 사람이다. 그는 미국 찬송가학의 대가인 필립 블리스가 기독교계를 흥분시켰다. 그의 재능은 복음성가에서 동시대인들 중 월등하게 뛰어났다.

자신의 멜로디를 작곡하고 자신의 찬송가집을 편집했는데, 존 교회 회사(John Church Company)에서 출판하였다. 그가 다른 사람이 쓴 가사에 곡을 붙이는 경우는 어쩌다가 있는 일이었다.

1838년생으로, 블리스는 정식으로 음악교육을 받은 바는 없었다. 하지만 음악교사와 찬송가 가수로 유명해졌다. 그의 찬송가책의 타이틀인 "가스펠송"(Gospel songs, 1874)이 부분적이긴 하지만, 주일학교 찬송가가 가스펠송 혹은 복음성가로 알려진 계기가 되었다. 블리스는 "인애하신 구세주여"와 더불어 영국제도 전역에 들불같이 퍼진, 굉장히 대중적인 행진 찬송가 "성채를 지켜라"를 작곡했다.

블리스의 음악적 재능은 생키를 제외하곤, 복음성가 부문에서 그의 동시대인들 중 어느 누구에 비해서도 월등하게 뛰어났다. 또 그의 베이스 찬양은 낭랑하고 힘이 있었다. 무디는 그가 복음전도사역에 굉장히 귀한 사역자가 될 것을 알고 블리스에게 전임전도자가 되도록 권했다. 그는 블리스를 무디와 같은 평신도이자 탁월한 설교가인 다니엘 웹스터 휘틀(Daniel Webster Whittle)과 결부시키고 싶어했다.

그것은 블리스로선 아주 어려운 결단이었다. 왜냐하면 그는 이제 막 그의 로열티 수입만 가지고도 안락하게 살 수 있는 시점에 와 있었기 때문이다. 전임 전도사역을 맡는다는 것은 그가 가장 사랑하는 찬송가 작곡에 많은 시간을 사용하지 못하고 수입도 줄어드는 것을 의미했다. 그러나 그는 무디의 지도를 하나님의 뜻으로 받아들였고, 기꺼이 그의 새로운 사역을 시작하였다.

같은 해에 생키와 블리스는 그들의 찬송가 중 일부를 통합하여 "복음 찬송가와 성가곡"(Gospel Hymns and Sacred Songs)을 만들어서 존 교회 회사와 비글로우 앤 메인 출판사에서 공동출판을 하였다. 그가 비글로우 앤 메인사 측과 제휴하기 시작하던 때에 화니가 블리스를 알게 되었다. 그녀는 그의 음악적 안목을 높이 존경했고, 어쩌면 그와 협력할 기회를 원했는지도 모른다. 하지만 그때에 블리스는 곡을 만들기 위해 새로운 시를 찾고 있지 않았다.

### '주의 음성을 내가 들으니' (219장) 작시 배경

한편, 화니는 멀리 신시내티까지 가서 순회 연설을 하게 되었다. 그곳에서 돈의 저택에 초대를 받았다. 어느 저녁, 그녀와 돈이 "하나님의 임재"에 관해 대화를 나누고 있었다. 해는 뉘엿뉘엿 서산에 지고 저녁의 어두움이 내리고 있었다. 화니는 그 아름다움과 경이로움을 충분히 음미할 수 있었는데, 그것을 하나님의 영광스러운 손길로 느꼈다. 방에 들어가 그녀는 거의 무아지경의 환희 속에서 "주의 음성을 내가 들으니"(219장) 찬송시를 지었다.

> 주의 음성을 내가 들으니 사랑하는 말일세
> 믿는 맘으로 주께 가오니 나를 영접 하소서
> 내가 매일 십자가 앞에 더 가까이 가오니

구세주의 흘린 보배 피로서 나를 정케 하소서

그 이듬해, "가장 밝고 가장 좋은 것"(Brightest and Best)이 출판되자, 즉시 수많은 사람들에게 팔려 애창곡이 되었다. 그 찬송가집은 화니에게 대박을 터뜨려주었다.

또한 다음과 같은 찬송가들이 처음으로 출판되었다. "나의 갈 길 다 가도록"(434장), "나의 생명 되신 주"(424장), "하나님께 영광을", "네 죄가 사하여졌느니라." 기독교 신앙을 단순하게 진술한 단도직입적인 찬송가 "하나님께 영광을"은 출판 당시에는 주목을 받지 못하였으나, 1950년대에 빌리 그래함(Billy Graham)에 의해서 재발견되어 널리 대중화가 되었다.

1875년에 화니는 55세가 되었다. 그녀와 반은 이제 비글로우 앤 메인 출판사 사무실에서 가까운 이스트사이드(East Side)에 살고 있었다. 그 해 뉴욕의 기독교계에 중요한 사건이 벌어질 참이었다. 무디와 생키가 복음전도 집회를 열기 위해 브루클린에 온 것이다.

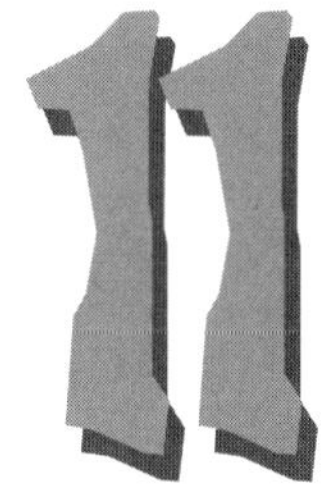

# 11 현대판 다윗과 요나단

Fanny Crosby

1875년 10월 24일 오전 7시 이른 시각.

뉴욕 브루클린 링크(Brooklyn Rink) 일대 거리에는 사람들로 인산인해를 이루었다. 오전 9시쯤, 무디가 연단에 올랐을 때 커다란 건물 안에는 7,000명이 빽빽하게 입장해 있었다. 그 중 대부분이 젊은이들이었다.

뉴욕 타임스(The New York Times)는 무디를 이렇게 묘사했다.

"웃는 얼굴, 작고 균형 잡힌 머리, 아담한 용모, 덥수룩한 갈색 수염에 쾌활하고 좋은 성품을 암시하는 붉은 얼굴을 한, 체격 좋은 사나이였다."

"찬송가 24장을 펴세요." 그가 말했다.

즉시 웃는 얼굴에, 검은 곱슬머리, 검은 콧수염에다 양옆에 구레나룻을 한, 어깨가 떡 벌어지고 건장하게 생긴 남자가 연단에 올랐다.

아이라 생키가 작은 리드 오르간에 앉아 청중을 향해 말했다.

"일어서서 진심을 다해 부르시기 바랍니다!"

찬송가를 여러 장 부르고, 지역교회 목사님의 기도가 끝나자, 무디는 그의 스타일대로 빠르게 양키식의 코멘소리로 민수기 13장을 읽고는, 어떻게 이스라엘 백성이 가나안 땅에 이르게 되었는지를 설명하였다. 모세의 정탐꾼들이 젖과 꿀이 흐르는 땅이긴 하나, 사나운 거인들이 살고 있다는 보고를 하였다.

성경봉독 후에 생키가 찬양을 하였다.

"익은 곡식 거둘 자가 없는 이때에 … 보내주소서"(271장).

뉴욕 사람들이 영국인들의 마음을 감동시켰던 그 목소리를 듣게 된 것은 그때가 처음이었다. 이윽고 생키의 장엄한 바리톤 목소리가 큰 강당의 구석구석까지 울려 퍼지자 사람들의 마음을 사로잡고 흐느끼게 했다.

### 무디의 뉴욕 신앙부흥회

그런 후, 무디가 강대상 앞으로 나갔다.

"우리가 즉시 올라가서 그 땅을 취하자, 우리가 능히 이길 수 있으리라"라는 주제로 설교하였다. 그는 뉴욕시의 신앙부흥에 대하여 이야기하였는데, 그의 설교는 청중들이 "예스!"와 "아멘!" 소리로 화합할 때마다 잠깐씩 중단되었다. 그는 하나님의 역사를 방해하고 있다고 생각되는 기존 교회들의 불신앙을 비판하였다. 그는 뉴욕의 신앙부흥의 가능성을 의심하는 자들을 약속의 땅에 들어가기를 두려워하는 이스라엘 백성들에 비유하였다. "우리가 **믿을** 때, 거인들과 성벽과 모든 것을 능히 이길 수 있습니다!"라고 외쳤다. 청중들은 뜨겁게 흥분하였다.

그는 이런 메시지로 끝을 맺었다.

> 만일 내가 천사의 음성을 가졌다면 4만 명의 목사님들에게 이렇게 묻고 싶습니다. "지금 즉시 그 땅을 취하러 올라갈까요?" 만일 그럴 작정이라면 우리는 일을 시작해야 합니다! 주님께 굴복해야 합니다. 세상에 작별을 고해야 합니다. 파티와 축제와 강의를 그만 두어야 합니다!

현대의 관찰자들과, 심지어는 현대의 많은 신자들에게까지도 아주 이상하게 들리겠지만, 이러한 권면에 대하여 회중들은 우렁찬 아멘 소리를 발했다. 무디는 연단에 올라와 앉아있는 지역교회 목사님들 한분 한분에게 그럴 준비가 되어 있느냐고 물었다. 그들이 모두 그렇게 하겠다고 대답하자, 청중들은 일제히 "예스!" "아멘!" "만세!"를 외쳐댔다.

생키가 블리스의 "병기 든 자 오직 한 사람"을 열창하였다. 열광적 분위기는 더욱 고조되고 뜨거워졌다. 축도 후에 수많은 젊은이들이 떼 지어 경기장을 빠져나와 서로서로 팔짱을 끼고 풀톤 거리를 행진하면서 블리스의 "성채를 지켜라 내가 가고 있다"를 목청껏 불렀다.

이튿날 오후, 경기장 일대 전 지역은 사람들이 구름 떼처럼 몰려와 있었다. 그들 중에는 맨해튼에서 이스트 강(East River)을 건너 온 사람들이 많았다. 출입문이 열리자마자 7천 명의 사람들이 자리를 잡으려고 서로 밀치고 들어갔다. 그러나 들어간 숫자만큼의 사람들이 들어가지 못하고 밖에 서 있어야만 했다.

**본문이해를 위한 해설(5)**

**유니테어리언파 교도**

그리스도교의 정통 교의(教義)인 삼위일체의 교리에 반하여, 그리스도의 신성을 부정하고 하나님의 신성만을 인정하는 교파로서, 종교개혁 시대에 인문주의적 그리스도교에 속하는 이탈리아의 신학자 세르베투스와 소치니에서 유래되었다. 폴란드에서 시작되어 교세가 확장되었으나, 추방령으로 루마니아 트란실바니아, 헝가리, 네덜란드 등지로 신도들이 도피하였다. 영국에서는 18세기 이후 비국교도들 사이에 상당한 영향력을 끼쳐 교파가 형성되었고, 미국에서는 회중파 교회 안에서 하버드 대학교 신학부가 중심이 되어 교회가 성립되었다. 영국과 미국에서 발전과 변화를 거듭하여 오늘날에 이르고 있다.

## 돈보다는 복음을 파는 자가 되자

스코틀랜드에서 심대한 영향을 끼쳤고, 화니 크로스비의 찬송가가 영어권 나라들에 그토록 많이 보급되었다. 그 사람들이 누구였는가?

드와이트 무디(Dwight Lyman Ryther Moody)는 북부 매사추세츠 출신으로, 교육받지 않은 오지 사람이었다. 1837년생인 그는 유니테어리언파(Unitarian)의 교도*로서 자랐다. 10대 후반에 보스턴의 구두 가게에서 일하던 중 정통 삼위일체 회중파교회*(Trinitarian Congregationalism)로 개종하였다. 후에 시카고에서 이 적극적인 젊은이가 세일즈로 쉽게 큰 돈을 벌 수도 있었지만, 그는 돈버는 것보다는 복음을 파는 자로서 하나님을 가장 잘 섬길 수 있는 길을 결정하였다.

1860년대에는 YMCA 사역자로서 시카고 빈민가의 가난한 아이들을

* 한국의 경우에, 회중파교회인 그리스도의 교회 재단에서 운영하는 '그리스도 신학대학교'(서울 강서구 소재)가 있다.

돕는 일을 많이 하였다. 그가 성공을 크게 거두자 영국에서 부흥회, 그 당시로는 전도 집회를 열어 달라는 부탁을 받게 되었다. 영국에서도 성공을 거둠으로써 무디와 그의 친구인 생키는 국제적으로 유명인사가 되었다. 무디는 목사 안수를 받지 않았지만, 그가 유럽에서 돌아올 때쯤에 수많은 개신교 목사들과 평신도들이 그를 자신들의 영적 지도자로 존경하였다. 그가 죽을 때까지 그는 미국의 프로테스탄트 교회들에서 가장 중요하고 영향력 있는 인물이었다고 해도 과언이 아닐 것이다.

무디와 생키는 영국에서도
성공을 거둠으로써 국제적으로 유명인사가 됐다.
사람들은 그들을 영적 지도자로 존경했다.

무디의 매력은 외모에 있지 않았다. 38세 때 그의 키는 157센티, 몸무게는 단단한 근육질의 110킬로였다. 그는 머리가 작고 둥글었으며, 이목구비가 거칠고 약간은 매력 없는 생김새였지만, 대부분 거대한 수염 덕에 감춰졌다. 무디는 뉴잉글랜드 지방 사투리를 심하게 사용해서 그의 말을 이해하기 힘들어하는 사람들이 많았다. 그는 말을 빨리 했다.

그는 두 아들을 다 예일(Yale) 대학교에 보냈지만, 교육을 우상화하지는 않았다. "교육 받은 악당은 악당 중에서도 가장 비천한 악당이다"라고 그는 주장하였다. 성경 주석 책을 경멸하기도 했다.

"나는 '성경의' 한 장 한 장을 숙독하되, 어떤 박식한 주석가의 해석을 통해 보지 않고, 내 자신의 눈으로 봅니다."

그러면서도 무디는 매일 여러 시간씩 기도를 하였다. 무식한 사람들은 물론, 수많은 지식층 사람들로부터도 사랑과 존경을 받았다.

무디는 음악에는 전혀 소질이 없었다. 악기는 어느 것도 연주할 줄 몰랐고 노래는 완전 음치였다. 하지만 음악 듣는 것을 좋아했고, 복음 전도에 있어서 음악이 얼마나 중요하다는 것을 인식하고 있었다. 화니의 생각처럼 그 역시도 설교로는 마음이 쉽게 움직이지 않는 사람들도 노래를 통해서는 움직일 수 있다고 믿었다. 그리하여 그는 반드시 찬양과 설교에 같은 양의 시간을 할애하였다.

### 직장에 사표 낸 생키

사역 초기에 무디는 "복음을 노래로 불러줄" 동역자를 찾았다. 1870년, 인디애나폴리스 YMCA 대회에서 그런 사람을 발견하였다. 서부 펜실베이니아 출신의 무명의 국세청 직원이었다. "노래를 불러주시겠어요?" 하고 부탁하였다. 이때까지 무디 부흥집회의 찬양은 수준 이하였다. 청중들은 그의 노래를 듣고 완전 매료됐다. 예배가 끝나자 무디는 바로 그 사람을 만났다. "직장을 그만두고 시카고 집회 때부터 나와 함께 하면 좋겠어요." 당시 생키는 아내와 자녀 둘을 부양하고 있었다. 다짜고짜 낯선 사람으로부터 황당한 요구에 충격을 받았다.

생키가 펜실베이니아로 돌아간 후에도 무디는 계속 성가실 정도로 그를 설득하여 마침내 허락을 받아냈다. 생키는 직장에 사표를 내고 가족과 함께 시카고로 이사하였다. 그때부터 그는 무디의 전도사역에서 뗄래야 뗄 수 없는 동반자가 되었던 것이다. 두 사람은 동료뿐 아니라 헌신적인 친구가 되었다. 화니는 그들을 가리켜 "다윗과 요나단"이라고 불렀

그는 무디의 전도사역에서 영원한 동반자였다. 그들을 가리켜 '다윗과 요나단'이라고 불렀다.

다. 그의 목소리가 망가질 때까지 생키는 무디와 동등한 보수를 받았다. 찬양가수와 설교자는 똑같이 중요함을 무디가 역설했기 때문이다.

아이라 데이빗 생키(Ira David Sankey)는 1840년 펜실베이니아의 에딘버그(Edinburg)에서 태어났다. 무디처럼 그도 가난한 가정 출신이어서 정식 교육은 거의 받지 못하였다. 그는 남북 전쟁시 연방을 위하여 싸웠고, 군 복무시 종종 찬양인도를 하였다. 국세청 직원으로 근무할 때 그는 뉴캐슬(Newcastle) 감리교회의 솔리스트로서 주목받는 인물이 되었다. 그와 그의 아내 화니(화니 크로스비와 이름이 같음)는 그 교회의 출석교인이었다.

키가 1미터 77센티요, 몸무게가 100킬로인 생키는 무디에 비해 부드럽고 세련됐고, 프록코트와 회색의 실크 모자를 좋아하였다. 그는 시대적 유행을 따라 머튼 촙 구레나룻(관자놀이에서는 좁고 아래턱에서 넓고 둥그스름해지도록 기른 구레나룻)을 하였다. 생키는 감정적인 사람이어서, 보통 때는 쾌활하지만 쉽게 화를 내고 의기소침하기도 했다. 그런가 하면 다소 허풍을 떨고 수다스럽기도 하였다.

생키는 정말 아름다운 목소리를 가졌는데, 세계 최고의 오페라 가수 중 하나가 될 수도 있었을 것이다. 뉴욕 타임스는 그의 목소리를 가리켜 "힘과 아름다움의 절묘한 조화"라고 극찬했다. 그러나 생키는 성악 훈련을 받은 적이 없었고, 무디와 함께 몇 년 동안 집회를 인도하고 난 후에는 그의 목소리가 망가져버렸다. 목소리가 약해진 처음 징후는 1876년

초에 분명해진 허스키 소리였다. 그가 사십이 되자, 그렇게 우렁찼던 그의 목소리가 손상되어 있었다. 그가 만든 몇 개 음반도 거의 육십이 되어서 나온 것들로, 고성에다 목 쉰 소리에, 윙윙거리는 파열음만 낼 뿐이었다.

### 성공가도를 달리는 무디와 생키

이들 듀오는 1875년 가을, 뉴욕을 황홀경으로 몰아넣었다. 무디와 생키는 그 당시 평범한 복음전도자들보다는 덜 감정적이었다. 경기장에서 외치는 환호성은 수많은 부흥집회들과는 거리가 먼 환성이었다. 여러 부흥집회들에서는 사람들이 시뻘건 스토브를 에워싸고, 그들의 손과 무릎을 사용해 동물들의 소리를 흉내내곤 했다.

무디는 집회에서 다른 많은 부흥전도자들에 비해서 지옥에 대한 강조를 훨씬 덜하였다. 그는 다윈의 진화론을 강하게 반대했으나, 다른 것들에 대해서는 덜 엄격했다. 비록 담배를 피우거나, 술을 마시거나, 카드놀이를 하거나, 극장에 가는 일도 없었지만 이런 것들에 대해서 반대하는 설교는 거의 하지 않았다.

그가 관심을 가진 것은 사회정의였다. 그는 인종차별 폐지를 지지하였다. 청중들 가운데 심지어는 집회 연단에까지 여기저기 눈에 띄는 흑인들로 인해 뉴욕 사람들은 깜짝 놀랐다. 그 이듬해에 무디는 남부에서는 환영 받지 못했고, "백인과 흑인의 관계"를 변경시키려한다는 비난을 받았다.

그러나 1875년 가을과 겨울의 신앙부흥운동은 무디의 설교와 생키의 찬양으로 인해 더욱 흥왕하였다. 11월에는 필라델피아에서, 2월에는 맨해튼의 곡마장에서 집회가 열렸다. 화니와 반은 다시 웨스트사이드로 이사하여 허드슨 스트리트에 집을 얻었다. 그녀는 이러한 집회에 대부분 참석하였다. 곡마장 부흥집회는 브루클린 경기장의 부흥집회처럼 열광적인 환영을 받았다.

> 그들의 출현으로 화니의 찬송가들이 청중들에게 소개됐다. 그녀를 동시대의 가장 위대한 찬송가 작사자 중 하나로 인정했다.

이때는 야외 집회와 복음 전도자의 시대이기도 했지만, 또한 무당과 강신술사가 판을 치는 시대이기도 했다. 복음주의 그리스도인들은 불신앙과도 싸워야 했고, 만연하는 신비술과도 싸워야 했다. 강신술이 크게 유행했기 때문이다. 1863년에 링컨 대통령은 백악관에서 강신술회를 열어서 워싱턴, 프랭클린, 라파옛 및 이미 고인이 된 다른 유명인사들의 영들과 상의(consulting)를 하였다.

### 화니, 무디와 생키에게 소개되다

화니는 1876년에 무디와 생키에게 소개되었고, 그때부터 그녀의 미래는 그들의 미래와 불가분의 관계가 되었다. 그들의 출현으로 그녀의 찬송가들이 수많은 청중들에게 소개되었다. 그리고 무디와 생키는 화니를 동시대의 가장 위대한 찬송가 작사자 중 하나로 인정했고, 그녀가 찬송시를 계속 공급해주기를 열망하였다. 생키는 그녀의 도움으로 "복음찬송가와 성가곡"의 후속판을 준비하기 시작했다. 비글로우 앤 메인 출판사와 합작하여 그는 그녀가 이미 써놓은 많은 찬송시들에 대한 판권을 얻었다. 그는 그녀를 고용하여 새로운 시를 쓰게 했고, 그녀의 여러 시에 멜로디를 붙이기 시작했다. 작곡 훈련을 받지는 않았어도 그는 사람의 심금을 울리는 감미로운 멜로디를 만들어내는 사람이었다.

화니는 매주 여러 날을 비글로우 앤 메인사의 사무실에서 일했으며, 가난한 자들과 교도소 재소자들에게 기독교 봉사활동을 적극적으로 펼쳤다. 또 가끔 셋집에서 저녁 프로그램을 주도하기도 했다. 또한 여러 곳으로부터 강연과 설교를 부탁받았다.

주목할만한 일은, 그녀가 그런 여행을 혼자 다녔다는 점이다. 그녀는 눈이 안 보인다고 그녀의 활동까지 방해받는 것을 원치 않았다. 사람들이 그녀를 환자처럼 대하는 것을 단호히 거부하였다.

# 복음찬송가의 여왕

### 오, 젊은 나이에 세상을 떠난 필립 블리스

필립 블리스는 1874년에 주일학교 찬송가가 가스펠송 혹은 복음성가로 알려지게 한 사람이다. 화니는 그런 필립과 계속 협력의 즐거움을 누릴 수 있을 거라는 희망을 가지고 있었다. 그런데 그 희망이 1876년 크리스마스 직후에 영원히 부서져 버렸다. 블리스와 그의 아내가 시카고 전도집회에 참석하러 가다가 열차 사고로 세상을 떠났기 때문이다. 이제 겨우 서른여덟 밖에 안 되었다. 블리스의 죽음은 화니의 영에 어두운 그늘을 드리웠다.

이윽고 그녀와 비글로우 앤 메인사에 근무하는 동료들이 그의 마지막 찬송가들을 편집했는데, 신시내티에 있는 "존 교회 출판사"와 공동으로 투자한 출판 사업이었다. 찬송가들 중에 미완성 시들이 많아서 그의 파 화니 강연은 자신의 찬송가와 동일했다. 단순하고, 직접적이고, 개인적이었다. 이런 친밀함이 인기 있는 유명 강연자로 만들었다.

트너인 메이저 휘틀(Major Whittle)이 끝마무리를 맡아 1877년에 출판되었다.

화니는 그녀의 문학적인 노력을 성가에만 국한시키지 않았다. 그녀는 생일이나, 기념일이나, 기타 어떤 사건들을 축하하기 위해 시를 썼으며, 계속 세속 노래들도 작사하였다. 지난 20년여 간에 신앙심도 깊어졌지만, 여전히 사랑의 시를 쓰는 걸 좋아하였다.

강연 약속이 잡히면 그녀는 뉴욕을 떠나곤 했다. 강연은 그녀의 찬송가와 다를 바가 없었다. 즉, 단순하고 직접적이며 개인적이었다. 이런 친밀함이 그녀가 발산하는 사랑과 기쁨이 함께 어우러져 그녀를 인기 있는 유명 강연자로 만들었다. 그녀의 강연을 듣기 위해 줄을 선 입장객들의 길이가 한 블록 전체를 빙 돈 적도 여러 번 있었다.

### 화니의 유명한 인사말

화니는 연단에 오르면 유명한 인사말로 시작했다.

"사랑하는 여러분의 그 귀한 마음에 하나님께서 복 주시기를 빕니다! 저는 오늘 여러분과 함께 하게 되어서 너무너무 행복합니다!"

그녀는 언제나 작은 책을 한 권 들고 있었다. 브라유 점자 노트가 아닌가 하고 생각했지만, 그녀의 안전을 보장하는 수단에 불과한 것이었다. 그녀는 이렇게 말하곤 하였다.

나의 사랑하는 친구 여러분, 나는 세상과는 문을 닫고 주님과 함께 삽니다! 나는 내가 할 수 있는 한 주님을 섬겨왔습니다. 오늘밤 (그녀를 소개하신 분의) 말씀을 들었을 때 나는 이렇게 생각했습니다. "오, 주님, 나에게가 아니라 오직 주님께 모든 영광을 돌립니다!" 주님은 내 영혼의 햇빛이십니다. 나는 나 자신을 위해 살지 않고, 주님을 위해 살고 싶습니다. 살아생전에 할머니께서 내가 그의 의자 곁에 무릎을 꿇었을 때 하신 말씀이 생각납니다. 할머니는 나를 살짝살짝 흔들어 잠을 재우면서 이렇게 기도하라고 가르쳐 주셨어요. "만일 하나님의 뜻이면 내가 원하는 것을 주시고, 만일 주님이 원치 않으신다면 갖지 않는 것이 가장 좋은 것이야"라고 말입니다.

사랑하는 친구 여러분, 사랑을 받는다는 것은 참으로 좋은 일이지요! 하나님의 백성들로부터 사랑을 받으면요! 이번 집회의 추억은 나의 마음에서 결코 사라지지 않을 것입니다! 내가 천국에 가서 내 아버지의 얼굴을 뵈옵고 햇빛 같은 내 아버지의 미소를 맞게 될 때 나의 기분은 지금 여러분을 위해 내 마음 속에서 불타고 있는 애정 어린 사랑과 감사와 같을 것입니다.

짤막하고, 두서도 없지만, 신실하고 마음에 감동을 주는 것이 그녀 연설의 특징이었다. 그녀는 거의 항상 자신의 시를 한두 편 이상 암송을 하고, 때로는 즉석에서 즉흥시를 짓기도 하였다. 마무리는 언제나 미스바 축도로 마감을 하였다. "우리 피차 떠나 있을 때에 여호와께서 너와 나 사이에 감찰 하옵소서"(창 31:49).

그 연설은 낙심한 사람들을
기운나게 하고, 미적지근한 사람들을 일깨워서
더욱 헌신케 하는 능력이 있었다.

그녀는 따뜻한 기운, 성결의 분위기를 발산하였다. 그녀의 연설은 간결성과 단순성을 초월하는 뭔가가 있었다. 모든 계층의 사람들이 그녀의 연설을 듣기 위해 무더운 더위나 영하의 추위에도 하루 종일 능히 서 있게 만드는 뭔가가 있었다. 그녀는 낙심한 사람들을 기운 나게 하고, 미적지근한 사람들을 일깨워서 더욱 헌신하게 하고, 불가지론자들에게 감동을 끼쳐 그리스도를 믿도록 결단케 하는 능력이 있었다. 최소한의 기본 광고만 하라고 그녀가 고집했기 때문에 친구들(무디와 생키)에 비해 적은 무리들에게 연설할 수밖에 없었지만 여러 가지 면에서 가장 성공적인 부흥 전도자들 중 하나가 되어가고 있었다.

체구가 작고 다소 허약하긴 했어도, 화니는 무한한 에너지가 있었고 중병에 걸린 적이 한 번도 없었다. 심지어 나이가 많아서도 그녀는 2,30년이나 더 젊은 사람들을 오히려 지치게 할 정도였다.

하지만 그녀도 일년에 한 번씩은 휴가가 필요하였다. 1877년 여름, 뉴저지의 오션 그로브(Ocean Grove)에서 감리교 감독교회 천막집회가 열려 참석했다. 그것은 대부분의 유원지들처럼 시대적 풍습과 악폐가 없는 여름 휴양지를 원했던 뉴욕, 필라델피아의 목사님들이 세운 수양관이었다. 그들은 레크리에이션도 하면서 종교적 행사를 갖고 싶어 하였다. 독실한 신자들은 수영도 하고 낚시도 하고 해변 산책도 하지만, 또한 매일 서너 차례 예배를 통해서 선포되는 하나님의 말씀을 들을 수가 있었다. 모든 교파의 목회자들이 오션 그로브에서 설교하였다. 휴가객들은 소형 텐트를 빌려서 사용했다.

화니는 텐트를 빌릴만한 돈이 없었다. 하지만 1877년에 친구, 내프(Knapps) 일가의 "주빈"으로 참석을 하였다. 그녀는 혼자 두 시간 동안 기차여행을 해야만 했다. 늘상 하던 대로 그녀는 기차에서도 사람들을 사귀었고, 친절한 승객 한 분이 친구들의 텐트에까지 모셔다 주었다.

천막집회의 하이라이트는 저녁의 파도집회(Surf Meeting)였다. 해가 질 무렵 신자들은 떼 지어 해변으로 가서 아주 감동적인 저녁예배를 드렸다. 저녁놀의 희미한 색조를 어렴풋이 조금밖에 볼 수는 없었지만 화니는 눈 뜬 친구들 못지않게 감격스러워하였다.

## 중요한 만남들

여기서 그녀는 몇몇 중요한 만남을 가졌다. 찬양 인도자는 존 롭슨 스위니(John Robson Sweney)였다. 눈꺼풀이 두꺼운 눈에다 콧수염과 염소수염을 하고, 머리가 벗겨지고 뚱뚱보인 스위니는 밴드 리더와 찬송가 작곡자로서 널리 알려진 사람이었다. 1837년생으로, 스위니는 성악을 공부했으며, 남북 전쟁시에는 연대 밴드를 맡았었다. 그 후 필라델피아에서 스위니 코넷 밴드(Sweney' s Cornet Band)를 조직하였고, 펜실베이니아 음악학교(Music Acadenmy)에서 음악을 가르쳤다. 장로교 신자인 스위니는 전국적으로 수많은 복음전도 집회에서 찬양을 인도하였다. 경쾌하고 쾌활하고 명랑한 가락을 전공하였기에 그는 대중적인 찬송가를 작곡하였으며, 화니의 시가 들어있는 여러 권의 찬송가집을 발간하였다. 그는 처음 그녀를 만나서 자신의 곡에 더 많은 가사를 만들어 달라고 부탁하였다.

스위니의 친구이자 동료인 윌리엄 제임스 커크패트릭(William James Kirkpatrick)도 마찬가지였다. 1838년 펜실베이니아 태생으로, 행복하고 원기왕성하고 따뜻한 사람인 커크패트릭은 성악, 파이프 오르간, 화성, 이론 및 작곡을 전공하였다. 그를 부르는 호칭이 된 이 "교수님"은 대다수 그의 동시대 찬송 작곡가들에 비해 음악가로서의 교육을 훨씬 더 많이 잘 배운 사람이었다. 필라델피아에서 그는 가구회사로 성공을 하였고, 작곡은 부업으로 하였다. 그는 스위니와 합작으로 필라델피아 회사를 위해 찬송가집을 발간하였다.

화니는 세련된 유머감각으로 "커키"(Kirkie)와는 즐겁게 교제를 하였다. 그녀는 스위니와 커크패트릭에게 그들이 편집한 책에 들어갈 찬송가로 거의 1,000편 가까운 시를 공급하였다. 또한 이 기간에 화니는 생키에게도 그의 복음찬송가에 들어갈 가사를 주기 시작했다. 그 책은 다음 10년 동안 6권까지 출판하게 되었다.

이때쯤 뉴욕에서 화니는 또 한 사람의 작곡가를 만났다. 코안경을 끼고, 깨끗한 염소수염을 한, 1미터 84센티의 수척한 사람이었다. 조용하고, 온화하고, 자제력을 갖춘 조지 콜스 스테빈스(George Coles Stebbins)가 그 사람이다. 그는 사교적인 커크패트릭과는 달랐다. 1846년 뉴욕의 올리언스 카운티의 농장에서 출생한 음악가 스테빈스는 주로 독학을 하였지만, 1876년 무디가 그를 복음전도사역으로 불렀을 때 성가대장으로서 상당한 명성을 얻었다. 스테빈스는 기꺼이 화답하여 조지 펜테코스트(George Pentecost)라는 설교자와 짝을 이루었다.

이후 몇 십 년 동안 스테빈스는 화니의 시를 많이 작곡하였다. 그가 언제나 잘 해낸 것은 아니었다. 그의 스타일은 때때로 단조롭고 어색하고 귀에 거슬리기도 하였다. 그렇지만 아주 호소력 있는 찬송가를 몇 곡 작곡하였다. 화니와 함께 스테빈스는 "자비한 주께서 부르시네"(321장)와 "후일에 생명 그칠 때"(295장)를 작곡하였다.

### 유명한 찬송가 작사자, 그리고 그 이후

이때까지 화니는 자신을 복음찬송가의 여왕으로 만든 유명한 찬송가들 대부분을 창작했었다. 9년 동안에 이 곡들을 작사하였다. "주 예수 넓은 품에"(476장), "예수로 나의 구주 삼고"(204장), "인애하신 구세주여"(337장), "예수 나를 위하여 십자가를 질 때"(144장), "주의 음성을 내가 들으니"(219장), "나의 갈 길 다가도록"(434장), "나의 영원하신 기업"(492장), "찬양하라 복되신 구세주 예수"(46장), "찬송으로 보답할 수 없는 큰 사랑"(43장), "날마다 순간마다" 및 "저 죽어가는 자 다 구원하고"(275장).

그 이후부터는 두세 가지를 제외하고는 그녀의 찬송가가 대중적 인기에 있어서 이상의 찬송가들에 필적할 만한 것이 없었다.

그 이유가 무엇인가? 그녀가 탈진한 것인가? 아마 십중팔구, 그랬을

그녀의 찬송가가 이전 작품들만큼
인기가 없는 것이 괴롭게 하지는 않았다. 최고의
시라고 생각했던 것들 중 일부가 작곡되지
못한 것이 괴로웠다.

것으로 생각된다. 화니 크로스비는 그녀가 말할 수 있는 것은 전부 다 말하였다. 그녀가 이제까지 작사한 거의 모든 작품은 전에 쓴 것을 바꿔 쓴 것이었다.

그렇지만 찬송가 작사자로서 완전히 소진된 것은 결코 아니었다. 그녀가 바꿔 쓴 것들도 보통 정도의 인기는 얻었으며, 수많은 동시대인들의 가사보다 뛰어난 경우가 종종 있었다. 찬송가 작사자로서의 그녀의 수요는 꾸준히 증가하였다.

그녀의 찬송가가 이전 작품들만큼 인기를 끌지 못한다는 사실이 화니를 괴롭게 하지는 않았다. 자신은 주님의 일을 하고 있다고 알았으며, 자신의 찬송가가 어떤 사람들에게는 도움을 줄 것으로 확신하였다. 만일 그 찬송가로 인해서 단 한 사람이라도 그리스도께로 인도된다면 그것으로 만족하였다.

그러나 정작 그녀를 괴롭게 한 것은, 자신이 최고의 시라고 생각했던 작품들 중 일부가 작곡되지 못한 점이었다. 작곡가 친구들이 자신의 최고 작품들은 무시하고 안 좋은 가사들을 가지고 작곡했다면서 종종 불평하였다. 불행히도 이들 미사용한 시들 중에 남아있는 것들은 거의 없다. 그것들은 너무 복잡해서 그녀와 함께 작업했던 작곡가들이 적절하게 표현할 수가 없었던 게 분명하다. 그 시들은 "대중을 위한 음악"을 만들어 내지 못했던 것이다.

### 경쟁 상대가 없는 복음찬송가의 여왕

1879년 봄, 화니와 편지를 자주 주고받는 친구인 프랜시스 하버갈(Frances Harvergal)이 병들어 42세의 나이로 웨일즈에서 죽었다. 화니는 거의 60에 가까웠는데, 두 친구 필립 블리스와 프랜시스를 젊은 나이에 잃었던 것이다. 그들은 그녀와 함께 복음찬송가 운동의 가사 부문에 선봉장 역할을 했던 사람이다. 그들이 젊은 나이에 죽어서 화니는 "복음찬송가 작사자의 여왕"(queen of gospel hymn writers)으로서 경쟁 상대가 없게 되었다. 화니는 죽을 때까지 "복음주의 개신교도들을 위한 찬송가의 수호성인"(the pattern saint of hymnody for evangelical Protestants)이었다.

그녀는 어머니와 여동생들이 살고 있는 브리지포트를 정기적으로 방문하였다. 어머니 머시 모리스는 나이가 80인데도 아직 정정했고, 딸 캐롤린과 함께 살고 있었다. 화니의 다른 여동생 줄리아는 불구가 된 남편 바이런을 부양하기 위해 재봉사로 일하면서 가까이에 살고 있었다.

60이 된 화니는 40세 된 대부분의 남녀들보다 더 활동적이었다. 그녀는 찬송가 작사 활동과 병행하여, 가정전도 사역자로서 제2의 사역을 시작하였다. 이젠 일주일에 여러 날을 뉴욕의 보워리(Bowery) 선교회에서 보내게 되었다.

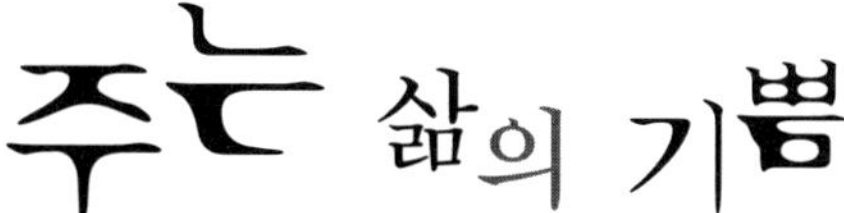




*Fanny Crosby Fanny Crosby Fanny Crosby*

# 밑바닥 인생들을 건져내라

Fanny Crosby

뉴욕의 수많은 사람들이 셋집에서 살고 있었다. 그들이 어렵게 살아가는 처지에 대해서 많은 그리스도인들이 오랫동안 관심을 가져왔다. 헌신적인 사람들은 뉴욕 맨해튼 슬럼가의 저습지대에 거주하는 비참한 주민들을 도우려고 여러 해 동안 수고를 많이 했다. 그렇지만 눈에 보이는 뚜렷한 효과는 거의 없었다.

1880년대 초기에 화니는 맨해튼에서 가장 환경이 나쁜 슬럼가 중의 한 곳에서 가까운, 로우어 이스트사이드(Lower East Side)의 프랑크포트 스트리트에 위치한 음침한 아파트에 살고 있었다. 몇 블록 떨어지지 않는 곳에 미국에서 가장 음울한 곳 중에 하나요, 알코올 중독자들이 모이는 곳이고, 번화한 상업지역의 중심이며, 홍등가와 포르노의 센터인 보워리(Bowery)거리가 죽 뻗어 있었다.

여기에는 술집, 댄스홀, 외설 사진과 인쇄물을 파는 지저분한 가게들이 즐비하였다. "콘서트 홀"이라는 곳은 주로 값싸고 저속한 버라이어티 쇼를 전문으로 하였다. "간이 박물관"에서는 호기심 많은 사람들을 꼬드기어 외설적인 음란물들을 관람하게 하였다. 한 곳에서는 「쥐 사나이」라는 별명을 가진 남자가 살아있는 쥐의 머리를 물어뜯는 것을 보게 하고 입장료를 받았다. 오르간 연주자, 하프 연주자 및 춤추는 곰들은 거리거리마다 떼 지어 몰려들었다. 더러운 창부들은 "너무도 닳아빠지고, 연지를 처발라 보기만 해도 소름이 끼쳐서 그들이 아무리 뽐내본들 남자들에게 섹스 어필한다는 것은 상상도 할 수 없었다." 길거리에는 남북전쟁으로 팔, 다리가 잘려나가고, 코나 눈이 문드러진 사람들이 생계수단으로 구걸을 하며 살아가고 있었다.

주위가 온통 이런 지경이었기 때문에 잘 사는 지역에서 온 사람들은 마차를 빌리고 탐정을 가이드로 채용해서 이곳저곳을 돌아다니며 지저분한 관광을 하였다.

크리스천 사역자들은 이런 현장에서 오래 동안 피땀 흘리며 수고를 하였다. 그렇지만 결과는 신통치가 않았다. 근처의 존 스트리트 감리교회는 평신도들을 잘 격려하여 비참한 처지에 있는 그들을 돌보는 사역을 펼쳤지만, 종종 좌절감만 맛보았다.

### 밑바닥 인생들을 돕는 선교단체

1870년대의 대표적인 가정전도 사역에 있어서 기독교 사역 팀들이 그런 밑바닥 인생을 사는 사람들을 풀타임으로 돕고 있었다. 그 중 가장 첫 번째로 중요한 사역단체가 워터 스트리트 선교회(Water Street Mission)였다. 이 사역단체는 이스트 강(East River) 근처, 아직 완공이 안 된 브루클린 다리 아래에 자리 잡고 있었는데, 유명한 아일랜드인 예레미야 맥올리(Jeremiah McAuley)가 설립한 단체였다.

기독교 사역 팀들이 밑바닥 인생을 사는 사람들을 도왔다. 그 중 가장 중요한 단체가 워터스트리트 선교회였다.

깨어진 가정 출신인 그는 한 번도 교육을 받은 적이 없어서 그가 죽을 때까지 실제로 문맹상태에 있었다. 열네 살에 그는 뉴욕 시에 있는 친척들과 함께 살도록 보내졌다. 그곳에서 그는 거리 폭력배의 일원이 되었다. 열아홉 살에 고속도로 강도범으로 오인 받아 싱싱 교도소에서 5년간 복역했지만, 나중에 무죄가 입증되어 석방이 되었다. 그는 복역하는 동안에 형식만 남은 로마 가톨릭에서 열렬한 감리교 신자로 개종을 하였다. 여기에는 부흥운동 초기에 회심한 프로권투 선수 출신으로, 자신의 삶을 교도소 사역에 완전 헌신한 올빌 가드너(Orville Gardner)의 노력이 아주 컸다. 그는 출소 후에도 자신에게 도덕적 지원을 해주는 친구가 한 명도 없어서 또다시 떠돌이와 부랑자 생활로 전락했다. 여러 번 시도 끝에, 마침내 20대 후반에 완전히 개심을 하였다.

맥올리는 존 스트리트 감리교회에 등록하여 헌신적인 교인이 되었다 그는 자신과 같은 곤경에 빠진 남자들에게 많은 관심을 가졌다. 그래서 1872년에 워터 스트리트 선교회를 세웠다. 10년 후에 그는 웨스트 32번

회원들은 종교를 갖도록 몰아치거나 강요받지는 않았다. 그녀는 큰 감명을 받았다.

가에 크레몬-맥올리 선교회(Cremorne-McAuley Mission)를 창립하였다. 예배실, 주방 및 살림도구들이 갖춰진 이 3층짜리 건물에서 집 없는 자들과 실업자들이 무료숙식을 제공받았다. 남자들은 위층에 사는 제리와 그의 아내 마리에게 식사봉사를 하였다.

맥올리나 외부 강사가 회원들에게 그리스도와 개인적인 관계를 갖도록 권면하는 예배가 있었다. 하지만 회원들은 종교를 가지도록 몰아치거나 강요 받지는 않았다. 어떤 선교단체 사역자들은 음식이나 옷을 제공하기 전에 그리스도인이 되겠다는 약속을 먼저 받고 행하기도 했다. 하지만, 맥올리 선교회의 사역자들은 그렇게 하지 않았다.

교도소 당국자들은 맥올리의 사역에 존경을 표하였다. 그래서 싱싱 교도소에서 복역을 한 사람은 으레 이런 조언을 들었다. "당신이 나가면 워터 스트리트 선교회에 가서 맥올리를 만나보는 게 좋을 거요."

### 구제 선교회에 동참하는 화니

화니는 맥올리에 대한 소문을 듣고 자주 그 선교회를 방문하였다. 그녀는 설립자로부터 큰 감명을 받았다.

"연사로서 그는 단순한 말을 사용하였지만, 그의 매너는 대단히 인상적이어서 모든 사람들이 그에게 이끌렸어요."

또 다른 구제 선교회들을 알게 되었다. 1879년에 앨버트 루립슨(Albert Rulifson) 목사는 보워리 스트리트에 보워리 선교회(Bowery

Mission)를 창립하였고, 1880년대 초에 이 찬송가 작사자는 그곳을 정기적으로 방문하였다. 그녀는 또한 "타락한 여자들"을 위한 단체인, 휘트모어(E. M. Whittemore) 부인의 "희망의 문"(Door of Hope) 선교회에도 자주 나타났다.

화니는 수동적인 구경꾼이 아니었다. 때로는 연설을 부탁받기도 하였다. 그녀는 빛 가운데 행하는 삶이 가져다주는 기쁨에 대해서 연설했고, 남자들에게 "앞쪽으로 나와서 자신의 개인적 삶을 그리스도께 드리도록" 권면하였다. 그리고 그녀 자신도 더 자주 청중들과 함께 앉아 남녀 사람들과 어울리기도 하였다. 그녀의 대화식 상담은 대단히 성공적이었다.

한 번은 보워리 선교회에서 연설을 했는데, 이렇게 끝을 맺었다.

"만일 이 자리에 갈 데까지 간 사람이 계시다면, 그분과 악수를 나누고 싶습니다."

그런데 진짜로 한 사나이가 손을 들고 나타났던 것이다.

집회가 끝나자 화니가 그에게 물었다.

"밖에 나가서 그리스도인의 삶을 살기 원하세요?"

"아무려면 무슨 상관이 있겠소?" 그가 말했다.

"나에겐 친구가 하나도 없어요. 아무도 나에게 관심 갖지 않아요."

"당신이 잘못 생각하고 있어요." 화니가 대답하였다.

"주 예수님께서 당신을 돌보고 있잖아요. 그리고 다른 사람들도 그렇구요! 내가 당신의 영혼의 복지에 지대한 관심이 없었다면 이곳에 와서 가정전도 사역이 주된 직업이었다.
찬송가 작사는 전도사역의 연장선상에 불과했다.
작사도 전도현장에서 사용하게끔 지었다.

이 문제로 당신과 이야기를 하지도 않을 거예요."

그녀는 그에게 성경구절을 몇 개 주었다. 그가 관심을 보이더니 다음날 저녁에 와서 술을 마시지 않겠다는 서약에 사인을 하겠다고 말했다.

"내일 다시 이곳에 오겠습니다. 그런데 금주를 맹세하겠다는 당신을 낙심시키고 싶지는 않지만, 내 생각에 당신의 최상의 맹세는 당신 자신을 하나님께 굴복시키는 일입니다."

이튿날 저녁에 그 사람이 나타났다.

"집회가 끝나기 전에 우리는 그의 눈에서 새로운 빛을 보았고 그의 음성에서 변화를 느꼈습니다."

### 가정전도 사역자가 나의 직업

화니는 60이 지난 후에는 자신의 주된 직업이 가정전도 사역자로 일하는 거라고 생각했다. 찬송가 작사는 그녀의 전도사역의 연장선상에 지나지 않았다. 그녀가 작사한 찬송가의 대부분은 전도현장에서 사용하도록 지어진 것이다. 그래서 사람들의 결단을 촉구하고, 예수님과 관계를 맺은 기쁨을 묘사하며, 낙심한 자들에게 희망을 불어넣는 내용들이 많았다. 사랑은 그녀의 사역 증명서였다. 그녀는 한 번도 사무적인 입장에서나 고용된 입장에서 일한 적이 없었다. 자신의 시간을 아낌없이 전부 할애하였다.

"나에게는 사람을 죄인이라고 말하지 마세요." 그녀는 언제나 그렇게 주장하였다. "사람에게 그의 죄를 지적해서는 그 사람을 구원할 수 없어요. 하나님께서 이미 그것(죄)을 다 알고 계셔요. 그에게 용서와 사랑만이 기다리고 있다고 말해 주세요. 그의 신뢰를 얻고 당신이 그를 믿고 있으며, 절대로 포기하지 않는다고 이해를 시키세요!"

이것이 그녀가 전도하는 가이드라인이었다.

"친절은 다른 사람들이 믿음을 갖도록 도와 줄 뿐만 아니라 또한 날마다 은혜 안에서 자라도록 도와줍니다. 우리가 아침저녁으로 지나갈 때 밀어 헤치며 지나가는 소심한 사람들이 많이 있습니다. 그러나 그들에게 친절한 말 한 마디만 던져도 그들은 마음 문을 활짝 열 것입니다."

화니는 전도사역을 펼칠 때 어느 누구의 감정도 상하지 않도록 마음을 썼다. 그녀가 함께 사역했던 모든 남자들은 "내 아들"(my boys)이라고 주장했다. 여러 해 동안 YMCA에서 가깝게 섬겼던 열차 승무원들에 대해 그녀가 말했다.

"그들은 모두가 내 아들들(my boys)이죠. 나는 그들을 모두 사랑합니다!"

보워리와 워터 스트리트 선교회에 참여하는 남자들에 대해서, 그들의 대부분은 술과 담배 냄새가 나고 여러 주간을 목욕하지 않아서 빈대와 이가 득실거렸지만 그녀는 이렇게 말했다.

"그들 중에 어느 한 사람도 나에게 불쾌감을 주지 않았습니다."

크리스천 헤럴드(The Christian Herald) 잡지가 후원하는 보워리 선

전차회사 노동자들은 친절한 말은 커녕 승객들에게 심한 대우를 받으면서 노동을 했다. 화니는 주일마다 직원예배를 인도했다. 설교는 사랑과 위로로 가득했다.

교회(Bowery Mission)가 특히 그녀가 자주 찾는 선교회였다. 그래서 다른 어느 곳에서보다 거기서 더 많은 시간을 보냈다. 그녀는 16회째 맞는 선교회 창립 기념 예배에서 설교했는데, 그때마다 이런 사역을 통하여 개심을 하고 사회에 복귀한 사람들이 주빈으로 나타났다.

1880년에 뉴욕 노면전차회사 사장 윌리엄 록(William Rock)이 화니를 그의 집으로 초대했다. 신앙심이 깊은 록사장은 그의 직원들에 대하여 관심을 기울였다. 그들은 일주일 내내 힘들게 일을 했다. 친절한 말과 다정한 교제는 거의 받지 못하고, 성질 급한 승객들로부터 심한 대우를 받았다. 일과 급료 문제로 전차회사 노동자들은 퉁명스럽고 무뚝뚝할 수 밖에 없었다. 그러나 록사장은 그들의 영적인 복지를 위해 뭔가 조치가 필요함을 느끼고 화니에게 자문을 구하였다.

매 주일 아침이면 차장들과 운전자들을 위해 한 시간 동안 예배를 드렸다. 록사장이 화니에게 직원예배를 인도해 달라고 부탁하였다. 붉은 카펫에, 꽃과 화분을 놓아 기분을 좋게 돋우는 작은 홀에서 그녀는 "철도회사 어린 아이들"을 상대로 전도사역을 시작했다. 다른 곳에서처럼 그녀의 설교는 포근한 사랑과 위로로 가득했다.

전차회사 차장들과 운전자들을 상대로 하는 그녀의 사역은 뉴욕에서 굉장한 영향을 끼쳤다. 이듬해에 뉴저지 주 호보켄에 있는 허드슨 강 일대를 중심으로 신설된 YMCA 철도분과 대표단이 화니를 방문하였다. 그들 단체의 정규 강사로 화니를 초청한다고 요청하기 위해서였다. 그녀는 남은 생애 동안 미국 동부 해안을 따라 YMCA에서 정기 순회설교 사역을 감당했던 것이다.

## 금주운동을 전개하다

화니는 금주운동에도 적극적으로 활동했다. 술 끊는 방법을 발견할 수 있다면, 아주 몰락한 영혼들을 위한 싸움의 절반은 성공한 거라고 그녀는 생각했다. 그녀는 로우어 맨해튼의 빈민가에서 맥주와 와인과 위스키가 얼마나 저주스러운 것인가를 직접 목격해왔다. 철도직원들과 전차회사 차장들을 섬기며 사역하는 동안 그녀는 알코올의 폐해를 실감했다. 그것이 어떻게 결혼생활과 가정을 파괴하는지 알았다.

화니는 알코올 사용을 전적으로 반대하였다. 어떤 사람들은 알맞게 절제할 수 있다고 말하지만, 그녀는 절제할 수 없는 사람들이 태반이기 때문에 완전 금주를 격려하는 것이 훨씬 더 좋다고 주장하였다. 그녀의 해결책은 금주에 대한 맹세였다. 술을 입에 대지 않는다면 술의 노예가 될 위험이 없기 때문이었다. 그녀는 한 번도 금주를 기독교 신앙과 결부시킨다거나, 금주에 대한 맹세를 종교적 헌신과 동일시하지는 않았다. 하지만 알코올의 완전 금주는 이성적인 그리스도인이라면 마땅히 지향해야 할 목표라고 믿었다.

무디도 그와 같이 생각했다. 당시 대부분의 기독교 지도자들도 그렇게 생각했다. 선교단체에서 일하는 사람들과 알코올 중독의 폐해를 목도해 온 사람들 중에서 특히 이러한 생각들이 강했다. 제리 맥올리와 그의 동역자 샘 해드리는 둘 다 알코올 중독에서 회복된 자들이었고 모든 알코올성 음료에 대하여 "죽은 자"였다.

비글로우 앤 메인 출판사는 그 몇 년여 간에 금주 찬송가를 많이 출판하였는데, 그 중에 하나가 전부 금주 찬송가집인, "대변동"(The Tidal Wave)이었다. 화니와 애니 호옥스(Annie Hawks), 조세핀 폴라드(Josephine Pollard), 로버트 로우리(Robert Lowry) 등등의 사람들이 작사한 노래들이 들어 있었다. 금주운동과 그밖의 모든 활동들은 화니가 수많은 사람들의 가슴 속에 그녀의 신앙과 사상을 노래로 고취시키는 찬송가 작사와 뒤얽혀 있었다.

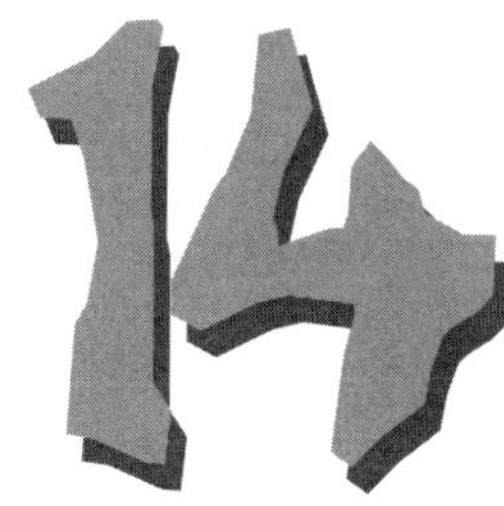

# 깊은 묵상의 시간

Fanny Crosby

화니는 그녀의 찬송시 대부분을 자정 이후에 썼다. 자정이 지나야만 완전하게 집중할 수 있는 침묵에 들어갈 수 있었기 때문이다. 나무 마루바닥을 걸으면서 슬리퍼를 질질 끄는 소리, 얇은 벽 사이로 들리는 조잘거리는 소리, 술 취한 사람들과 싸우는 지역 주민들의 고함소리와 욕설들이 그녀의 정신적인 작업을 방해하였다.

화니는 잠을 많이 자는 스타일이 아니어서 밤늦은 시간이 그녀를 괴롭게 하지는 않았다. 그녀의 낮시간과 저녁시간은 전부 비글로우 앤 메인 출판사에서 또는 사회 봉사활동으로 보내거나, 아니면 공적모임에 참석하는 경우가 점점 더 많아졌다.

그녀의 찬송가 작사는 자신의 신비주의와 밀접하게 연관되어 있었다. 지역 주민들의 시끄러운 소리가 잠잠해지고 모두가 잠들고 홀로 남는 시

지역 주민들이 잠잠해지고
모두가 잠든 자정 이후에 기도에 들어갔다.
이 묵상 중에 영감 받아 시를 썼다.

간에 그녀는 기도에 들어간다. 그래서 "침묵의 골짜기"(The Valley of Silence)라 부르는 깊은 묵상상태에 이른다. 그녀는 영적 세계와 직접 교통하게 되었는데, 더러는 환상 중에 그녀의 영혼이 몸에서 빠져 나가는 것을 느끼기도 하였다. 그녀가 일컫는 "깊은 묵상"의 황홀경 속에서 화니는 종종 "천상의 찬양대"의 초자연적인 하모니가 들리는 것을 느꼈다. 그녀는 그리스도와 그의 성도들과 천사들의 임재 뿐 아니라 하늘나라에 간 가족들과 친구들의 임재도 느꼈다고 주장하였다.

이렇게 묵상하는 가운데 영감을 받아 찬송시를 썼다. 생애가 끝나갈 무렵 그녀는 이런 시를 썼다.

침묵의 골짜기, 그 고요함 속에서
나는 모든 노래를 부르는 꿈을 꾼다네
그 노래는 희미한 골짜기 아래로 흘러가서
노아 홍수의 비둘기처럼
인간에게 평화의 메시지를 가져온다는
소식을 전해준다네

때로는 그녀 영혼이 너무 강력한 영감으로 충만했기에 "그토록 아름다운 말이나, 깊은 사상을 달리 표현할 길"이 없었다.

## '나의 갈 길 다가도록' 작시 배경

그녀 찬송가의 대부분은 침묵의 골짜기에서 영감 받은 것이었지만, 그밖의 시들은 이 세상 여러 사건들에서 첫 영감을 받았다. 그녀는 음악가 친구들 중 한 분으로부터 찬송시의 제목을 받는 일이 자주 있었다. 그녀는 일을 보러 돌아다닐 때 때로는 여러 날, 여러 주, 여러 달씩 한 주제를 마음에 담고 있다가 마침내 그것을 쓰고 싶은 마음이 생기도록 어떤 일들이 일어났다. 한 친구의 죽음이 "아침의 나라"(The Morning Land)와 같은 찬송시를 쓰게 했고, 또 전도 활동시에 일어났던 어떤 일이 "축복의 잔치"(The Blessed Feast)라는 주제에 이끌리게 했다.

1874년 어느 날, 화니는 집세를 낼 돈이 없어 막막했다. 그래서 이 문제를 놓고 기도를 했다. 바로 그때 그녀가 한 번도 만난 적이 없는 어떤 사람이 나타났다. 그 남자는 그녀의 손에 정확하게 월세 10달러를 쥐어 준 후 바로 떠났다. 이것에서 영감을 받아 로우리(Lowry)가 그녀에게 주었던 제목을 가지고 찬송가, "나의 갈 길 다가도록 예수 인도하시니"(434장)가 탄생하게 되었다. 그날 밤에 이런 가사가 흘러나왔다.

나의 갈 길 다가도록 예수 인도하시니
내 주 안에 있는 긍휼 어찌 의심하리요
믿음으로 사는 자는 하늘 위로 받겠네
무슨 일을 만나든지 만사형통하리라

그 광부가 소리질렀다.
"안됩니다. 오늘 밤 해결을 봐야 합니다.
내일이면 너무 늦어요!"

### 광부의 외침 – "내일이면 늦다구요!"

그녀는 꼭 사전에 미리 어떤 주제를 필요로 하지는 않았다. 우연한 말 한마디나 사건 하나가 그녀에게 영감을 주었던 것이다. 신시내티에서 돈(Doane) 씨 가족과 함께 지내는 동안 황혼녘에 나누었던 몇 마디 대화가 그녀로 하여금 "주의 음성을 내가 들으니"(219장)를 쓰게 하였다.

생키가 한 번은 영국에서 개최한 전도 집회에서 앞으로 나와 기도를 부탁한 한 광부에 대한 이야기를 그녀에게 해주었다. 예배 후에 갖는 기도시간에 인도자가 그 광부에게 말했다.

"시간이 너무 늦어서 내일 저녁에 다시 오세요."

그러자 그 광부가 안타깝다는 듯이 소리를 질렀다.

"안됩니다! 오늘 밤 해결을 봐야 합니다! 내일이면 너무 늦다구요!"

결국 인도자가 양보하여 그 광부는 기도시간을 통해 구원을 받고 집회장을 떠났다.

이튿날 그는 지하 갱이 폭발하는 사건으로 목숨을 잃고 말았다. 화니는 극적으로 구원받은 그 사건에 진한 감동을 받아 "오늘밤에 구원 받을 수 있나요?"라는 찬송가를 작사하였다.

### '찬송으로 보답할 수 없는 큰사랑' 작시 배경

또 한 번은 화니가 펜실베이니아 주 저먼타운(Germantown)에서 커크패트릭 부부의 초대를 받았다. 다른 손님들과 함께 그들은 이 세상 생활의 무상함을 얘기하고 있었다.

"이 세상의 쾌락이 아무리 찬란한 것처럼 보여도 얼마나 빨리 싫증이 나는지요."라고 화니가 생각에 잠기면서 말했다.

"그래요." 교수님이 말했다.

"하지만, 저 장중한 옛 노래에 대해서는 한 번도 싫증이 안 나지요!"

화니는 즉시 찬송가의 이상으로서 말의 리듬을 붙잡았다.

그녀가 갑자기 큰소리로 외쳤다. 모든 사람이 다 깜짝 놀랐다.

"그러면, 그 다음에는 어떻게 되죠?"

초대한 주인이 다소 얼떨떨하여 잠시 멈추었다.

"할렐루야! 하나님께 영광을 돌립니다!" 화니가 계속 말했다.

그녀는 커키에게 피아노에 앉아 그녀가 즉석에서 받아쓰게 한 가사에 적절한 곡을 붙여보라고 하였다. 그게 찬송가 43장이다.

> 찬송으로 보답할 수 없는 큰 사랑
> 주님의 영광 할렐루야
> 형제자매 모두 함께 모여 찬송해
> 주님의 영광 할렐루야

또 시간이 흘러 어머니가 돌아가신 직후, 시인은 머시가 "강 건너 저편"에서 그녀에게 말씀하시는 환상을 보았다. 그날 밤 화니가 그 감동을 산식하고 노래를 작사하였다.

강 저편에서 나를 부르네
내 마음에 소중한 친구들이
얼마 후 영광 중에 저들을 만나리
다시는 다시는 헤어지지 않을 거야

1874년에 화니의 우울증이 심해졌다. 그녀는 울부짖었다.

"사랑하는 주님, 내 손을 붙잡아 주소서!"

그녀가 이렇게 고백했다.

"거의 즉시, 더할 나위 없는 확신에서 나오는 잔잔한 평화가 내 마음 속에 회복이 되었어요. 기도 응답의 증거를 주신 데 대한 감사로 이런 찬송가 가사가 흘러나왔지요."

나는 약하고 무기력 하오니 내 손 잡아 주소서
주님의 도우심이 없으면 한 걸음도 뗄 수 없나이다
내 손 잡아 주소서 사랑의 주시여
그러면 내 영혼이 두려워 할 병이 없으리이다

때로는 "예수로 나의 구주 삼고"(204장), "주 예수 넓은 품에"(476장), 그 밖의 찬송가들 경우에서처럼 작곡자가 곡을 연주하고서 거기에 맞는 가사를 써달라고 요청하기도 했다. 화니는 귀를 기울여 들어본 후 만약에 그 곡이 "뭔가를 말하고 있는" 것이라면 찬송시를 쓸 수 있었다.

그러나 가장 중요한 것은 그 곡이 과연 무엇을 "말하느냐"는 것이었다. 한두 번 곡을 들어본 후에 그녀는 작곡자에게 말하기도 하였다.

"아닙니다. 이 곡에 대해서는 어떤 가사도 쓸 수가 없겠네요. 그 곡이 아무것도 「말하는」것이 없잖아요."

## 중구난방의 작곡자들

비글로우 앤 메인 출판사는 그녀에게 아무런 영감도 주지 못하는 여러 가지 주제들을 가지고 가사를 지어 달라고 부탁하였다. 그녀는 가사를 쓰고 싶다는 마음에 상관없이 일정 분량의 찬송시를 의무적으로 써주어야만 하였다. 그녀가 고백하였다.

"약속된 보상으로 온 세상을 나에게 준다 한지라도 내가 찬송시를 쓸 수 없는 날들이 더러 있었고, 적어도 몇 시간씩은 그랬어요."

"새해의 찬송시를 한 편 써주시오"라고 돈이 12월 30일에 요청했다.

"화니, 나의 부활절 모음곡을 위해서 엄선한 20곡을 작사해 주시면 좋겠어요. 그러면 내가 두 주 만에 작곡을 마치려구요." 휴 메인(Hugh Main)이 말했다.

"우리의 예배에 초청하는 찬송가 세 곡을 지어 주시면 좋겠습니다."

제리 맥올리도 그렇게 부탁을 하였다.

화니는 좀체 거절을 못하는 성격이기 때문에 "무드를 잡거나, 분위기를 만들어 보려고 노력을" 해야만 하였다.

영감이 떠오르지 않으면 찬송가 가사를 쓰는 게 정말 어려웠다. 그때마다 그녀는 하나님을 붙들고 기도할 수밖에 없었다.

"하나님, 찬송가사를 쓸 수 있는 생각과 감정을 일으켜 주세요?"

그러고 나면 얼마 후에 – 몸부림과 한데 어우러져서 – 아이디어가 떠오르곤 하였다. 사실, 그녀가 작사한 대부분의 찬송가는 영감을 받아 쓴 것이 아니었다. 출판사와 작곡자의 바쁜 스케줄 때문에 어쩔 수 없이 빨리 작사하지 않으면 안 되었던 것이다.

### 작시할 때의 별난 습관

찬송가를 작사하는 동안 화니에게는 특이한 습관이 하나 생겼다. 이것은 자기가 공을 던지는 날에는 면도를 하지 않으려는 야구 투수나, 엄마의 사진에 키스를 하지 않고는 무대에 서지 않으려는 프리마돈나의 징크스와도 같이, 화니 자신만의 어떤 의식이었다. 그것은 언제나 실크로 만든 소형 미국 국기를 갖고 다니는 습관과 같이, 작은 책을 거꾸로 들고 있는 습관이 생기게 된 것이다. 화니에게는 하나의 미신적인 습관이었다.

"그 작은 책을 손에 쥐고 있으면 시구들이 더 빨리 떠오르는 것 같았어요." 또 종종 성경이나 기도서, 혹은 시편집을 사용하기도 하고, 심지어는 세속적인 책을 사용하기도 하였다. 그 책의 내용은 중요하지 않았다. 그녀는 아무튼 자신의 가늘고 긴 손가락으로 충분히 잡을 수 있는 작은 책이면 다 좋았다.

그녀가 영감이 안 떠오르는 찬송시를 작사하려고 할 때는 기도를 하였다. 그래서 "내가 나의 독자층의 마음과 가슴을 감동시켜 그들이 들을 만한 가치가 있다는 확신"이 들 때 그녀는 박자와 멜로디에 맞게 작업을 시작하였다. 그녀는 종종 가사를 쓰기 위한 모델로서 "내 기도 하는 그 시간"(482장)이나 "십자가 군병들아"(390장)와 같은 대중적인 곡을 사용하였다.

잊혀진 수많은 찬송가들 중에 사상과 감정은 깊고 경건하였어요. 하지만 부분적으로 많은 찬송가들이 소멸되어 버렸어요.

**진통의 시간**

찬송가는 최대한 노래하기 쉽게 작사해야만 했다. 그녀가 어떻게 운율을 구성하고 강세를 두느냐는 문제는 매우 중요하였다. "왜냐하면 만일 운율에 강세가 잘못되거나 실수가 생기면 그 찬송가는 성공의 기회를 많이 가질 수 없어요. 적어도 그 가능성은 훨씬 줄어들어요. 노래로 불려지고 잊혀진 수많은 찬송가들 가운데 사상과 감정은 깊고 경건한 게 틀림없었어요. 하지만 부분적으로 어떤 구절이 귀에 거슬리거나 한두 군데 박자가 일정하지 않아서 많은 찬송가들이 망쳐지거나 소멸되어 버렸어요."

만일 곡이 미리 준비되어 있지 않거나, 또 가사를 붙일만한 기존의 곡을 생각해내지 못하는 경우에는 "작곡자가 그 시의 정신을 쉽게 간파하여 시인이 뜻하는 것을 정확하게 표현해 주는 멜로디를 작곡할 수 있게끔" 가사를 궁리해 내려고 세심한 노력을 기울였다. 이것은 문제였다. 그도 그럴 것이 그녀의 가사에 곡을 붙이는 사람들은 대부분 아마추어들이었기 때문이다. 곡이 준비되어 있을 때는 이런 것이 아무런 문제가 되지 않았다. 화니는 뛰어난 작사자여서 특정 곡에 맞춰 가사를 쓰는 데에 전혀 문제가 없었다.

그녀는 주제를 받기보다는 곡을 받는 것을 더 좋아하였다. 만일 그 곡이 좋으면 시도 좋은 내용을 쓸 수가 있었다. 그런데 곡이 좋지 않으면 거절할 수가 없었다. 설령 주어진 주제에 맞는 좋은 시를 쓴다 하더라도 그 시에 좋은 곡이 붙여질지는 알 수 없었다.

신적인 영감을 받아 시가 써질 때는 전체적으로, 그것도 아주 순식간에 시상이 떠올랐다. 그렇지 않은 경우에는 아주 더디었다. 그녀의 찬송시는 종종 연(聯)으로 나왔으며, 많은 경우에는 한 행(行)씩 나왔다. 영감이 없을 때는 만족할만한 시를 얻을 때까지 여러 시간 진통을 겪지 않으면 안 되었다. "영원히 빛나리"의 경우, 그녀는 이틀 동안 씨름을 했지만 단 한 줄도 떠오르지가 않았다. 그러다 갑자기 "거의 눈 깜짝할 사이에 시구가 한 연 한 연, 암송할 수 있을 정도로 빨리 떠올랐다."

보통 그녀는 초고를 하루밤새, 2~3시간 정도 작업하여 완성하였다. 시간이 좀 있는 경우에는 "말하자면 내 마음(mind)의 책상 위에 며칠간 놔두었다가 여유가 생기면 그것을 다듬고, 내 기억의 눈으로 그것을 통독해보고, 다른 방식으로 시를 가능한 한 세상에 내놓을 수 있는 형태로 만들었다."

그러나 단기간 내에 여러 편의 시를 보내달라는 출판사의 성화 때문에 그녀가 다듬고 고쳐 쓰고 할 시간이 늘 있는 것이 아니었다. 모든 주제나 곡에 두세 편의 시를 써서 보내는 그녀의 습관이 압박을 가중시켰다. 따라서 화니의 9,000편의 찬송시 대부분은 독촉받아 급하게 쓴 것이어서, 찬송가 작가 존 줄리안(John Julian)의 표현대로 "빈약하고 별볼일이 없었다." 그러나 화니가 영감을 받아 시간적 여유를 갖고 쓴 경우에는 질적으로 아주 탁월한 찬송가들이 종종 나왔다.

사람들은 그녀의 기억력에 놀랐다.
"나는 하나님의 주시는 은사를 사용할 뿐이에요.
사람들은 그걸 잃어버린 거지요."

이렇게 다량으로 시작(詩作)을 하는 동안에는 화니는 비서에게 시를 받아적게 하였다. 휴 메인(Hugh Main)은 화니의 아주 특이한 작업방법을 이렇게 묘사하였다.

"그분은 당신을 대신해서 찬송시를 받아적게 했어요. 두 사람에게 동시에 받아적게 하거나, 한 시의 두 행을 한 사람에게, 그리고 다른 찬송시의 두 행을 또 다른 사람에게 받아적게 하였는데, 한 번도 헷갈린 적이 없었지요."

사람들은 그녀의 대단한 기억력에 놀라움을 표시했다. 그들은 많은 찬송가들을 기억하고, 그것을 헷갈리지 않고 하나씩 하나씩 받아적게 하는 그녀의 능력에 말문이 막힐 정도였다. 그러나 그들이 그 능력을 높이 평가할 때마다 화니는 말했다. "나는 단지 하나님께서 모든 사람에게 주시는 은사, 곧 기억력을 사용할 뿐이에요. 그러나 시력이 좋고 정상인 대부분의 사람들은 게을러서 그것을 잃어버린 것이지요." 그녀는 "메모장과 일지와 원장을 자세하게 기록하는 것"을 "마음의 책"에 파괴적인 행위라고 비판하였다.

사람들은 화니가 착취당한다고 생각했다. "작사는 친구들에게 은혜베푸는 거예요. 중요한 것은 나의 보상은 그 찬송가를 통해 하나님께로 돌아오는 영혼의 숫자입니다."

## 착취당하는 인기 작사자

찬송시 한 편에 화니는 비글로우 앤 메인사 및 대부분의 다른 출판사들로부터 1, 2달러를 받았다. 그 찬송가가 아무리 대성공을 거두어도 그녀는 더 이상 받을 게 없었다. 가사는 작곡자의 독점적 자산이 되었으며, 누구도 그것에 곡을 붙일 수가 없었다. 대부분의 경우, 작곡자조차도 찬송가로 돈을 버는 경우는 별로 없었다. 이익금의 대부분을 출판사가 가져갔다.

여러 해가 지나는 동안, 많은 사람들은 화니가 착취를 당하고 있다고 생각했다. 그래서 그녀는 자신의 수고에 대하여 더 높은 급료를 요구하지 않을 수 없었다. 그렇지만 그녀는 늘 생각했다.

"나는 찬송가 작사를 하면서 친구들에게 은혜를 베푸는 것이라고 생각해요. 더 중요한 것은, 내가 하나님의 일을 하고 있다는 것입니다. 나에 대한 보상은 그 찬송가를 통하여 하나님께로 돌아오는 영혼의 숫자입니다."

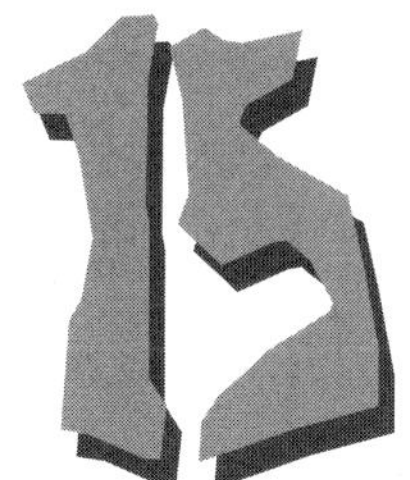

# 일백만 명을 그리스도께로!

## 세계 모든 민족의 애창곡이 되다

**19세기**의 마지막 20년 동안 대중가요의 등급을 매기는 일이 있었다면, 화니의 찬송가 중에 여러 곡이 틀림없이 인기 차트 톱 텐(Top 10)에 들어갔을 것이다. 거의 10년 동안 "주 예수 넓은 품에"(476장)가 온 세상 만인이 좋아하는 애창곡이었다. 그 후 20년 동안 그 찬송가는 200개 이상의 언어로 번역되어 세계의 모든 민족의 애창곡이 되었다.

"예수로 나의 구주 삼고"(204장) 역시도 엄청난 인기를 누렸다. 아이라 생키는 말했다. "그 찬송이 나와 무디가 전도집회에서 사용한 모든 찬송가 중에서 가장 인기 있고 도움이 된 찬송가 중 하나였어요."

그들의 집회에서 가장 많이 부르는 넘버원(Number One) 찬송은 "인

"일백만 명을 주님께 인도해야겠다"는 열망을 깨달았다. 단순하면서도 진지한 가사에 감동받고 회심하는 간증이 이어졌다.

애하신 구세주여"(337장)였다. 이에 대해 생키가 말했다.

"1874년 런던집회 때 우리의 찬송가책에서 이것보다 더 인기 있는 찬송가는 없었습니다. 그 찬송은 펠 몰(Pall Mall)의 여왕폐하 극장에서 매일매일 불려졌어요." 그 곡도 수십 개 나라의 언어로 번역 보급되었다.

**일백만 명을 그리스도께로!!**

전도자들이 미국으로 돌아온 후에 "인애하신 구세주여"는 계속 전도집회에서 가장 인기 찬송가였다. 저명한 뉴욕의 침례교 목사, 다킨(E. I. Dakin) 박사는 그 찬송가가 다른 어떤 찬송가보다도 더 많은 사람들을 그리스도께로 인도하였다고 믿었다.

"저 죽어가는 자 다 구원하고"(275장), "예수 나를 위하여"(144장), "주의 음성을 내가 들으니"(219장), "나의 갈 길 다 가도록"(434장) 같은 찬송가도 굉장한 히트를 했다. 찬송가는 "금실 속에 은실", "매기야, 너와 내가 젊었을 때" 및 "그리운 지나간 여름에"와 같은 애창곡들과 함께, 기독교에서 뿐 아니라 일반 세상에서도 인기가 있었다.

자신의 찬송가가 세계적으로 호평을 받게 되자, 60세쯤 되어 화니는 "일백만 명을 그리스도께로" 인도해야겠다는 열망을 깨닫기 시작하였다. 그녀의 단순하면서도 진지한 가사로 인해서 사람들이 어떻게 감동을 받아 회심하게 되었는지를 간증하는 보고서가 줄을 이었다.

화니는 그녀의 찬송가로 마음이 움직여서 회심하게 되었다는 소식을 듣고 싶어 하였다. 그것은 교만이 아니었다. 하나님께서 역사하신 증거라고 생각했기 때문이다.

"하나님께서는 나에게 놀라운 일을 하라고 주셨습니다. 나에게 말로 다 할 수 없는 축복과 큰 기쁨을 가져다 준 일을 말입니다. 시시때때로 있는 일이지만, 방황하는 영혼들이 나의 찬송가를 듣고 본향으로 돌아온다는 소식을 내가 들을 때 나의 가슴은 기쁨이 넘칩니다. 영혼 구원의 영광스러운 사역에 동참하도록 나에게 은혜를 주신 하나님께 감사를 드리지요."

**전도 효과가 큰 화니 찬송가**

화니의 찬송가는 하나님에 무관심하고 믿지 않는 사람들을 회심시키는 데에 굉장한 역할을 하였다. 뿐만 아니라, 기존 성도들에게도 큰 위로를 주었다.

"당신은 수천수만의 사람들을 즐겁게 하여 인생길을 힘차게 걷도록 하는데 쓰임 받았습니다."라고 생키가 그녀에게 말했다.

어느 날 한 여인이 예배 후에 화니에게 다가왔다.

"아이구, 고마워라, 여사를 이렇게 만나 뵙다니! 내가 죽기 전에 당신을 보게 해달라고 기도했다우. '주 예수 넓은 품에'는 내 어머니가 천국 가기 전에 마지막으로 불렀던 찬송이었어요."

생키는 1885년에 스코틀랜드에서 그와 비슷한 이야기를 가지고 돌아왔다. "주 예수 넓은 품에" 찬송이 위기에 처한 수많은 사람들을 위로하고 회심으로 이끌었던 것이다.

"예수로 나의 구주 삼고"(204장) 역시도 굉장한 전도효과를 거두었다. 한 십대 소년이 불치병으로 입원해 있었는데 "예수로 나의 구주 삼고" 찬송을 불러서 열네 명의 다른 환자들을 주님께로 인도하였었다. 후에 자신의 죽음의 순간이 다가오자 "주 예수 넓은 품에"를 뜨겁게 불렀다. 그의 영혼이 막 떠나는 순간에 그가 부르짖었다.

"엄마, 천사들의 노래 소리가 들려요! 엄마, 영광의 저 들판이 보여요! 엄마, 푸른 바다가 보여요!"

"저 죽어가는 자 다 구원하고"(275장) 찬송은 그것이 비록 그리스도인들을 격려해서 불신자들에 대해 전도용 찬송가임에도 불구하고 수많은 사람들을 회심시켰던 곡이다. 아무 목적도 없이 보워리 선교회 주변을 배회하던 한 알코올 중독자가 어느 날 워터 스트리트 선교회 앞을 지나갔다. 그가 안에서 그 찬송 부르는 것을 우연히 듣게 되었다. 명랑 쾌활하고 힘찬 찬송에 이끌리어 그가 안으로 들어가니 더 잘 들을 수 있었다. 찬송이 끝나자, 그는 주저앉아 회개의 눈물을 흘리며 주께 돌아왔다.

한 영국인은 생키에게 편지를 썼다.

"하나님의 은혜로 그 귀한 찬송가, '저 죽어가는 자 다 구원하고'의 한 소절 때문에 내가 회심하게 되었습니다. 나는 구주로부터 멀리, 아주 멀리 떨어져서 예수님 안의 소망도 없이 살고 있었습니다. 그런데 내가 찬송가 부르는 것을 아주 좋아했는데, 어느 날 이 아름다운 찬송을 만나게 된 것입니다."

술주정꾼이 흥분된 목소리로 말했다.
"내가 당신의 중대장이었소! 당신의 옛 상관을 구원해 줄 수 있겠소?"

그는 특히 이 소절을 인용하였다.

사랑의 마음과 친절로 일깨워
부서진 악기를 다시 울리네

*우리 찬송가 275장 3절에는 이렇게 번역되어 있다.

예수의 구원을 전파할 때에
그 크신 능력을 다 주시네

**전도사역자가 된 술주정꾼!**

어느 날 저녁, 보워리 선교회에 남루한 한 술주정꾼이 비틀거리며 들어왔다. 마침 "저 죽어가는 자 다 구원하고" 찬송을 부르고 있었다. 아마 그가 굉장한 감동을 받았던 모양이다. 설교 중에 강사가 자신의 남북전쟁 경험담을 애기하면서 자기가 근무했던 중대 이름을 말했다.

예배가 끝나자 그 술주정꾼이 비틀거리며 강사에게로 다가가서 말했다. "그 때에 당신이 근무했던 부대의 중대장 이름을 기억하고 있소?"

이에 강사가 그의 이름을 정확히 대답했다.

"그래, 맞아요." 술주정뱅이가 흥분된 목소리로 말했다.

"내가 바로 그 사람이요! 내가 당신의 중대장이었소! 자, 지금의 나를 보시오. 얼마나 비참한 신세가 되어 있는지! 술 때문에 내가 가진 모든 것을 다 잃었소. 이젠 갈 데도 없소. 당신의 옛 상관을 구원해줄 수 있겠소?"

그 술 취한 퇴역군인은 그날 저녁 주님을 구주로 영접했다. 그리고 후에 헌신적인 전도사역자가 되었다. 그는 수차례 강의와 간증을 하였는데, 자신이 회심한 이야기와 자신의 마음이 변화된 것이 "저 죽어가는 자 다 구원하고" 찬송가 때문이었다고 확신 있게 고백했다.

"인애하신 구세주여"(337장) 역시도 수많은 사람들을 회심하게 했다. 생키가 저명한 영국인에 대하여 이렇게 썼다.

"그가 우리 집회를 아주 크게 반대하였는데, 그의 아내가 회심한 것을 보았음에도 그의 반대가 수그러들지 않았습니다."

하지만 그 사람은 아내와 같이 마지막 집회에 참석하기로 동의하였다. 그는 "인애하신 구세주여 … 날 부르소서"라는 가사에 마음이 크게 감동되었다. 그 자신이 "하나님의 성령에 의해 만지심을 받은 것"이라 생각하였다.

화니의 훨씬 덜 알려진 작품들을 통해서도 많은 사람들이 은혜를 받았다. 1870년대 초에 그녀가 하워드 돈과 함께 전차를 타고 가는데 갑자기 영감이 떠올랐다. 곧바로 찬송시를 썼다.

사랑해요, 예수님
누구보다도 더 소중한 주님이셔요.
사랑해요, 예수님
주님만큼 변함없는 친구가 없어요.
내가 잘못할 때 용서해 주시니
주님은 나의 위로, 나의 노래
사랑해요, 예수님
정말로 나의 주님이시니
살든지 죽든지 나는 주님의 것!

**"우리교회 역사상 가장 헌신적인 성도예요."**

돈은 감동을 받고 바로 그날 저녁, 그 가사에 곡을 붙였다. 그것은 1873년에 출판 되어 상당한 인기를 얻었다. 무디와 생키가 영국집회 때 그것을 사용하였다. 한 영국 감리교 목사는 여러 해 후 저녁 예배 때 그것을 구원초청의 찬양으로 사용하였다. 찬양이 끝나자 한 여자분이 자신을 주님께 드렸다. 그녀는 그 교회 역사상 가장 헌신적인 성도 중 한 사람이 되었다. "저는 화니의 찬송가 가사가 제 영혼을 일깨워 준 것으로 생각해요. 제가 예수 그리스도 안에서 느꼈던 기쁨을 다른 사람들도 알고 함께 나누기를 원했습니다."

그녀가 그토록 열심히 주님을 섬긴 결과 일년 후 그녀가 죽기 전에 24명을 전도하여 그리스도께 개인적으로 헌신케 하고 교회에 등록시켰다.

임종 하기 직전, 그녀가 담임 목사님께 부탁을 드렸다. "화니 크로스비에게 그 찬송가 가사를 지은 것에 대해 감사를 전해 주세요."

또 하나 꽤 인기 있었던 찬송가가 있었다. 그 찬송가는 남부에서 한 회심 사건을 일으켰다. 지방의 한 대지주가 신앙 문제에는 무관심했지만, 찬송가 듣는 것을 무척 좋아하였다. 어느 날 밤, 그가 시내에 있다가 지역 교회를 방문하기로 결심하였다. 마침 기도회가 진행되고 있었다. 그는 "주께로 한 걸음씩"(323장)이라는 찬송가 한 곡을 들었을 따름이었다. 그런데 그 곡이 어찌나 자신을 크게 감동시키는지, 그의 마음에서 지워지지가 않았다. 그날 밤 그 가사에 대해 꿈까지 꾸었다. 이튿날, 가사의 의미를 생각해 보고 그의 삶을 천천히 돌아보기 시작했다.

얼마 안 되어 그는 헌신적인 신자가 되었다. 그는 교회로 가서 그 동안 자신이 체험한 것을 말했다. 이 사람이 기독교 신앙에 눈곱만큼이라도 관심을 보이리라고는 꿈에도 생각지 않았던 터라, 그의 변화를 보고 교회 성도들이 소리 내어 우는 자들이 많았다.

### 많은 사람들이 감동하는 이유

1900년경에 피츠버그 영국 국교회는 한 여성이 간증을 하겠다고 앞으로 나오고 있었다. 순간 동요가 일어났다. 영국 국교회에서는 전례 없는 일이었기 때문이다. 몸가짐이 헤픈 여자로서 화들짝 놀란 사제와 교인들 앞에서 그녀는 자신의 삶에 대한 이야기를 하였다.

"제가 우연찮게 한 야외 집회에서 '은혜로 구원 받았네' 라는 찬송을 듣게 되었습니다. 그런데 그 찬송이 제 어린 시절과 끊임없이 엄마가 저를 위해 기도해 준 것이 생각나게 했어요."

무엇 때문에 그녀의 찬송가가
깊은 감동을 주는가? 이 찬송가가 일백만 명을
구원하는 방편이 되게 하소서!

"저는 바닥 위에 무릎을 꿇고 하나님의 용서를 구했습니다."

"나는 그때 그곳에서 하나님의 용서를 받고 나를 한 번도 떠나지 않은 평안을 가지고 그곳을 나왔습니다."

교구 목사는 높은 강단에서 내려와, 두 눈에 눈물을 글썽이는 그녀에게 축복기도를 해주었다. 교인들도 진한 감동을 받아서인지 "주 예수님과 그의 어머니가 여기에 임재하셨다"고 말하였다.

이 단순한 가사에 곡조는 더 단순하게 만들어진 것인데, 무엇 때문에 그 찬송가들이 그토록 많은 사람들에게 깊은 감동을 주었는가? 화니는 그것을 성령님의 역사로 돌렸다. 그녀는 찬송가를 쓸 때마다 찬송을 통하여 수많은 영혼들을 그리스도께로 인도해달라고 기도하였다. 실제로 그녀는 찬송가가 일백만 명을 구원하는 방편이 되게 해달라고 늘 기도했던 것이다.

비록 찬송가가 일급 문학은 아니라 해도, 그것은 굉장한 정서적 효과를 낼 수가 있었다. 그것은 솔직하고, 대체로 어린이도 이해할 수 있을 정도로 단순하였다. 그러면서도 그 당시 대부분의 찬송가들처럼 진부하지가 않았다. 또 친숙한 문구를 사용함으로써 찬송가를 더 생기 있게 하

> 화니의 찬송가에는
> 구주가 친숙하게 언급되어 있다.
> 또 하나님의 강력하고 뜨거운 개인적 관계에
> 대한 믿음이 있다.

였다. "숲 속의 오두막"과 "봄꽃" 같은 용어들은 시에는 전혀 도움을 주지 못하지만, 찬송가에는 성공에 큰 도움이 된다. 화니는 찬송가를 "순수한" 시로 보지 않고 예배를 촉진시키는 의도를 가진, 더 실용적인 것으로 생각하였다.

그래서 그녀는 친숙한 문구들로 찬송가를 채웠다. 예컨대, "만세 반석", "은혜로 구원", "황금빛 해변", "피가 나오는 옆구리" 등이다. 그녀의 찬송가 대부분은 성경말씀을 인용하였다. "산 떡"(요 6:35), "반석에서 솟아 나오는 물"(민 20:11), "내 아버지 집"(요 14:2), 추수 때 거둬들이는 "천사 추수꾼들"(마 13:39), "진주문"(계 21:21) 등등이 그것이다. 이러한 습관에 한 가지 기이한 예외는 그녀가 "여름나라"(Summerland)라는 단어를 사용한 것이었다. 그것은 강신술에서 따온 말로, 행복한 사자(死者)들이 거하는 처소를 지칭하였다.

화니는 찬송가를 "하나님께 드리는 마음의 노래"로 정의하였다. 그래서 그녀의 찬송가는 찬송을 부르는 사람들의 마음에 아주 소중했다. 그녀는 자신의 찬송가를 예배자 자신의 체험과 관련을 지었다. "당신을 위하여 용서가 있다오." "나를 지나가지 마소서." "주께로 내가 옵니다, 주께로 내가 옵니다." 화니는 그녀의 찬송가 대부분을 1인칭으로 써서 부르는 자들이 그 찬송의 사상 속으로 더 깊이 들어갈 수 있게 했다.

**화니 찬송가의 특징**

그녀의 찬송가들에서 가장 두드러진 특징들 중의 하나는 구주가 친숙하게 언급되어 있다는 점이다. 그녀는 로웰 메이슨(Lowell Mason)이 그렇게도 비난하는 "친숙하고 다정한 형용어구"를 사용한다. 현대에 와서도 일부에서는 그녀의 찬송가의 이런 면을 불쾌하게 생각하기도 한다. 그녀가 이러한 접근법을 택한 한 가지 이유는 하나님과의 강력하고도 뜨거운 개인적 관계에 대한 그녀의 믿음 때문이다. 또 기억해야 할 것은, 애정이 오늘날보다 더 공개적으로 인정되었던 정서적 시대에 그녀가 살았다는 점이다. 생키가 찬양할 때는 그의 두 뺨에 눈물이 줄줄 흘러 내렸다. 성도들은 남들의 이목이 있는 공식석상에서 펑펑 울었다.

또 부분적으로는 그녀가 소경이기 때문에 신체적 접촉이 화니에게는 대단한 의미가 있었을 것이다. 그녀는 언제나 모든 사람을 만나면 허그하고 키스하고 "하나님께서 당신의 마음에 복 주시기를 원합니다! 당신을 만나게 되어 너무 기쁩니다!"라고 인사하였다. 보워리 선교회의 부랑자들과 철도 근로자들은 "내 아이들", 캐리와 쥴은 "나의 귀하고 사랑스러운 자매들", 커크패트릭은 "커키", 친구 아델버트 화이트는 "사랑하는 집사"라고 불렀다. 화니가 친척들과 동료들을 정감 있는 말로 표현하였기 때문에 그녀가 구세주를 그와 같은 식으로 부르는 것은 지극히 당연하였다. 결국, 그녀는 어느 누구보다 더 주님을 사랑했던 것이다.

감정 외에도 화니는 반복이라는 장치를 이용하였다. 그녀는 찬송가

> 듣는 자들을 붙잡는 것은 가사였다.
> 그녀는 비판자들을 의식해서 가사를 쓰지 않고
> 일반 보통사람들을 위해 썼다.

전편을 통하여 중심 되는 문구, 단어, 혹은 비유적 표현을 반복하는 경향이 있었다. 그것은 오늘날의 광고 카피라이터들이 잠재의식에 영향을 주기 위해서 사용하는 기법과 동일한 것이다. 예를 들면, "주 예수 넓은 품에 나 편히 안겨서"라는 찬송에서 "안전한"(safe, 우리 찬송가에서는 "편히")이라는 말은 세 소절에서 다섯 번 반복되고 후렴에서도 두 번 나온다. 예배자들은 그 말이 자신들의 마음과 정신과 생각 속에 확고하게 심겨지고 있음을 알아차리지 못하지만, 후에는 잠재의식 속에서 자신들이 예수님의 팔에 편히 안겨서 "안전하다"는 느낌을 갖게 된다.

어떤 사람들은 화니의 찬송가의 성공이 가사보다는 곡에서 나온 결과라고 주장하였다. 하지만 그녀의 찬송가를 통하여 회심한 여러 사례들을 볼 때 그런 주장은 맞지가 않다. 왜냐하면 대부분의 경우, 듣는 자들을 사로잡는 것은 가사였다. 곡은 전달의 수단이었다. 작곡가 로우리 목사는 종종 말했다. "대체로 가사가 곡보다 더 나은 효과를 나타내지요."

그러나 그런 비판이 화니를 괴롭히지는 않았다. 그녀는 비판자들을 의식해서 가사를 쓰지 않고 일반 보통 사람들을 위해 썼기 때문이다. 일반 보통 사람들이 어떤 종류의 찬송가를 가장 잘 이해할 수 있는지를 그녀는 너무 잘 알고 있었다.

# 술주정뱅이가 변하여 기독교 강사가 되다

*Fanny Crosby*

1883년 5월에 브루클린 다리가 개통되었다. 번잡한 뉴욕 시에서 일하는 사람들이 외곽지역 도시인 브루클린으로 통근하기가 꽤나 쉬워졌다. 많은 사람들이 이스트 강(East River) 건너편의 주택을 매입하거나 신축하였다. 그들 가운데 시카고에서 이사 온 조지 콜스 스테빈스(George Coles Stebbins)와 그의 가족이 있었다. 거의 같은 시기에 아이라 생키(Ira Sankey)도 그의 가족을 데리고 시카고에서 이사했다. 젠틀하고 조용한 성격의 스테빈스는 화니의 "가장 헌신적이고 소중한 친구들" 중의 하나가 되었다.

화니는 자주 스테빈스의 집에 초대 받았지만, 두 사람이 생키의 집에서 만나는 경우가 더 잦았다. 흥분을 잘하는 생키는 기질이 화니와 비슷했다. 이후 15년 동안 그녀는 생키의 넓은 거실을 정기적으로 드나들었다. 그녀는 무디 다음으로 생키의 가장 가까운 친구가 되었다.

그녀와 생키는 더 많은 찬송가를 함께 작곡하기 시작했는데, 그 중의 대부분은 생키의 리드 오르간(reed organ)에서 만들어졌다. 생키는 그녀의 시를 자신의 단순하면서도 구슬픈 아름다운 멜로디에 맞춰 작곡하였다. 생키와 피비 내프(Phoebe Knapp)는 그녀가 이때 가장 가까이 지낸 친구였다.

## 멀어져가는 남편과의 관계

1883년 아니면 1884년에 화니는 1번가와 79번가의 주택지구로 이사하였다. 이제는 존 스트리트 감리교회에 출석하기가 너무 멀어서 76번가의 코넬 메모리얼 교회(Cornell Memorial Church)에 자주 출석하다가 결국 등록을 하였다. 그녀가 공식적으로 등록하고 다닌 교회로는 그 교회가 처음이었다. 아마도 자신의 장례식 예배를 인도해 줄 목사님을 확보해 두는 것 말고도, 회중들과 관계를 맺고 교제하는 것이 현명하다고 느껴지는 나이가 됐기 때문인 것 같다.

그녀가 이 때에 여전히 남편 반(Van)과 함께 살았는지는 의문이다. 그가 그녀의 삶에서 더 이상 두드러진 역할을 하지 못한 게 틀림없다. 1882년경에 그 부부는 여전히 함께 살았다. 하지만 서로의 관심사와 친구들의 교제권이 다르고, 또 나이가 들어가면서 육체적인 정열도 식어서인지 두 맹인 음악가는 점점 사이가 벌어졌다. 그들 사이에 명백한 불행은 없었다. 하지만 그들은 서로 함께 하는 자리가 점점 줄었다. 그들은 여전히 서로를 사랑하였다. 그러나 상호 동의하에 둘의 관계가 남편과 아내 관계에서 단순히 좋은 친구 관계로 내려갔다. 그렇다고 다른 곳에서 부정(不貞)의 낌새는 전혀 없었다.

두 맹인 음악가는 점점 사이가 벌어졌다. 그들은 서로 함께하는 자리가 점점 줄었다. 그들은 단순히 좋은 친구관계로 내려갔다.

아이라 생키와 피비 내프 외에 휴와 루이스 메인(Hugh and Louise Main)도 화니의 절친한 친구였다. 1884년 3월 24일에 그들은 처음으로 화니 크로스비의 생일 파티를 열어주었다. 그런데 이것은 비글로우 앤 메인 출판사 사무실에서 연례행사로 자리 잡게 되었다. 20년 동안 약 3천편의 찬송가를 지은 후에 휴는 화니가 연례적인 찬사 그 이상을 받아 마땅하다고 생각했다. 축하파티의 하이라이트는 메인과 생키와 커크패트릭과 로우리와 돈 및 기타 여러 사람들이 그녀를 기리며 쓴 생일 축시의 낭독이었다. 휴의 익살스런 시가 그녀를 매우 기쁘게 하였는데, 그것이 그 뒤에 이어지는 축하행사의 하이라이트였다.

1884년 10월에 무디와 생키는 "기독교 전도대회"를 인도하기 위해 뉴욕에 왔다. 그들은 생키의 집에서 그리 멀지 않은, 브루클린 소재 라파옛 애비뉴 장로교회(Lafayette Avenue Presbyterian Church)에서 집회를 가졌다. 무디는 신자들의 개인 전도에 관심이 많았다. 의미 있는 부흥이 일어나려면 평신도들이 제 역할을 감당해야만 했기 때문이다. 그래서 무디는 개교회들이 정기적으로 부흥회를 개최하도록 제안했다.

화니는 생키와 또 비글로우 앤 메인사를 위하여 계속 찬송시를 썼다. 그녀는 이 때에 커크패트릭, 스위니와 함게 동역을 하면서 아마도 가장 성공적인 찬송시를 쓰고 있었다고 생각한다. 그녀가 "구속적인 사랑의 노래"(1882) 및 "기쁨의 할렐루야"(1887)에 기고한 수많은 찬송가 중에 다음의 것들이 있었다. "예수님 이야기를 들려주세요," "구속 받은 것을 선포하고 싶구나" 및 "우리는 저 위대한 옛 노래가 싫지 않아요." 지금까지 그녀가 그들에게 써 준 가장 성공적인 찬송가는 "그가 내 영혼을 바위 틈에 숨기시네"(우리 찬송가 "오 놀라운 구세주 예수 내 주", 446장)로 커키(Kirkie)가 작곡했다.

### 간증 듣고 변화되다

화니는 가까운 친구인 제리 맥올리(Jerry McAuley)를 잃었지만 선교회 일은 계속 하였다. 이 아일랜드 사람은 한 번도 건강한 적이 없었는데, 선교회 일로 너무 수고를 많이 하여 건강이 극도로 악화되었다. 40대 중반에 결핵을 앓고 있었다. 그러다가 1884년 10월에 예기치 않은 죽음을 맞았다. 샘 해드리(Sam Hadley)가 그의 후임으로 워터 스트리트 선교회 대표가 되었다.

화니는 샘을 알고 존경하였는데, 그의 형인 헨리 해리슨 해드리(Henry Harrison Hadley)를 더 잘 알고 지냈다. 그는 남북전쟁에서 수훈을 세워 "대령님"으로 알려진 사람이었다. 그는 알코올중독 때문에 잘 나가던 법률 업무도 날려버리고 북부 맨해튼(Upper Manhattan)에서 주간 신문을 발행하기 시작했다. 그 신문에 화니가 금주를 지지하는 시를 기고했다. 해드리는 자기가 절주하는 법을 배울 수 있다고 생각했지만, 자기의 타입과 같은 사람들에게는 "절주회"가 아무 소용이 없다는 결론을 내리지 않을 수 없었다. 그가 잠시 술병에서 떨어져 있었지만, 사교 목적으로 술을 마시다가 다시 알코올 중독에 빠지고 말았다. 1886년 여름에는 하루에 40잔 이상을 마셔댔다.

알코올 중독으로 법률업무도 날렸다.
사교 목적으로 술을 마시다 다시 술중독에 빠졌다.
회심한 후, 60개 선교회를 세웠다.

화니는 이 대령님에게 조언을 주려고 최선을 다하였다. 그는 명목상의 영국 국교회 교인으로, "신앙에 관한 독창적인 생각"을 갖고 있었다. 마침내 그는 동생의 선교회에서 알코올 중독에서 치유 받은 사람의 간증을 들은 후 회심하였다.

해드리는 하나님께 기도하였다.

"저의 술맛을 없애지 마시고, 십자가에서 저를 위해 죽으신 그리스도께 대한 감사로 제가 살아 있는 한 '이 갈증'을 참을 수 있게 해주세요."

그는 이튿날 아침에 일어나서 찬양을 하였다. 그는 더 이상 독한 술이나 담배를 피고 싶은 마음이 없어졌다. 16년 후 그가 죽을 때까지 그는 60개의 구제 선교회를 세웠으며, 기독교 강사로서 국제적인 명성을 얻었다.

## 제1회 기독교 사역자 대회

화니는 1886년 여름과 가을에 해드리의 회심뿐 아니라 매사추세츠 노스필드에서 일어나고 있는 일들을 본 것 때문에 말로 다할 수 없는 기쁨을 맛보았다. 1879년에 디. 엘. 무디(D. L. Moody)는 그의 고향에서 연례행사가 된 제 1회 노스필드 기독교 사역자 대회를 개최했다. 무디는 노스필드에서 연구와 휴식을 취하며 여름을 보내기를 좋아하였다. 그곳에는 그의 아름다운 주택이 있었다. 하지만 휴식을 오래 가질 수가 없었다. 얼마 안 있어 그 지역에서 관심 있는 사람들은 누구나 올 수 있게 집에서 공개 사경회를 인도했기 때문이다. 사람들이 너무 많이 와서 집 안으로 들어갈 수가 없었다. 현관에는 창문을 통해 보고 있는 사람들로 북새통을 이뤘다.

이렇게 큰 관심에 힘을 얻은 무디는 기독교 사역자들이 여름마다 일 주일씩 집회를 갖고, 기도와 성경 연구와 사역을 감당키 위해 더 많은 에너지를 충전하는 것이 좋은 아이디어라고 결정하였다. 1879년 9월 제1회 수련회에는 삼백 명이 참석하였다. 노스필드 신학교 기숙사를 숙소로 정하고 열흘간 집회를 가져 "성령론"을 공부하고 여러 기독교 기관들을 위해 기도하였다.

화니는 처음 시작할 때부터 그 집회에 대한 소식을 듣고 있었다. 하지만 1886년이 되어서야 비로소 참석하게 되었다. 그녀는 생키네 가족들과 함께 그들의 여름 별장에 묵었다. 그녀는 천막과 신학교 예배실에서 진행된 수련회에 크게 만족하였다. 무디는 화니가 이따금씩 말씀을 전해

주면 좋겠다고 하였지만, 그녀는 그때마다 거절했다. 또한 오션 그로브(Ocean Grove)에서도 말씀을 전하지 않았다. 그녀가 수련회에 참석한 것은 신앙적인 가르침을 주기보다는 자기 자신이 배우기 위해서였다. 이것이 그녀의 휴가요, 그녀가 일년 내내 끊임없는 이야기와 연설에서 벗어나는 유일한 방법이었다. 이렇게 휴식을 취하는 가운데 거기에서 몇 편의 찬송시를 지었다. 휴가 중이든 아니든 그녀는 언제나 성령님의 감동을 거역할 수가 없었다.

무디와 생키는 극장을 반대했지만, 화니는 반대하지 않았다. 내용이 건전하고 교훈적이라면 세속음악에 잘못된 것이 없다고 생각했다.

그 해 가을, 휴식을 끝내고 그녀는 뉴욕으로 돌아왔다. 그녀는 여느 때와 마찬가지로 즐겁게 찬송가 가사를 쓰고, 또 이듬해에 시연될 감성적인 오페레타 자니(Zanie)를 준비하는데 정신이 없었다. 화니는 유명한 세속음악 작곡자요, 그의 히트송 "금실 가운데 은실"로 이름이 널리 알려진 하트 피스 댕크스(Hart Pease Danks, 1834-1903)에 의해 오페라의 대본 작사자로 일을 하고 있었다.

수많은 동시대인들과는 달리 화니는 극장을 반대하지 않았다. 무디와 생키는 한 번도 관람하러 가지 않았지만, 화니는 내용이 건전하고 교훈적이라면, 연극이나 오페라나 세속음악에 잘못된 것이 없다고 주장했다. 「자니」공연 이듬해에 그녀는 하워드 돈과 합작으로 "산타클로스"라는 제목의 완전히 세속적인 크리스마스 칸타타를 작사하였다. 그 인사말에서 그녀는 강조하였다. "이 칸타타는 불의에 대한 정의의 승리를 그리려는 것으로, 그 안에 종교적인 색채가 스며들어 있습니다."

### 계속 되는 가족들의 슬픈 소식

화니는 가족에 대한 관심이 지대했다. 브리지포트에 사는 여동생 캐리가 과부가 되었다. 간질병 환자인 그녀의 남편 리 라이더가 36세로 1883년 12월에 죽었던 것이다. 캐리는 아직도 함께 사는 연로한 어머니를 위해 집을 마련하느라 자신의 슬픔을 이겨 나갔다.

화니는 자매 중 쥴과 바이런부부에게 더 많은 관심을 기울였다. 바이런의 건강이 점점 나빠지고 있었던 것이다. 심장이 약해지고 있음에도 1887년 봄에 그는 코네티컷 주 뉴 헤이븐에 직장을 얻어서 매일 기차로 80킬로 정도를 통근해야만 하였다. 그것이 너무 과도한 부담이 되어 가을에 직장을 그만두지 않으면 안 되었다. 그는 12월에 50세의 나이로 세상을 떠났다. 화니는 두 제부(弟夫)들을 잃고 크게 상심하였다. 그들 두 사람을 아주 좋아했기 때문이다.

바이런이 죽은 지 한 달도 못되어 이번에는 한 분 밖에 안 계시는 이모, 폴리 데커가 심장마비로 70세에 세상을 떠났다. 폴리 이모는 화니보다 3년 연상으로, 어린 시절에 이모라기보다는 친자매처럼 지내던 사이였다. 다섯 살 때까지 폴리와 늘 함께 놀던 소꿉친구이기도 했다. 그녀의 어린 시절과 연결된 마지막 고리 하나가 영원히 떨어져 나갔다. 잊혀진 지 오래된, 그 옛날 게이빌 시절의 기억 중에서는 한 분만이 남아 계셨다. 아직까지 정정하고 원기 왕성한 88세의 엄마였다.

1889년 3월, 그로버 클리블랜드(Grover Cleveland)가 미합중국 대통령의 임기를 마치고 뉴욕의 메디슨가 자택으로 돌아왔다. 그 후 얼마 안 되어 그가 화니를 집으로 초대하였다. 35년의 공백 후에 뉴욕 맹인학교에서 시작된 우정이 다시 회복된 것이다. 재회의 자리에서 그녀는 대머리에다 이중 턱이 된 옛 친구와 그의 아내 프랑키(Fran-kie)의 따뜻한 영접을 받았다. 클리블랜드가 정기적으로 자주 만나자고 하였다.

1889년에 화니는 40편의 찬송시를 로우리와 돈(Doane)의 공저 "아름다운 성장"(盛裝, Bright Array)에 기고하였다. 하지만 인기를 끈 것은 하나도 없었다. 그녀는 이제 거의 쓸 것을 써버렸다. 그녀의 작품은 아마 여러 해 전에 지었던 것을 대여섯 번씩 바꿔 쓴 것이었을 것이다. 그녀의 찬송시의 질이 점점 떨어지고 있었다. 그러나 비글로우 앤 메인 사는 더 많은 찬송시를 원했고, 화니는 공급해 주었다. 심지어 화니에게 다른 저자들이 지은 인기 찬송가들, 즉 "놀라운 생명의 말씀"(블리스), "축복의 소나기"(휘틀) 같은 작품들을 바꿔 써 달라고 요구까지 했다. 그러나 바꿔 쓴 작품들은 곧 잊혀졌다.

화니는 너무도 많은 찬송시를 썼고, 그 대부분을 기계적으로 빨리 썼기 때문에 자기가 무엇을 썼는지 더러 기억할 수 없었다. 때로는 그녀가 쓴 찬송가가 불려지는데도 알아보지 못하는 경우도 있었다. 그녀는 다음 25년 동안에 고작 대여섯 편의 좋은 찬송가밖에 쓰지 못하였다.

그렇지만 지난 날의 업적과 설교자 및 강연자로서의 평판 때문에 그녀의 명성은 계속 날로 더해갔다. 앞으로 그녀의 가장 효과적인 공헌은 강단에서 나오게 될 것이었지만, 그녀는 언제나 "찬송가 작사자" 및 "복음찬송가의 여왕"으로 알려지게 되었다.

# 화니의 마지막 인기 찬송가

화니의 70회 생일을 축하한 그 달(1890년 3월)이었다. 무디는 1876년 이래 처음으로 대형전도 집회를 위해서 뉴욕에 돌아왔다. 그와 생키가 뉴욕을 강타한 이래 15년 동안 많은 변화들이 일어났다. 언제나 땅딸막한 체구의 무디가 깜짝 놀랄 정도로 뚱뚱해졌다. 그는 너무 뚱뚱해져서 특별 제작한 옷을 입어야만 했다. 그의 거대한 흰 수염과 불그스름한 얼굴 덕에 그는 흡사 산타클로스를 닮았었다.

### 변화의 격랑 속에 선 무디

세월이 많이 흐르자 무디는 외모 뿐 아니라 청중에까지 변화가 생겼다. 그는 더 이상 큰 홀을 얻을 필요가 없었던 것이다. 그 이유는 중년이 되고 더 나이가 든 그의 팬들이 이젠 각 지역 교회들에 다 수용되었기 때 미국이 종교에 관심을 잃었다.
잘 나가던 부흥운동도 우려가 컸다. 어떻게 해야
젊은이들에게 어필할까?

문이다. 참석하는 사람들 대부분이 이미 "구원 받은 사람들"이라는 사실이 전도자를 다소 실망시켰다. 그들이 종교집회에 상습적으로 따라다님으로써 여타 사람들을 밀쳐내는 모습을 보고 그가 크게 불평했다. 그는 10년 전에 인사를 나눴던 똑같은 얼굴을 바라보고 있는 것 같다고 투덜거렸다.

이번에는 생키가 무디를 동반하지 않았다. 아직 50이 안 되었지만 한때는 목소리가 부드럽고 풍부했던 바리톤이었다. 그런데 이제는 한낱 과거의 일이 되어 버렸고, 어쩌다가 한 번씩 노래를 불렀다. 테너인 조지 스테빈스(George Stebbins)가 독창자 겸 찬양 인도자로 사역하였다.

무디는 그의 집회를 "성경 사경회"(Bible readings)라고 불렀다. 거기서 그는 미국이 종교에 대한 관심을 잃어가고 있다고 개탄하였다. 1850년대에 시작하여 1870년대에 피크에 이르렀던 부흥운동이 그 달려갈 길을 다 달렸기에 무디는 크게 우려하였다.

"어떻게 하면 종교가 젊은이들의 입맛에 더 어필할 수 있을까" 하고 그는 고민하였다. 1890년에 마블 협동교회(Marble Collegiate Church)의 강단에서 그는 목사들에게 설교를 더 짧게 할 것과 예배에 더 많은 활력을 불어넣으라고 촉구하였다. 목회자는 결치레 타이틀인 "레버렌드"(Reverend)라는 명칭을 사용하지 말아야 한다고 말했다. 그것은 그리스도에게만 사용되어야 할 명칭이기 때문이다. 목사는 여느 사람과 마찬가지로 "미스터"라는 명칭으로 만족해야 한다는 것이다.

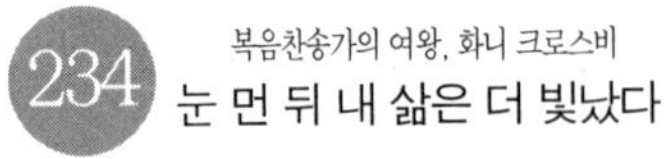

화니는 집회에 참석했다. 그렇지만 말씀을 전해 달라거나, 강단에 오르기만이라도 해달라는 무디의 모든 요청을 거절하였다. 그런데 화니가 어느 한 집회에 참석했는데 교회당이 사람들로 꽉 차서 앉을 자리가 없었다. 그녀가 포기하고 떠나려는 순간, 무디의 아들 윌(Will)이 자리를 찾아주겠다고 말했다. 그가 그녀를 모시고 성단소로 해서 연단 위로 오를 때 회중들은 "예수로 나의 구주 삼고"(204장)를 부르고 있었다. 전도자가 일어서더니 그의 손을 들어 찬송 부르는 것을 중지시켰다.

"할렐루야, 주님을 찬양합니다! 오늘 이 자리에 바로 이 찬송의 작사자가 나오셨습니다!"라고 그가 소리쳤다. 화니가 연단 위의 자리를 피하기에는 너무 늦었다. 그래서 그녀는 우레 같은 박수갈채와 환영 속에 자리를 잡고 앉을 수밖에 없었다. 그녀는 이 사건을 기분 좋게 받아들였다.

### 엄마의 죽음

5월에 그녀는 브리지포트로 갔다. 30일에 씨사이드 파크(Seaside Park)에 모인 전몰장병기념일(Decoration Day) 참석자들에게 연설을 하였는데, 북군의 육해군 재향군인회 지부를 위해 쓴 시를 낭송하였다. 그녀의 출연은 아주 성공적이어서, 앞으로도 초청하여 연례행사로 갖기로 하였다. 그녀의 남은 생애 동안 전몰장병기념일의 축사와 축시는 브리지포트에서 하나의 관례가 되었다. 70세의 나이에도 그녀는 여전히 나이 지긋한 노병들과 그 가족들의 심금을 울려 눈물을 뿌리게 하였다.

그 이튿날(1890년 5월 31일), 화니는 모친의 91회 생신을 축하해 드렀다. 머시의 생일은 그녀의 사랑하는 가족들에게 항상 연중 최고의 날이었다. 워싱턴가의 아파트에서 캐리와 함께 살고 있는 머시는 아직도 겉으로는 건강이 좋았고 신체 기능도 지극히 정상이었다. 그녀 주변에는 많은 친척들이 함께 살고 있었다.

그 해 여름 엄마는 통증이 심한 병에 걸려 입원했다. 상태가 절망적이라는 진단이 나왔다. 9월 1일 해질녘에 화니와 캐리와 쥴이 지켜보는 가운데 머시는 저 천국으로 가셨다. 엄마의 죽음 이상으로 화니의 마음을 슬프게 한 것은 두 여동생들의 행동이었다. 머시가 반세기 전에 브리지포트로 이사 올 때는 가진 재물이 아무것도 없었다. 하지만 죽을 때는 "뭔가 조금" 가진 게 있었다. 그런데 어머니는 아무런 유언을 남기지 않고 돌아가셨다. 동생들은 자기네가 "유일한 상속자요 가장 가까운 친족"이라고 주장하면서 유산을 신청하였다. 화니는 이런 사실을 다 알고 있음에도 이의를 제기하지 않았다. 법원에서는 어머니의 전 재산을 두 여동생들 몫으로 판결했다. 화니는 이것을 아무런 쓴뿌리 없이 받아들였다. 하나님께서 그녀의 필요를 공급해 주실 것을 믿었고 그것으로 충분했다.

화니는 그 해에 '죽음'에 관해 깊이 생각할만한 충분한 이유가 있었다. 첫째 엄마가 세상을 떠났고, 그 다음해에 사촌인 하워드 박사가 별세했다. 7월에 브리지포트에 사는 질녀손 클레어 모리스(Clare Morris)가 성홍열로 하늘나라로 갔다. 화니가 충격에서 채 회복되기 전에, 9월에 조셉 내프(Joseph Knapp)가 피비와 함께 유럽여행에서 돌아오다가 항해 중에 갑자기 죽었다는 소식을 들었다.

이러한 슬픔과 고통 속에서도 화니는 여러 명의 좋은 친구들이 있어서 감사하였다. 아이라 생키, 피비 내프, 하워드 돈 같은 사람들이 있었다. 한편, 1890년대에 그녀는 두 사람과 큰 우정을 쌓기 시작하였다.

코넬 감리교회(Cornell Methodist Church)에서 그녀는 부목사인 게르하르트 요한네스 실링(Gerhard Johanness Schilling)과 친밀한 우정을 쌓아갔다. 독일 태생인 실링은 버마(현, 미얀마)에서 회심을 했는데, 회심한 후 직장을 잃고 뉴욕으로 와서 신학교에 입학하였다. 그녀보다 40년 아래인 실링은 매 주일과 수요일 저녁에 "화니 아줌마"를 그의 마차에 태우고 교회를 왕래하였다. 그는 그녀의 찬송가를 알고 사랑하게 되었다. 1894년에 그의 미국인 아내와 함께 실링은 버마 선교지로 떠났는데, 거기서 그는 토착민 언어로 성경을 번역하고 찬송가를 작사하였다. 그는 화니를 가리켜 그에게 "영감을 주는 분"으로 칭송했다.

화니는 또한 엘리자 에드먼즈 히윗(Eliza Edmunds Hewitt) 여사를 알게 되었다. 1851년에 필라델피아에서 태어난 엘리자는 때로는 리다(Lida)로 불리기도 했는데, 몇 년간 교편을 잡았지만 고통스러운 척수무력증을 앓게 되었다. 여러 해 동안 병상에 누워 있다가 건강을 회복하여 교회 사역자가 되었다. 그녀는 윌리엄 커크패트릭의 관심을 사로잡은 신앙시를 쓰기 시작했고, 또 스위니와 함께 그녀의 시 몇 편에 곡을 붙였다. 세월이 흐르면서 엘리자는 1,500편의 찬송시를 커크패트릭과 스위니에게 제공하였다. 90년대 중반까지 그녀는 널리 인정된 복음찬송가의 여왕인 화니 크로스비의 궁전에서 위대한 여자 공작 중 하나가 되었다.

더 인기를 끈 찬송가가 곧 탄생했다.
사촌 목사가 죽기 전에 남긴 설교에 감동을 받았다.
그때 영감 받아 '후일에'가 탄생됐다.

### 마지막 인기 찬송가 탄생!

1891년 화니는 다시 자신의 시상(詩想)을 가다듬어 두 편의 찬송시를 썼다. 그리고 큰 성공을 거두게 되었다. 연초에 스위니가 "뭔가 좀 부드럽고 감상적인 것"을 써달라고 요청했다. 그러나 그는 도저히 부드럽고 감상적이라 할 수 없는 곡을 제의하였다. 그것은 "그녀는 산을 돌아올 거예요"와 거의 흡사하게 들리는, 기운차고 브라스밴드에 맞는 노래였다. 화니는 적합한 가사를 달라고 기도했다. 마침내 그녀는 '생각의 열차'(일련의 생각) 속으로 들어가서 "내 구주가 최고라네"라는 가사를 짓게 되었다. 몇 년 안 되어 영국과 미국의 거의 모든 사람들이 그 곡을 알고 부르게 되었다.

그보다 더 인기를 끈 찬송가가 얼마 안 되어 탄생하게 되었다. 1891년 3월에 장로교회 목사인, 화니의 사촌 하워드 크로스비가 65세에 폐렴으로 별세했다. 그 후 얼마 안 있어 루시우스 비글로우(Lusius Biglow)가 크로스비 박사의 마지막 메시지가 들어 있는 팸플릿을 그녀에게 읽어 주었다. 그것은 그리스도인은 죽음을 두려워할 필요가 없다는 설교였다.

"만일 우리 각 사람이 그리스도께서 우리에게 주신 은혜에 신실하다면 우리에게 어떻게 살 것인가를 가르쳐 주는 그 동일한 은혜가 또한 우리에게 어떻게 죽을 것인가도 가르쳐 줄 것입니다."

화니는 그 마지막 메시지에 큰 감동을 받았다. 그리고 "후일에"라는 시를 썼다. 그것은 그녀의 최고의 찬송가 6, 70곡을 썼을 때처럼 "신적인 영감"을 받아서 불과 몇 분 만에 썼다. 그녀가 그것을 비글로우에게 넘겨주자, 그는 여느 때처럼 2달러를 지불하고 원고를 그의 캐비닛에 넣어 두었다. 이후 3년 동안 "후일에"는 그만 땅에 묻혀버릴 운명에 처할 뻔했다. 그러나 일부를 약간 고쳐서 저 유명한 "은혜로 구원 받아"(우리 찬송가에는 "후일에 생명 그칠 때", 295장) 찬송이 나오게 되었다.

1894년에 스테빈스는 화니의 "마음의 노래"에 곡을 붙일 기회가 생겼다. 화니가 매사추세츠 주 노스필드에서 생키씨 가족들과 여름을 보내고 있었다. 무디네 가족은 그 해 여름 유럽에 있었고, 노스필드 성경사경회는 뛰어난 침례교 목사이자 작가인 아도니람 저드슨 고든(Adoniram Judson Gordon) 박사가 인도하였다. 그의 강의 중 하나가 성령론이었다. 그의 강의가 끝나자 생키가 화니에게 와서 물었다.

"화니, 한 마디 좀 하시겠어요? 회중들 가운데 당신이 말씀해 주시면 좋겠다는 요청이 들어와 있습니다."

"아니에요, 생키씨. 나는 이런 재능 있는 분들 앞에서는 한 마디도 할 수 없어요!"

그러자 고든이 덧붙였다.

"화니씨, 당신은 사람을 기쁘게 하려고 말씀을 전합니까, 아니면 하나님을 기쁘시게 하려고 하십니까?" 그 말이 그녀의 양심을 찔렀다.

"물론, 하나님을 기쁘시게 해드리길 바라지요!"

"그렇다면 좋습니다." 고든이 말했다.

"앞으로 나가셔서 할 일을 하세요."

성경 낭독대로 올라가서 화니가 몇 마디 한 다음, 자신의 "마음의 노래"인 "후일에 생명 그칠 때"라는 시를 인용하였다.

후일에 장막 같은 몸 무너질 때는 모르나
정녕히 내가 알기는 주 예비하신 집 있네

그녀가 다 끝마칠 때, 강당 안에 눈물을 흘리지 않은 사람이 하나도 없었다. 생키가 그 시를 스테빈스에게 보내자, 그가 화니에게 후렴을 써달라고 부탁했다.

내 주 예수 뵈올 때에 그 은혜 찬송하겠네

그는 그것에 느린 곡을 붙였다. 비록 곡조가 아주 섬세하거나 아름답지는 않지만, 이 곡은 전세계 그리스도인들 가운데 애창곡이 되었다. 무디는 그 찬송가를 듣자마자 집회에서 사용하기 시작했다. 게이 나인티스(Gay Nineties)가 부른 히트송으로서, 모든 사람들의 입술에서 흘러 나왔다. 그것이 화니의 마지막 인기 찬송가가 되었다.

# 화니의 인기비결

"복음 찬송가의 여왕"으로 불리는 노쇠하고 작은 이 여인이 1890년대 맨해튼 거리에선 유명한 인물이었다. 그녀는 항상 얼굴에 미소를 띠우고, 친구의 손을 한 번 잡으면 안 놓아주는 사람으로 통했다. 허리가 굽고 몸은 구부러졌으며, 숱이 적은 흰 머리 위에 브라운색의 곱슬머리 가발을 착용하고 있었다. 그녀의 긴 웃옷과 보닛의 스타일은 1840년대식이었다.

하지만 그녀의 에너지, 열정, 정신적 예민함, 삶의 향유, 유머감각은 75세의 나이 많은 여성답지 않아 보였다. 외관은 초췌했어도, 열여섯 살 때와 비교해 전혀 달라진 것이 없는 것에 아주 만족하였다. 그녀는 자신보다 40년이나 더 젊은 사람들일지라도 지치게 했을 만큼 일련의 활동들을 계속 잘 수행했다. 75세의 나이지만 아직도 일주일에 두세 편의 찬

75세의 나이에도 일주일에 두세 편의 시를 썼다. 또 사회에서 버림받은 자들을 자기 몸을 아끼지 않고 섬겼다.

송시를 출판사에 보냈고, 스위니와 커크패트릭에게도 써주었다. 그녀는 여전히 보워리, 워터 스트리트 및 크레몬(Cremorne) 선교회와 희망의 문(Door of Hope) 선교회에서 술주정뱅이들, 마약 상습복용자들, 사회에서 버림 받은 불쌍한 사람들을 교화시키는 일에 몸을 아끼지 않고 헌신적으로 수고하였다. 그녀의 시간은 YMCA 철도 지부 및 여러 지방 도시의 교회와 회관에서 연설과 강의 요청이 항상 예약되어 있었다.

잠깐 짬이 생겨도 난롯가에 앉아 쉬는 법이 없었다. 생키, 피비, 다른 여러 친구들과 함께 지적인 자극을 주는 대화를 나누거나 음악을 들었다. 그녀가 누구와 이야기를 할 때도 늘상 뜨개질이나 재봉질을 동시에 하였다. 그건 그녀의 손에 뭔가가 늘 놓여 있지 아니하면 안정이 되지 않았기 때문이다.

1896년에 화니는 브루클린으로 이사해서, 라파옛 애비뉴의 어느 허름한 곳에 방 한 칸을 혼자 얻었다. 생키와 스테빈스 집에서 그리 멀지 않은 곳이기에 그들이 정기적으로 잠깐씩 방문했다. 남편 반(Van)은 브루클린 사우스 3번가, 고급 아파트에서 그의 친구인 언더힐 가족들과 함께 기숙하고 있었다. 화니는 이 좋은 친구들을 자주 방문했다.

### 종교적 열정이 식어가는 시대

무디가 더 많은 불신자들을 그리스도께로 인도하기 위해 맨해튼에 도착하였다. 기독교 사역자들은 팀북투나 캘커타의 거리에 못지 않게 뉴욕과 워싱턴의 거리에도 수많은 이교도들이 있다는 것을 인식하기 시작했다. 그래서 무디는 1876년부터 최대 규모의 전도집회를 약속했다.

> 그는 최대 규모의 전도집회를 약속했다.
> 그런데 뜨거웠던 종교적 열정이 가라앉기 시작했다.
> 더구나 무디식 집회를 의문시했다.

그런데 1850년대 말부터 그 이후 20년 동안 두드러지게 나타났던 거의 미친 듯한 종교적 열정이 80년대에는 차츰 가라앉기 시작했다. 20세기가 다가오자 대중들은 종교에 미온적이었다. 이른바 많은 사람들이 부를 쌓는 일에 전심전력하는 "길드시대"(Gilded Age, 19세기말의 미국의 호황시대 - 역자주)가 된 것이다. 이제는 종교적 신앙에서 위안을 찾는 것이 아니라 점점 사회주의, 공산주의, 무정부주의에서 위안을 찾으려 하였다.

무디는 1876년에 그를 환영했던 열렬한 지지자들 중 극히 일부 사람들로부터만 환영을 받았다. 유명한 목사 한 분은 무디의 지난 날 전도집회가 교회 출석수에 실질적 증가나 영구적 증가를 가져다주었다는 증거가 없다고 주장하면서, 앞으로 있을 11월 전도집회가 지역 교회들에 도움이 될 것인지 또한 바람직한 것인지 의심스럽다고 말했다. 다른 사람들도 뉴욕 지역의 신앙 부흥이 절실하게 필요하다는 것은 믿지만, 무디식 부흥집회가 그런 요구를 충족시킬 것인지에 대해서는 의문을 품었다.

11월 8일, 반백의 부흥 전도자가 카네기 뮤직홀에서 전도 집회를 시작했다. 그는 회심하지 않은 불신자들에게 말씀을 전할 목적이었다. 하지만 1890년의 그의 "성경사경회"에서 그가 탄식했던 전형적인, 교회 다니는 중년의 청중들에게 설교하게 되자, 그의 마음이 확 바뀌었다. 그들이 기독교 신앙보다는 세상일에 더 열심을 낸다는 점을 분명히 지적하였다. 그리고 그들에게 사회적 행동이 부족하다고 신랄히 꾸짖었다.

"여러분의 마차를 내보내어 이따금씩 공원에서 가난한 사람들을 태워 주십시오. 그러면 그들이 여러분을 천사라고 부를 것입니다. 틀림없습니다."

무디는 사회악을 해결하기 위해 노력하는 것에 관심을 갖기보다는 개인들에 더 많은 관심을 보였다. 개인들이 변화되기 전에는 사회가 변화될 수 없을 것으로 생각했다.

그 다음 며칠간은 무디가 지역 교회들을 찾았다. 그는 이들 교인들이 부흥의 불꽃을 퍼뜨리는 화이어 센터(fire center)로서 행동해 주기를 원하였다. 적어도 대도시에서는 대중 집회를 통해서 그리스도께로 인도할 수 있는 사람이 거의 없다는 것을 깨닫기 시작했던 것이다. 그의 지지자들이 임대한 커다란 강당은 주로 이미 신자가 된 사람들로 채워질 뿐, 전도하기 원하는 무관심한 자들, 즉 "불신자들"로 채워지지가 않았다. 그렇지만 지역 교회 목사들과 교인들이 협력한다면 뉴욕의 모든 사람들에게 복음이 전해질 수 있다고 확신하였다.

그는 목사들이 축호전도를 하기 원했다. 목사와 교인들이 기도와 토론과 헌신을 위해 친한 이웃끼리 작은 "구역 모임"(cottage meeting)을 갖기 원하였다. 교구 사람들은 그들의 불신 친구들이 교회에 나오도록 밖에 나가서 전도하려 하지 않고 마블협동교회에서 열리는 무디의 첫 번째 "화이어 센터" 집회에 참석하려고 떼 지어 몰려들었다.

> 사태는 점점 악화되어 갔다.
> 연단에 올랐는데 예배당은 텅 빈 거나 다름없었다.
> "사람들이 다 어디에 있지요?"

**"무디가 누구요?"**

이번에는 생키가 무디와 함께 하였다. 그러나 그의 매력은 상당히 사라져 버렸다. 혹자가 그를 가리켜 "눈언저리가 축 늘어지고 부풀은 주름살이 생긴, 굉장히 성마른 사람"으로 묘사하였다. 그의 제스처는 "사람을 살살 녹였으며" 그가 망가진 목소리로 노래를 부를 때 "빛이 나는 태도로" 눈을 희번덕거렸다.

무디는 맨해튼 도심의 교육기관인 쿠퍼 유니온(Cooper Union)으로 집회 장소를 옮겨 그곳 대강당에서 또 한 번 대중 집회를 시도하였다. 여기서 그는 성경의 많은 부분을 가짜로 처리하거나, 신화나 전설로 취급해 버리는 성경의 "고등 비평"에 대해 맹공을 퍼부었다.

무디에게 사태는 점점 악화되어 갔다. 쿠퍼 유니온에서 여러 번 대중 집회를 가진 후에 그는 집회 장소를 14번가와 2번가의 낡은 적갈색 사암(砂巖) 예배당으로 옮겼다. 그가 첫 번째 메시지를 하려고 연단에 올라섰는데, 예배당은 텅 빈 것이나 다름없었다.

"사람들이 다 어디에 있지요?" 그가 당황하며 물었다.

그 교회 목사가 어깨를 으쓱해 보이며 시큰둥하게 말했다.

"거리에 있지요."

무디는 그 목사가 청중을 모아야 하는 자신의 역할을 다하지 못했다 생각하고 화를 냈다.

"그래요? 그럼 왜 나가서 사람들을 데려오지 않는 거요?" 하고 고함을 질렀다.

그는 그 목사와 다른 여러 목회자들이 밖에 나가서 더 많은 사람들을 몰아올 때까지 예배를 지연시켰다. 그들은 미친 듯이 구석구석을 뒤졌지만, 아무도 관심을 보이지 않았다. 마침내 그들 중 두 사람이 한 술집에 들어갔다. 서 있는 사람들에게 수줍은 듯이 물었다.

"2번가 코너에 있는 교회에서 부흥 집회가 있는데, 오셔서 드와이트 무디(Dwight L. Moody)의 설교를 한 번 들어보지 않으시렵니까?"

"무디가 누구요?"

그들 중의 한 사람이 친구들과 계속 술잔을 들면서 투덜거렸다.

무디는 뉴욕시를 복음화 하려는 1896년 전도집회에서 "완전한 패배"를 인정하지 않으면 안 되었다. 구휼(救恤) 선교회를 운영하는 그의 많은 친구들과 같이 그는 웬일인지 대중들에 대한 그의 영향력을 잃어가고 있음을 피부로 느껴야만 했다.

화니의 찬송가 "후일에 생명 그칠 때"(295장)가 이 노인에게 위안이 되었다. 그는 거의 모든 예배에서 그 찬송가를 불렀다. 어떤 때는 하루 밤에 세 번씩 계속 부르기도 했다. 그 찬송가를 부를 때 노 설교자는 그의 두 뺨에 눈물을 흘리면서 멍한 눈으로 앉아 있곤 하였다.

그는 화니를 위해 수입을 보장해 줄 뭔가를 결심했다. 갈수록 화니의 일거리가 적어지고 수입도 줄어들었다.

## 화니를 위한 도움의 손길들

바로 이 시기에 하얀 수염을 하고 귀가 안 들리는 로우리(Lowry) 박사가 화니의 만년을 위해 수입을 보장해 줄 뭔가를 하기로 결심하였다. 찬송가와 찬송가책에 대한 수요가 점점 감소하고 있었다. 그와 돈은 그들의 마지막 작품이 될 "왕의 찬송가집"(The Royal Hymnal)을 준비하고 있었다. 이 마음씨 고운 박사님은 날이 갈수록 화니가 일거리가 적어지고 수입도 줄어들 것을 예상하였다. 실제로 일 년에 400달러 이상을 벌어본 적이 없었다. 이것은 그 당시에도 적은 액수였다.

그래서 로우리는 화니가 또 한 권의 시집인 "저녁종"(Bells at Evening)을 발간하도록 하였다. 로우리가 쓴 뛰어난 약전(略傳) 외에 그 안에는 이젠 절판된 지 오래된 화니의 이전 작품 세 권에 실린 시들이 들어 있었다. 또한 세속적인 시들과 화니가 자신의 찬송가 중 최고의 찬송가라고 생각하는 것들도 포함되었다. 224쪽의 "저녁종"은 권당 50센트로 팔렸는데, 비글로우 앤 메인 출판사는 모든 이익금이 화니에게 돌아가도록 조처하였다. 책의 판매가 순조로워 여러 판을 거듭하였다.

어떤 사람들은 화니가 아직도 자신의 위대한 저작에 대해 충분한 보상을 받지 못한다고 생각하였다. 많은 사람들은 그녀의 동료들처럼 그녀도 부유해야 한다고 주장하였다. 무디는 노스필드에 멋진 집이 있었고,

생키는 브루클린에 아름다운 집과 노스필드에 여름 별장까지 갖고 있었다. 그런데 왜 화니는 친구들처럼 부유해서는 안 된단 말인가?

아마 이때 그녀의 친구 중 가장 부자인 피비 내프가 뭔가를 하기로 특별한 결심을 하였다. 화니가 금전적인 선물을 받아들이도록 설득할 수가 없자, 그녀는 인기 있는 감상적인 시집을 여러 권 낸 저자요 "에브리웨어"(Every Where) 잡지사의 편집장인 윌 칼레톤(Will Carleton)과 교섭을 하였다. 그도 화니를 알고 지낸 지 여러 해가 되었고, 그녀를 아끼고 존경하였다. 피비는 그에게 화니의 구술한 것 중 그녀의 어린 시절 이야기를 정리하여 그것을 시리즈 형태로 "에브리웨어" 잡지에 연재하자고 제안하였다. 칼레톤은 그렇게 하기로 동의했다. 연재물에서 얻어지는 이익금 중 일부를 화니에게로 돌려서, 그녀가 자선금을 받는다는 느낌이 들지 않고도 재정 상태가 나아질 수 있도록 배려하였다.

칼레톤 편집장은 "세계의 사랑을 받는 찬송가 작사자"가 살고 있는 생활상에 충격을 받았다. 그녀가 실제로 궁핍하지는 않았지만, 가난한 브루클린 동네에 거주하는 그녀의 단칸방은 그녀의 명성에 걸맞지 않다고 생각하였다.

칼레톤은 그녀의 "따로따로 독립된 이야기들" 중에서 그녀의 인생 스토리를 엮어 냈다. 그는 기사를 작성하여 그녀의 허락을 받고 여러 달에 걸쳐 잡지에 연재했다. 매 기사당 10달러를 그녀에게 지불하였다.

휴 메인과 하워드 돈 및 비글로우 앤 메인 출판사의 사람들은 칼레톤이 넌지시 비추는 것 때문에 기분이 상했다. 또한 피비 내프도 그들이 화니에게 충분한 작사료를 지불하지 않는다고 주장하였다. 그들은 분개하여 화니가 칼레톤의 연재에서 받는 것보다 "저녁종"에서 훨씬 더 많이 받는다고 지적하였다. 칼레톤이 화니를 재정적으로 도와주기는커녕, 경쟁을 조장하고 시집에서 나오는 수입이 잡지 연재에서보다 더 많을 것인데, 책 판매를 감소시킴으로써 오히려 해를 끼치고 있다고 정당하게 지적하였다. 이것이 돈과 메인 및 칼레톤과 피비 간 싸움의 발단이 되었다. 몇 년 안 되어 절정에까지 이르게 되었다.

누구도 그녀의 본심을 몰랐다.
화니가 좋아서 가난하게 산다는 걸 알지 못했다.
오히려 남에게 전부 주어버렸다.

### "저는 너무 많이 받고 있어요"

어느 누구도 화니의 본심을 몰랐다. 화니가 좋아서 가난하게 산다는 것을 인식하지 못했다. 화니는 친구들의 노력에 감사하긴 했지만, 스스로 부유하게 살기를 원치 않았다. 그녀는 비글로우 앤 메인사에 더 많은 보수를 달라고 주장할 수도 있었다. 또 그녀보다 유명하지 않은 많은 찬송가 작사자들도 10달러까지 요구하였다. 그러나 그녀는 최소한의 돈에 만족했다. 또 강연자로서 자신의 수고에 한 번도 값을 매기지 않았다. 더구나 종종 사례비마저 거절하기까지 했다. 돈을 받지 않으면 안 될 경우에는 언제나 겸손하게 말했다.

"저는 너무 많이 받고 있어요."

그녀는 실제로 자기가 받은 돈 전부를 남에게 주어 버리고, 먹을 것이나 집세나 그밖에 필요한 것은 무엇이든지 그날그날 하나님께 구하였다.

무디는 출판사 사장인 메인에게 화니를 위해 한 가지를 제안하였다.

"화니에게 찬송가 편당 2달러를 지불하지 말고, 정기적으로 주급 8달러를 지불하는 게 어떻겠소?"

그의 제안에 메인도 동의하였다. 이것은 연간 416달러에 달하는 것으로, 그녀가 찬송가 편당 지불 받아 온 것과 거의 같은 금액이었다. 그러나 무디와 메인은 앞으로 가면 갈수록 찬송가 편수가 더 줄어든다 할지라도 안정적인 수입을 보장해 준다는 것이었다.

화니의 친구들이 염려한 것은 그만한 이유가 있었다. 그녀는 80에 가까웠고, 얼굴도 많이 나빠져 있었다. 그녀가 혼자 살기를 고집한다는 사실이 친구들과 가족들을 모두 염려하게 했다. 브리지포트에 사는 여동생들이 언니에게 북부에 와서 함께 살자고 권했지만, 거절하였다.

이 시기에 한 번은 그녀가 무디의 집 계단에서 넘어져 심하게 다쳤다. 회복을 하긴 했지만, 곧 브루클린에서 심장마비를 일으켜 얼마동안 그녀의 생명이 어려움에 처했다. 여러 날 동안 부분적인 혼수상태에 빠졌었다. 다행히도 완전 회복을 했으나 휴식을 취해야 한다는 친구들과 의사들의 간곡한 요청을 그녀는 거절하였다.

### 계관시인의 문화강좌

화니는 하루 빨리 뉴욕의 야간 선교회에서 전에 하던 사역을 다시 시작했다. 또한 동반자는 필요 없다고 우기면서 뉴잉글랜드 지역을 순회하며 강의를 계속하였다. 1897년 여름에 그녀는 어린 시절에 뛰놀았던 현장을 재방문하였다. 아마 그녀가 맹인학교에 다니기 위해 고향을 떠난 이래로는 처음이었다. 게이빌 인근 카멜(Carmel)에 있는 드류 신학교(Drew Seminary)의 여성 졸업예정자들에게 연설해 달라는 초청을 받고, 그녀는 어린 시절 고향에 대한 추억얘기로 청중들을 즐겁게 했다.

8월에 그녀는 한 번 더 뉴욕 중심부를 여행하였다. 튤리호(Tully Lake)의 쇼터쿠아 서클(Chautauqua Circle)의 계관시인으로 지명되자, 그녀는 그들의 하계 문화강연회(Round Table)에 참석하여 적어도 한 번은 시에 대한 주제 강연을 하기로 약속하였다. 그 당시에 잘 되고 있는 약 100군데의 쇼터쿠아 센터들 중에 하나인 시라큐스(Syracuse) 인근, 튤리호의 어셈블리 파크(Assembly Park)에서 청중들은 다양한 분야에서 온 강연자들과 연기자들로부터 가르침도 받고 즐거운 시간을 가졌다. 햄릿(Hamlet)을 낭독하기도 하고, 시라큐스 안과 의사의 강의도 있고, 최근 일본을 여행하고 돌아온 여성의 강연도 있고, 지역의 테너 가수의 독창도 있었다. 전국적으로 유명한 시인인 화니는 단연코 인기 만점의 스타였다.

놀랍게도, 그녀가 매일 낭송하는 것 외에 그녀는 구휼선교회, 주(州) 박람회, 인디언보호구역, 엘름우드 농민공제조합(Elmwood Grange), 양로원 및 교회와 같은 인근 여러 곳에서 강연해 달라는 약속을 다 지켰다. 어떻게 하다 그녀가 튤리호에서 휴식을 취하게 되었다. 엘리자 히윗(Eliza Hewitt) 여사가 해마다 하계 문화강연회에 참석하여 그녀의 동반자가 되어 주었다. 화니는 여기서 거의 여동생이나 다름없는 한 여성과의 우정을 마음껏 누렸다.

화니는 아무리 정신없이 바빠도 찾아오는 "순례자들"을 환영하지 않는 법이 없었다. 그녀를 모시고 있는 집주인, 존 로버츠(John Roberts) 가족들은 그녀가 시와 연설문을 준비할 시간이 필요함을 알고 저녁마다 끊임없이 찾아오는 방문객들을 따돌리려고 애썼다. 하지만 화니는 동의하지 않았다. 그녀는 무슨 일을 하고 있던지 간에 하던 일을 일단 멈추고 찾아 온 순례객들과 함께 시간을 보내곤 하였다.

1898년 1월에 무디가 두 달간의 전도집회를 위해 뉴욕에 왔다. 그의 카네기 홀 집회는 불신자들을 회심시키기보다는 이미 신앙생활 하고 있는 신자들을 깨우치고 힘을 주기 위함이었다. 현대 도시에서 이웃이나 불신자 친구들에게 복음을 전해야 할 사람은 바로 개개인 신자들이라고 그는 결론을 내렸다.

무디는 나이가 61세였지만, 70은 더 넘어 보였다. 체중이 너무 많이 나가는데다 수종증에 움직이기 힘들고, 종종 숨까지 헐떡거렸다. 그는 죽음에 대한 이야기를 많이 하였다.

처음에는 집회마다 사람들로 꽉 찼다. 주로 나이 든 여성들로서 예배 도중에 발작적으로 흐느끼기도 했다. 생키는 함께 하지 않았다. 찬양인도는 보워리 선교회의 젊은 오르가니스트 빅터 벤케(Victor Benke), 시카고의 솔리스트 벌크(J. H. Burke), 뚱뚱하고 얼굴빛이 창백한 병든 존 스위니(John Sweney)가 공동으로 맡았다.

전도집회는 3월 20일에 끝났다. 그런데 이번엔 무디가 너무도 지쳐보였다. 시작은 잘 하였으나 청중들이 점점 줄어들어 홀이 거의 비다시피 했다. 5월과 8월에 그는 미국스페인전쟁(1898)에 파병 준비 중인 병사들에게 복음을 전할 자금을 모금하려고 뉴욕지역 집회 인도차 돌아왔다. 그렇지만 그의 노력은 별반 성공을 거두지 못했다.

> 유명인사들의 인기는 점점 줄어들었다.
> 하지만 화니는 점점 올라가고 있었다. 작은 그룹으로,
> 한 인격으로 대하는 위로와 격려 메시지를 전했다.

## 올라가는 화니의 인기

기독교계에서 다른 유명인사들의 인기가 점점 줄어들고 있었다. 하지만 화니의 인기는 점점 올라갔다. 아마도 그녀가 사람들을 작은 그룹으로 만나 연설했고, 무디와 휘틀(Whittle) 같은 설교자와는 달리 인격적으로 만났다는 사실에 기인했을 것이다. 또한 사람들을 대할 때 그녀의 긍정적인 접근방법에 기인했을지도 모른다.

19세기의 대표적 설교자는 꾸짖고, 책망하고, 위협을 하였다. 그 반면에, 화니는 청중들이 이미 자신이 죄인인 것을 알고 있다고 생각하여 따뜻한 위로와 격려의 메시지를 전했던 것이다.

무엇보다 그녀에게는 교회 다니지 않는 사람들을 집회에 참석하도록 이끄는 뭔가 특별한 것이 있었다. 즉, 그녀가 앞을 보지 못한다는 점이있다. 물론 화니의 매력은 대부분 모든 사람을 압도하는 그녀의 카리스마,

말로 설명할 수 없는 그녀만의 신비감에서 나왔다. 심지어 그녀의 찬송가의 질을 혹평하는 사람들조차도 한 인간으로서 그녀가 거역할 수 없는 매력과 논의의 여지가 없는 성결함을 지니고 있다는 것을 인정하지 않을 수 없었다.

# 결코 포기하지 말라

화니는 최고의 히트곡을 만들어내었다. 그런데 그렇게 하도록 도와준 찬송가 작곡자들이 하나둘씩 인생 무대에서 사라지기 시작하였다. 체스터 알렌(Chester Allen), 사일러스 베일(Silas Vail), 윌리엄 셜윈(William Sherwin)은 이미 고인이 되었다. 존 스위니(John Sweney)는 무디 전도집회 직후에 뇌일혈을 일으켜 1899년 4월에 세상을 떴다. 다음은 로우리(Lowry)가 영면할 차례였다. 그의 건강이 많이 쇠약해져서 그를 방문하려고 화니가 뉴저지 주, 플레인필드로 찾아갔다. 그는 집에서 침대에 누워만 있었고 아주 고통스러워했다. 그들은 지난 세월들의 여러 가지 사건과 일들을 회상하며 대화를 나누었다. 마침내 죽음을 눈앞에 둔 사람의 가장 큰 관심사에 화제를 돌렸다. 즉, 자신의 임박한 죽음에 대한 이야기였다.

그가 부드러운 어조로 속삭였다.

"화니, 나도 먼저 가신 분들의 뒤를 따라가는가 봐요. 내 일은 이제 끝났어요."

화니는 목이 점점 메어오자 슬픔을 감추고는 말을 할 수가 없었다.

그래서 화니는 그의 손을 살며시 잡으며 조용히 말했다.

"로우리 박사, 박사께서 저를 위해 애써 주신 그 모든 일들에 대해서 정말로 감사드려요!"

그런 다음 그들이 여러 해 전에 함께 만들었던 찬송가 가사를 되뇌이며 그녀가 말했다.

"잘 주무세요(Good Night), 아침에 만날 때까지 ……"

로우리는 11월 25일, 영원히 눈을 감았다.

## 화니가 칭찬했던 작곡자

새로운 세대의 찬송가 작곡자들이 나오기 시작하였다. 그들 중에 찰스 허치슨 가브리엘(Charles Hutchison Gabriel)은 아마도 로우리, 돈, 생키, 스위니, 커크패트릭의 계승자라 불러도 손색이 없는 찬송가 작곡자였다. 그의 찬송가는 아주 단순하였고, 옛날 감리교풍의 박자에 맞았다. 완전 독학한 사람으로, 그는 종종 가사를 써서 "샬롯데 G. 호머" 또는 다른 필명으로 발표하였다.

화니는 가브리엘의 요청을 받고 찬송시를 공급했다. 세월이 흐르면서 더 많이 제공했다. 가브리엘이 곡을 붙인 찬송가들 중에 이런 것들이 있었다. "굳게 붙잡으라," "나를 인도하소서, 내 구주여," "언덕 위의 햇빛." 이 시기에 그녀가 가브리엘에게 써준 시들은 본질적으로 이전 작품들을 되풀이한 것으로, 열다섯 번에서 스무 번 정도 바꿔 쓴 것들이었다.

젊은 작곡자 중 가장 성공한 사람은 그녀의 절친한 친구 아들, 아이라 앨런 생키였다. 그는 음악에 강한 애정을 가졌다.

그녀는 여러 다른 젊은 음악인들과 함께 작업하였다. 독일 태생의 아담 가이벨(Adam Geibel)은 화니와 같이 어렸을 때 눈병을 잘못 치료하여 맹인이 된 사람이었다. 화니의 먼 사촌인 메리 업함(Mary Upham)은 종교적인 이유로 모든 세속 음악을 그만두기로 결정하기 전까지는 유명한 음악회 가수였다. 역시 독일 태생인 빅터 벤케는 보워리 선교회에서 오르가니스트로 있었다.

화니의 젊은 작곡자들 가운데 가장 탁월하고 성공적인 사람은 그녀의 절친한 친구의 셋째이자 막내아들인 아이라 앨런 생키(Ira Allan Sankey)였다. 아버지의 첫 번째 해외 전도집회 기간인 1874년, 스코틀랜드 에딘버러에서 태어난 생키는 어렸을 때부터 예술, 특히 음악에 강렬한 애정을 나타내었다. 프린스턴 대학교에서 건축가와 토목기사가 되려고 공부했으나, 1897년에 졸업한 후 그의 첫사랑인 음악을 거부할 수 없어서 비글로우 앤 메인사에 들어가 일하게 되었다. 그의 뛰어난 재능은 아버지와 동료들에 의해 즉시 인정을 받았다. 그리하여 앨런은 그 회사를 위해 수많은 곡을 만들었다.

화니는 앨런을 아기 때부터 알고 있었고, 작곡자로서 그의 발전을 관심 있게 지켜 보았다. 그녀가 가사를 써준 모든 사람들 가운데 앨런은 화니가 주저 없이 그의 음악성을 칭찬했던 사람이다. 젊은 생키의 음악은 "비범하게도 감미롭고 아름다웠다"고 그녀는 썼다. 한 인간으로서 아이라 생키를 사랑한 것만큼 이렇게 말했다.

"그 아들은 음조의 감미로움과 표현의 조화에 있어서 아버지를 능가하였다."

그들은 1899년(화니 79세)에 합동 작업을 시작했다. 16년 후 그들이 죽음을 맞을 때까지 계속되었다. 다른 어떤 복음찬송가 작곡자 이상으로 앨런은 화니의 시들의 정서적인 힘을 표현할 줄 알았다. 그는 그녀의 좀 더 복잡한 찬송시들 중 일부, 예컨대 "하나님의 평안을 나는 알아요"와 같은 가사에 곡을 붙였다. 그런 찬송가들은 돈과 로우리의 곡보다 듣기에 더 아름다웠다.

그들의 가장 인기 있는 찬송가는 "결코 포기하지 말라"였다. 그 가사에 앨런이 옛 스타일로 단순, 솔직한 곡을 붙였다.

결코 슬퍼하거나 낙심하지 말아라
만일 너에게 믿음이 있다면
너가 해야 할 의무를 다하기 위하여
하나님께 은혜를 구하여 받으라
결코 포기하지 말아라, 포기하지 말아라
너의 슬픔에 굴복하지 말아라

예수께서 그것을 떠나게 하시리라
주님을 의지하라, 주님을 의지하라
너의 시련이 클수록 찬송을 불러라
주님을 의지하고 힘을 내라

화니는 이 시를 자신의 가장 감명 주는 시들 중 하나로 생각했다. 그것은 1900년대 초에 인기를 끌었는데, 영국의 부흥전도자 로드니 집시 스미스(Rodney Gipsy Smith, 1860-1947)의 애창곡이 되었다.

앨런 생키는 또한 리즈 앤드 카트린 축음기 회사(Leeds and Catlin Phonograph Company)의 부사장이기도 했다. 그의 노력 덕분에 무디-생키 시대의 일부 유명인사들이 권유를 받고 후손들을 위해 그들의 목소리를 녹음해 둘 수 있었다. "복음성가의 아버지"인 생키는 그의 유명한 "양 아흔 아홉 마리"(191장)와 그 밖의 여러 찬송가와 함께 한 시대를 빛낸 영광스러웠던 목소리를 녹음하여 보존했다. 무디도 권유를 받아들여 한 가지, 산상수훈 낭송을 녹음해 두었다. 스테빈스, 샘 해드리(Sam Hadley) 및 그 밖의 사람들은 찬송가 부른 것을 녹음해 두었다. 화니의 목소리를 녹음해 두었다는 증거는 하나도 없다.

11월에 무디는 캔자스시티에서 전도집회를 인도하기 위하여 서부로 향했다. 40년 가까운 세월 동안 기진맥진케 하는 집회 스케줄이 그를 너무 일찍 나이들게 하였다. 그가 심장병을 앓은 지 여러 해가 되었는데 지

"나는 무디보다 더 친절하고 마음이 넓은 사람을 만나본 적이 없어요. 그는 끊임없는 영감을 주었어요."

금은 늘 통증을 느꼈다. 얼굴이 확 붉어지고 숨쉬기가 힘들었다. 그의 몸은 이미 비만에 수종증으로 크게 부어 있었다. 거의 걸을 수조차 없었다. 조금만 힘을 써도 금방 지쳤다. 무디는 노스필드로 돌아간 후, 한 달 동안 사경을 헤매었다. 12월 22일 아침에 기쁨을 회복했다.

브루클린으로 돌아온 화니는 존경하는 무디가 어떤 사람이었는가를 깊이 생각했다. 몇 년이 지나고, 한 기자에게 화니가 말했다.

"나는 드와이트 무디보다 더 친절하고 마음이 넓은 사람을 만나본 적이 없습니다. 그의 사역은 기적이었으며, 내가 사역하는 동안 내내 끊임없는 영감을 주었습니다. 그의 영향력은 빛이어서 기운을 북돋아 주고 병을 고쳐주었습니다."

화니는 봄이 될 때까지 계속 찬송시를 쓰고, 여행하고, 설교하고, 야간 선교회에서 봉사하였다. 그러다가 봄에 80회 생일이 지난 직후에 몸이 급격히 쇠약해졌다. 기관지 폐렴에 걸렸던 것이다. 4년 동안에 두 번이나 "거의 마지막 항구가 보이는 듯" 하였다. 그러나 심장병에도 불구하고 남다른 건강체질 덕에 완쾌할 수 있었다.

언니의 병환 소식을 듣고 캐리와 쥴이 브루클린의 라파옛 애비뉴 집으로 놀라서 달려왔다. 이번에는 언니가 브루클린을 떠나 함께 살아야 한다고 우겼다. 화니가 처음엔 반대했으나 휴 메인과 생키 가족이 동생들의 편을 들고, 또 동생들이 언니가 엠파이어 시티(Empire City, 뉴욕

시)를 자주 방문할 수 있을 거라고 동의하자 그녀가 수그러졌다.

### 뉴욕을 떠나 동생들과 함께 살다

1900년 6월에 그녀는 65년간 살아온 뉴욕을 떠났다. 열다섯 살 때 맹인학교 입학 이후 처음으로 화니는 동생들과 같이 살게 되었다. 캐리와 화니는 나중에는 스테이트 거리(State street)에 있는 윌리엄과 사라 베이커(William and Sarah Baker)의 멋진 벽돌집 아파트로 이사하였다. 그곳에서 향후 6년간을 함께 살았다.

그들의 집세는 아이라 생키가 부담하였다. 그는 또한 캐리에게도 매달 일정액을 보내어 시인의 뒷바라지를 하게 했다(그는 그 돈을 화니에게 직접 보낼 만큼 어리석지 않았다. 그녀는 언제나 가진 돈을 자기보다 못사는 사람에게 다 주어버리곤 했기 때문이다!) 그 도시의 좋은 주택가에 위치한 이 집은 화니가 지금까지 알고 보아왔던 집 가운데 가장 마음에 드는 거처였다. 그 아파트는 큰 방이 다섯 개로, 캐리는 자신의 모든 세간들을 넣을 수 있었다. 참으로 기분 좋고 아늑한 처소였다. 응접실에는 어머니 머시의 거대한 초상화를 걸어 놓았다. 두 자매는 엄마의 추억을 뜨겁게 사랑하였다.

캐롤린 라이더(Carolyn Rider)는 갸름하고 수수한 얼굴이나, 사랑스런 미소와 반짝이는 눈, 키가 작고 몸집이 큰 여성이었다. 그녀는 명랑하고 상냥하다고 묘사되었고, 특히 아이들을 좋아하였다. 유명인사인 언니와 마찬가지로 순진할 정도로 솔직하고, 성실하며, 가식과 거짓을 미워

"동생은 나를 위해 희생했다."
남은 생애를 언니의 눈이 되어 주고 비서로 섬겼다.
업무의 대부분을 잘 감당했다.

하고 남을 쉽게 믿는 편이었다. 말이 없고 지나칠 정도로 수줍어하기도 했다. 언니를 위해서는 공적인 삶의 혼잡스러움도 기꺼이 인내했고, 자신의 남은 생애를 언니의 눈이 되어 주는 데 헌신하였다. "동생은 나를 위해 자신의 삶을 희생했다"고 화니는 후에 말했다.

남은 생애 동안 캐리는 화니의 비서로 봉사하였다. 브리지포트 우체국 "사서함 840호" 화니의 주소로 배달된 모든 우편물을 언니에게 읽어 주고, 언니가 구술해 주는 답장을 써서 보냈다. 아침마다 캐리는 "환 언니"(Sister Fan)가 밤사이에 지어 놓은 찬송시가 있으면 무엇이든 적어 놓았다. 후에 캐리는 전문성을 갖춘 비서, 즉 에바 클리블랜드(Eva G. Cleaveland)라는 젊은 여성의 서비스를 확보하게 되었는데, 그녀가 업무의 대부분을 덜어주었다. 하지만 당분간은 캐리가 비글로우 앤 메인사의 사무실에서 두세 명의 전문 비서가 해야 할 몫을 처리하였다.

캐리는 브리지포트 소재 제일 침례교회에 출석하는 경건한 성도였다. 화니는 가끔 그녀와 함께 그 교회에 나갔으나, 자기가 감리교 신자여서 쥴과 함께 제일 감리교회에 더 자주 출석하였다. 비록 그녀가 공식적으로 교회 등록을 바꾸기 4년 전이긴 하였지만 처음부터 화니는 교회활동에 적극적이었다. 그녀는 교회와 관련된 자선기관인 「왕의 딸들」(King' s Daughters)에서 적극적인 활동을 하였다. 그 기관은 병원을 운영하고 가난한 자들에게 음식과 의복과 석탄을 제공하였다.

### 브리지포트에서의 활동

화니는 또한 뉴욕의 구휼선교회와 같은 목적으로 일하는「브리지포트 크리스천 유니온」에서도 적극적으로 활동하였다. 매일 밤 많은 버림받은 자들과 술주정뱅이들을 위한 예배가 있었다. 화니는 출타하지 않고 브리지포트에 있을 때는 한 주간에 여러 날 밤을 주강사로 봉사하였다.

브리지포트에 온 지 두 달도 안 되었다. 8월에 화니는 이젠 무디가 가고 없어 더 쓸쓸하고 더 조용한 곳, 노스필드로 갔다. 여느 때와 마찬가지로 그녀는 생키 부부의 집에 묵었다. 그녀는 무디의 미망인 엠마(Emma)를 찾아보고 다니엘 휘틀(Daniel Whittle)을 마지막으로 방문하였다. 그는 고통이 극심한 뼈 질환으로 거의 죽어가고 있었다.

화니는 그 해에 노스필드 수련회에서 생키의 인도를 받아 강단으로 나가 메시지를 전하였다. 수련회가 끝나자 화니는 튤리호로 갔고, 생키는 또 한 번의 전도집회차 영국으로 떠났다. 그가 아일랜드에 도착했을 때 최고로 기분이 좋았다. 그래서 화니에게 자기는 "병도 없고, 슬픔도 없고, 탄식도 없이" 대서양을 건넜노라고 편지를 보내왔다. 벨파스트(Belfast)에서 그가 화니 이야기를 하도 많이 해서 한 부자 사업가가 화니에게 전해달라며 금화 5파운드짜리 선물을 주었다.

그런데 그가 1월에 돌아왔을 때는 완전히 지쳐 있었다. 아내와 함께 비시산 주 배틀 크릭에 있는 켈로그 요양소(Kellogg Sanitarium)로 쉬러 갔다. 화니가 그에게 위로 편지를 써 보냈다.

그런데 요양소 음식이 커피는 안 된다고?
음, 내가 말하지
그건 너무 심해, 내겐 말이야
그러나 의사들은 이구동성으로 말해,
위장을 위해서라면, 대가를 치러야 한다고

생키 부부는 곧 돌아왔다. 그러나 "이스라엘의 감미로운 가수"의 생애는 바야흐로 그 종말을 향하고 있었다. 그가 사람들에게 기억은 되었지만, 단지 과거의 인물로만 기억되었다. 그는 이미 죽은 거나 마찬가지였다. 하지만 그는 이를 받아들이고 아직도 그가 할 수 있는 한 가지 사역만은 계속하였다. 바로 찬송가를 작곡하는 일이었다. 화니는 그에게 많은 시를 써주었다. 이 시기에 그들이 작사, 작곡한 찬송가 중 가장 사랑스러운 곡이 "안전하게 지키시는 분"이다.

화니는 또한 피비 내프에게도 시를 써주었다. 비단과 공단 겉옷에다 다이아몬드 머리장식으로 빛나고, 칠십이 가까워 오지만 사십대 여인의 얼굴과 풍모를 지닌, 이 돈 많은 미망인은 그녀와 화니가 그들의 미래 악곡집을 낱장 악보로 출판하기로 했다. 그런 식으로 해야 출판사가 그녀의 시를 사서 제작했을 때 얻게 되는 것보다 더 많은 재정적 수입을 화니가 얻을 수 있기 때문이다. 낱장 악보의 판권을 소유해야 찬송가의 인기와 상관없이 그녀가 적절한 수입을 얻을 것이다. 화니는 판권이 피비의 소유가 되어야 한다고 우겼지만, 미망인은 이익금 전액이 맹인 친구에게

가도록 보장했다.

> 미망인 친구는 악곡집을 낱장으로 출판하기로 했다. 화니가 더 많은 재정적 수입을 얻기 위해서였다. 친구는 보장했다.

화니는 여전히 앨런 새이, 휴 마틴에게도 찬송시를 공급했다. 그런데 그들은 그것을 지금 큰 찬송가책으로 출판한 것이 아니라, 6곡, 7곡, 8곡의 찬송가 모음집으로 출판하였다.

그러나 하워드 돈은 줄이지 않은 새로운 찬송가책을 준비하고 있었다. 그것에다 「헌신의 노래」(Songs of Devotion)라는 타이틀을 붙이려고 하였다. 그를 도우려고 화니는 로드아일랜드 워치힐에 있는 그의 여름 별장으로 가서 7월 초순을 지냈다.

### 남편의 죽음

이 뜨거운 여름, 돈의 집에 머물고 있을 때 화니는 남편 반(Van)의 죽음을 알리는 전보를 받았다. 남편을 계속 방문도 하고 변함없는 우호관계를 유지하고 있었는데, 1년 이상 암으로 고생하다가 마지막 달에는 마비성 졸도까지 하였다. 언더힐 가족들은 마지막까지 그를 극진히 간호하는 수고를 했다.

화니는 비탄에 잠겼다. 그녀의 상념은 거의 반세기 전, "사랑의 속삭임"이 처음으로 그들의 가슴 속에서 터져 나오고 "온 세상이 바뀌어버린" 6월의 그날로 돌아갔다.

"그때 우리는 더 이상 맹인이 아니었어요. 사랑의 빛이 어디에 백합화가 만발해 있는지 우리에게 보여 주었고, 또 수정 같은 물이 어디서 이끼 덮인 샘을 만나는지를 우리에게 보여 주었기 때문입니다."

비록 그들이 함께 살지 않은 지가 여러 해 되었지만, 어떤 점에서 그들은 끝까지 서로를 사랑했던 것이다.

# PART 4

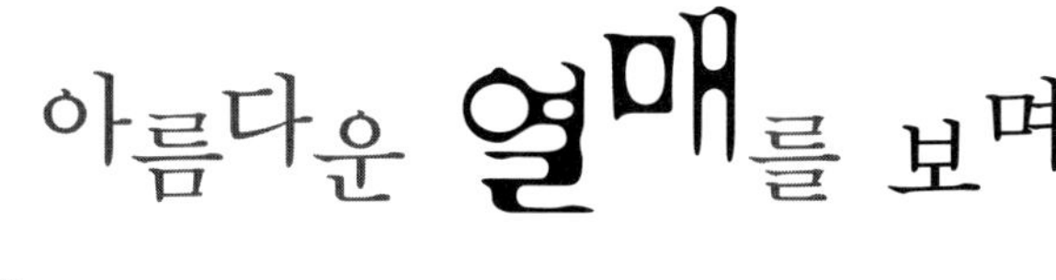




Fanny Crosby Fanny Crosby Fanny Crosby

# 20 인생은 팔십부터

*Fanny Crosby*

화니는 집에 있는 시간이나 밖에 있는 시간이 비슷하였다. 그녀가 브리지포트에 있을 때는 매주 목요일이면 집을 개방하였다. 그래서 누구든지 와서 유명한 찬송가 작사자와 대화를 나눌 수 있게 하였다. 남은 시간에는 「왕의 딸들」선교회와 「크리스천 유니온」에서 사역하였다. 나이가 80대임에도 불구하고 화니는 휴식을 취할 시간이 거의 없었다. 휴식은 노인들에게 당연히 필요했지만, "나는 아직 젊어!"라고 그녀는 씩씩하게 말했다.

### 찬송가 275장의 간증 주인공

화니는 1903년 11월, 평생에 가장 보람과 기쁨의 체험을 한 가지 하였다. 매사추세츠 린(Lynn)에서 YMCA 집회에 나가 강연을 할 때였다. 여

"35년 전, 하나님을 떠나 방황했던 청년이 바로 저였습니다. 그 날 저녁 선생님께서 말씀하실 때 저는 평안을 얻었어요."

느 때와 마찬가지로 어떻게 찬송시를 작사하게 되었는지 그 사연을 자세히 간증하였다.

그녀는 "저 죽어가는 자 다 구원하고"(275장) 찬송가에서 "이제 나는 천국에 계신 엄마를 만날 수가 있어요. 지금 내가 엄마의 하나님을 만났거든요!"라고 기뻐했던 한 청년의 회심사건을 통해 영감을 얻어 작시했다고 이야기하였다.

집회가 끝나고, 여러 사람들이 그녀와 악수를 하였다. 그런데 그들 가운데 유난히도 목소리가 더 떨리는 사람이 있었다. 그가 감격에 찬 어조로 말하는데, 화니는 말문이 막히고 말았다. "선생님, 35년 전에 엄마의 하나님을 떠나 제가 방황했었다고 말씀드렸던 청년이 「저」였습니다. 그 날 저녁 선생님께서 말씀하실 때 나는 평안을 얻었고, 그 때 이후로 신앙생활을 잘 하려고 노력해왔습니다. 선생님, 우리가 이 땅에서는 다시 만나지 못한다 해도 저 천국에선 만나겠지요."

그는 이름도 밝히지 않고 떠났다. 화니는 자신의 마음속에 깊은 감동을 불러일으켰던 이 무명의 젊은이 때문에 큰 은혜를 받았다.

### 최절정기의 전국 유명강사

1월에 화니는 질녀인 아이다 레숀(Ida Leschon)을 동반하고 힘에 부치는 강연 길에 나섰다. 그들은 먼저 필라델피아로 갔다. 거기서 연속 전도집회를 열었다. 다시 북쪽으로 올라가서 뉴욕 주 알바니로 갔고, 그 다음엔 로체스터로 갔다. 화니는 이제 인기 최절정기에 전국 유명인사가 되었다. 한 로체스터 신문이 평했다. "미국에서 적어도 그녀의 찬송가 중 한 곡이라도 불려지지 않는 종교집회나 예배는 거의 없다."

그 맹인 강연사에게 사람들이 감명을 받는 것 한 가지는 그녀의 젊은이다운 모습이었다. 얼굴과 겉모습은 나이 들었으나, 목소리와 정신과 동작은 한창 때의 여성과 같았다. 기자들은 주장했다.

"크로스비 여사(Madame Crosby)는 실제 나이보다 20년은 더 젊어 보인다고 해도 곧이들을 것입니다."

화니와 아이다가 브리지포트로 돌아온 지 채 며칠도 안 되어서 다시 뉴욕으로 가야 할 상황이 발생했다. 2월 2일, 그녀가 비글로우 앤 메인 출판사에서 일한 지 40주년이 되는 날, 회사에서 특별 축하회가 열렸다. 그녀의 옛 친구들과 동료들 대다수가 루이스 메인과 화니 생키가 준비한 연회에 참석하였다. 돈과 유쾌한 남자 커크패트릭과 조지 스테빈스도 함께 했다. 많은 사람들이 비글로우 앤 메인사를 영어권 교회음악 출판사 중 선두 출판사가 되도록 누구보다 더 많이 기여한 시인에게 경의를 표하기 위해 참석했다. 화니는 축하회에서 진주가 박힌 황금 브로치를 수상했다.

출판사가 화니를 혹사시켜왔다고 불평하는 사람들이 많았다. 하지만 그녀는 참으로 훌륭한 시를 쓸 수 있는 자신의 재능에 비하면 희생이 큼에도 불구하고 저임금 대우를 기꺼이 감당해 왔었다. 그것은 그녀가 주님을 위해 하는 일(사역)이었으며, 그녀는 "헐몬의 이슬과 같고 시온산에 내린 이슬과 같이 40년 동안 축복과 평화와 평온함"을 누리게 해준 데 대해 친구들에게 감사를 표했다.

### 참석하지 못한 두 친구 – 피비 내프와 아이라 생키

화니의 절친한 친구들 중 두 사람이 참석하지 못했다. 한 사람은 뉴욕에서 그녀를 돌봐주는 집주인이었다. 엠파이어시티(뉴욕)에 갈 때 화니는 언제나 피비 내프 덕에 사보이 호텔에 묵었다. 피비는 90년대말 칼레톤의 출판 건으로 인해 휴 메인과 사이가 틀어졌다. 그녀는 화니가 저임금을 받는다고 계속 떠들어대고, 화니가 가난하게 사는 꼴이 말이 아니라고 공개적으로 얘기하면서 감리교회의 상류층 친구들을 끌어들여 화니에게 돈을 모아주자고 한 것 때문에 환영을 받지 못한 인물이 되었다. 그러나 아이라 생키가 브리지포트에 있는 화니와 캐리의 거처에 대해 돈을 지불하고, 휴 메인은 아직도 판매되고 있는 「저녁종」의 모든 인세를 그녀가 받게끔 조치를 취해놨기에 출판사의 화니 친구들은 그 부자 미망인의 행동과 처신에 갈수록 짜증이 났다.

피비의 집에 머무는 동안 화니는 낱장 악보로 출판할 새로운 찬송시를 여러 편 지었다. 피비가 캐리에게 편지를 보냈다. 언니가 언제쯤 브리지포트로 돌아오게 될 것인지에 대해 캐리가 궁금해 했기 때문이다.

> 나는 지금 사랑하는 화니를 극진히 잘 돌보고 있어요. 우리 둘 다 사랑하는 사이잖아요. 화니가 나에게 올 때마다 브리지포트에서

누군가가 화니를 개인적으로 돌보아 주는 것에 나는 아주 만족하고 있어요(전에는 그렇지 못했다). 정말로 나는 행복해요!

… 다음 금요일 오후까지는 화니가 집으로 돌아가지 못할 것 같아요. 지금은 화니가 나에게 필요하고 또 화니는 너무 잘 지내고 있어요. 늘 건강하세요.

그런 다음, 피비는 난해한 문구를 추가했다.

화니는 많은 사랑을 보내며 자기가 딱 한 번 「시도」를 하여 시작을 잘해보려 한다고 말합니다. 그것은 힘든 일이 될 거예요. 왜냐하면 그녀가 최근 좋지 않은 친구와 교제를 해오고 있는데, 둘리씨(Mr. Dooly)라는 것 말고는 들은 바가 없네요. 그의 이름을 들먹이면 그녀는 미친 듯이 춤을 추기(wild dance) 시작합니다. 그래서 내가 너무도 놀라, "밤의 그림자가 우리를 덮어 싸고는" 물러간다고 말해요.

당신의 친구 제이 에프 내프 부인

아니, 둘리씨가 누구인가? 그의 이름을 들먹이면 화니가 "미친 듯이 춤을 추기" 시작한다고? 피비의 그 말이 무슨 뜻일까? 그녀가 말 그대로 그 나이에 춤을 출 수 있었단 말인가? 우리에게 전해진 그 어떤 서신이나 문서도 화니와 그 신비의 인물에 관해 밝혀주지 않는다.

뉴욕을 떠나기 전에, 화니는 연회에 참석하지 못한 친구 아이라 생키를 방문하였다. 일년 이상 그는 눈이 아주 멀어버려서 브루클린 집에서 심한 우울증으로 죽음을 기다리며 추억 속에 지내고 있었다. 그는 녹내장을 앓고 있었던 것이다. 수술은 성공적이지 못했다. 그는 가족들에게 실명했다는 소문이 나가지 못하게 하라고 지시했다. 다시 회복되기를 원했고, 그의 친구들을 놀라게 하고 싶지 않았다. 그러나 소문이 끈질기게 퍼져 나갔다. 그의 아들, 앨런과 에드워드는 3월 첫 주에 기자회견을 열어 부친이 실명했음을 확인해 주었다.

화니는 그 친구가 시력을 잃었다는 소식을 듣고 마음이 아팠으나 그의 기분을 어느 정도 되살리는데 성공하였다. 그러나 그는 더 이상 작곡하려 하지 않았고, 대중 앞에 나타나지도 않았다. 생키는 그의 침실에 앉아 추억에 잠기거나, 그의 하모늄 오르간에 앉아 예전의 행복했던 시절의 노래들을 연주하고 또 연주하면서 여생을 보냈다.

### 84세 노부인의 은혜의 찬양

1904년 봄철 내내 화니는 여기저기 여행하면서 설교도 하고, 강연도 하고, 자기 인생 스토리를 간증하였다. 브리지포트에 있을 때는 언제든지 「크리스천 유니온」에서 말씀을 전하고, 「왕의 딸들」선교회에서 함께 일하며, 그녀가 시내에 있을 때는 끝없이 이어지는 "순례자들"을 영접하느라 눈코 뜰 새 없었다. 목요일이 공식적인 그녀의 집을 공개하는 날이었지만, 다른 날에도 방문자를 거절하는 일은 한 번도 없었다.

6월초에 화니와 캐리는 서부인 버펄로에 가서, 기독교 면려회 주강사로 말씀을 전하였다. 연로한 나이임에도 불구하고, 그녀는 때로는 3천명 이상의 청중들에게 하루 세 번씩 설교하였다. 설교뿐만 아니라 선교사역과 찬송가 작사법에 대한 강의도 하였다.

솔리스트와 함께 찬양했던 그 날 만큼 많은 사람들을 감동시킨 적은 일찍이 없었다. 청중의 마음을 완전 사로잡았다.

버펄로에서 그녀는 단에 설 때마다 청중들을 크게 감동시켰다. 하지만 그녀가 내적인 감동을 받아 솔리스트와 함께 찬양했던 그날 밤만큼 많은 사람들을 감동시킨 적은 일찍이 없었다. 제이콥스(Jacobs)라는 바리톤 가수가 그때까지도 굉장한 인기를 끈 "후일에 생명 그칠 때"(295장)를 부르고 있었다. 화니는 독창이 끝난 후에, 말씀을 전하게 되어 있어서 연단에 앉아 있었다. 제이콥스는 막 3절에 들어갈 때 화니가 벌떡 일어나 찬송을 부르기 시작하였다. "후일에 석양 가까워 서산에 해가 질 때에 …" 84세 노인에게서 예상할 수 있는, 처음에는 음성이 "떨리고 더듬거리는" 듯하였다. 그래서 제이콥스가 청중들이 그녀의 목소리를 들을 수 있게 자신의 목소리를 많이 낮추었다. 그런데 후렴을 할 때 그녀의 목소리는 더 높아지고 강해졌다. "내 주 예수 뵈올 때에 그 은혜 찬송하겠네 …" 그 목소리는 강당에 충만하여 그 아름다움과 애수를 자아내는 가락이 청중들의 마음을 완전히 사로잡았다.

옛날 옷차림의 작달막한 노부인과, 그녀가 선포하는 복음에 마음을 빼앗기게 하는 것은 그녀의 준비된 이야기와 설교 못지않게 이같은 자연스러운 행동 때문이었다.

## 활력이 넘치는 강연활동

여기저기 다니면서 강연하는 것을 멈추고, 화니는 버펄로에서 빙햄튼으로 갔다. 사람들은 그녀의 활력에 경탄할 뿐이었다. 언니보다 20년이 더 아래인 캐리 역시도 놀라기는 마찬가지였다. 동생이 말했다.

"언니는 참석한 사람을 누구나 다 녹초가 되게 하고는 팔팔하여 집으로 돌아옵니다!"

화니는 자기가 계속 바쁘게 활동하는 한 언제나 "젊음"을 유지할 것이라고 말했다. 그 일을 그만둔다면 일년이나 살지 의문스럽다고 자주 되풀이하였다. 화니는 분명히 그 해에 오션 그로브나 노스필드에 가지 않았다. 엠마 무디도 이젠 죽었고, 휘틀도 갔고, 생키는 브루클린 집에 칩거해 있어서 성경사경회가 그녀에게 매력적이지 못했다. 하지만 튤리호에는 가서 라운드 테이블에 참가하였다.

이 해에 그녀와 엘리자 히윗은 오논다가(Onondaga) 부족의 이일족(Eel Clan)으로 입양되는 굉장한 영예를 부여받았다. 화니는 언제나 아메리카 인디언들의 후생복지에 "지대한 관심을" 갖고 있었기에 오논다가 부족의 일원이 된 것을 기쁘게 생각하였다. 그녀는 오논다가 전설들을 수집하여 강연과 설교시에 종종 언급하였다.

화니는 또한 뉴저지 주 이스트 오렌지에도 갔다. 거기서 일주일간 친구들을 방문하였다. 생키를 방문하러 가서 브루클린의 나발 YMCA에서 강연을 하고, 뉴저지 주 호보켄에 있는 락카와나 철도회사에서 Y의 철도 지부를 위한 전도집회를 인도하였다.

"햇볕에 타고 명랑한 기분으로" 브리지포트에 돌아온 그녀는 가을여행 준비로 오래 머물렀다. 그러다가 뉴잉글랜드로 갔다. 84세의 화니는 60세인 캐리와 45세인 아이다에 못지않은 힘이 있었다. 더 젊은 두 여자가 화니의 여행 동반 임무를 교대로 하지 않으면 안 될 정도였다.

**바쁜 화니의 가족사랑**

화니는 일년에 두 번, 엄마 생신과 크리스마스 때는 아무리 바빠도 집에 있으려고 노력하였다. 그녀와 캐리와 쥴과 아이다는 아직도 머시의 생일을 마치 엄마가 살아계신 것처럼 축하하였다. 그들은 엄마의 대형 사진 밑에 새 꽃병을 놓고 돌아가신 여가장(女家長)을 위해 자리를 마련하였다. 화니는 "사랑하는 엄마"를 위하여 해마다 시를 써서 낭송을 하곤 하였다.

크리스마스는 행복이 넘치는 때였다. 가족과 정찬을 나누었는데, 화니 아줌마는 대화가 뜸할 때면 즉흥시를 가지고 분위기를 돋구곤 하였다. 오후에 아이들이 쉬는 동안 화니는 저녁 오락시간에 사용할 "보물뽑기 주머니"에 작은 선물들을 준비했다. 그녀는 또한 모든 식구들에게 익살스러운 짤막한 시들을 지어서 나누어주었다.

그녀는 아이들과 놀기를 무척 좋아하였다. 한번은 증조카인 랄프 부스(Ralph Booth)가 썰매를 타러 가자고 그녀를 졸랐다. 그런데 화니 아줌마가 썰매 위에 앉아서 애들에게 그녀를 끌고 뒤뜰을 돌게 하는 것을 보고 부모들이 기절초풍을 하였다.

1905년 3월초에 화니와 캐리는 2주간 이상의 강연여행을 떠났다. 5일에 그녀는 매사추세츠 주 피치버그 YMCA에서 650명 정원의 강당에 750명이나 꽉 찬 청중들에게 설교하였다. 그 지역 목사님이 성경 봉독을 하기 전에 청중들이 그녀의 찬송가 중 몇 곡을 부르고나자, 화니가 작은 책을 손에 쥔 채 앞으로 나왔다. 그녀는 설교나 강연만 하지는 않았다. 종종 그렇게 할 때는 자신의 삶에 대해서 하나님께서 핸디캡들을 어떻게 극복할 수 있게 해주었는지, 그리고 하나님께서 어떻게 찬송시에 영감을 주셔서 은혜의 찬송이 되게 했는지에 대해 증거했다.

그 다음 그녀는 서부 뉴욕으로 갔다. 거기서는 철도 YMCA의 대중집회에서 메시지를 전하였다. 로체스터에서는 YMCA의 여성 서포터 단체에서 연설을 하였고, 유명한 종교소설 작가인 캐롤라인 앳워터 메이슨(Caroline Atwater Mason, 1853-1939) 부인의 찬사를 받았다. 구휼선교회에서 전도 설교를 한 후에 그녀와 캐리는 더 서쪽으로 여행을 떠나 바타비아 맹인학교에 들렀다. 그 다음 다시 동쪽으로 출발하여 알바니 철도 YMCA에서 강연을 하였다.

### '화니 크로스비 주일' 경축행사

3월 24일에 화니는 85세 생일을 맞았다. 그녀를 기리기 위해 일단의 뉴욕 목회자들이 휴 메인과 앨런 생키의 격려에 힘입어 3월 26일을 교회에서 "화니 크로스비 주일"(Fanny Crosby Sunday)로 지키기로 결정하였다. 아델버트 화이트(Adelbert White)가 화니 크로스비의 날 위원회

총무를 맡았고, 화니가 펜실베이니아 주 와렌에서 자주 방문했던 앤 콥햄(Ann Cobham) 부인이 부총무를 맡았다.

85세 생일을 '화니 크로스비의 날'로 지키기로 뉴욕 목회자들이 정했다. 그녀 찬송가만 부르고 모든 교단은기독교 모범을 보인 그녀 삶을 설교하게 했다.

축하행사는 전국적으로 홍보를 했다. 널리 배포되는 「크리스천 헤럴드」지의 편집인인 루이스 클롭시(Louis Klopsch) 박사는 모든 기독 교회들이 정해진 주일에 노(老)찬송가 작사자에게 경의를 표해야 한다고 역설하였다. 행사주일에는 그녀의 찬송가만 사용하여 부르고, 모든 교단의 목사와 사제들은 기독교 증인의 모범으로서 그녀의 삶에 관해 설교하도록 했다. 또 "화니의 날"을 지키는 모든 교회들마다 "사랑의 헌금"을 그녀에게 보내기로 했다. 화니는 이 소식을 듣고 어찌할 바를 몰랐다. 하지만 그 계획을 중지시키는 시도를 하지 않았다.

"내가 기뻐하는가?" 그녀는 수사학적으로 물었다. "그럼, 물론이지. 누가 기뻐하지 않겠는가? 나의 사역을 기리기 위한 축하가 나의 노래를 사랑했던 사람들에 의해 행해지는 한, 그 축하와 헌금은 길고도 바쁘게 살아온 인생의 마지막에 면류관으로 주시는 축복과 같은 것이다!"

그녀는 자기 자신이 아닌, 하나님께서 영광 받으실 것을 확실히 하고 싶어 하였다. "화니 크로스비의 날"은 미국에서 뿐 아니라 영국에서도, 그리고 인도와 타스마니아(Tasmania, 호주 남동부의 섬, 타스마니아주) 같은 예상치 않은 나라들에서까지 지켜졌다. 그녀는 한 번도 방문한 적이 없는 평범한 사람들과 지역에서 보내온 편지들과 많은 찬사를 받았다. 미시시피 주의 한 여성은 자기가 따서 모은 꽃들을 보냈다. 프린스턴의 글로버 클리블랜드는 "인간애를 고양하고, 하나님의 선하심과 자비하심을 인정하고 감사하는 길을 지시해 주는 그녀의 계속적이고 사심 없는 수고와 노력"에 찬사를 보냈다.

화니는 며칠 앞서 휴 메인이 베푼 리셉션에 참석했고, 생일 당일에는 브리지포트 제일 감리교회 리셉션에 참석했다. 가냘픈 꽃처럼 연약해 보이지만, 그녀는 미국 국기로 뒤덮인 특별석으로 안내되었다. 악성두통을 앓고 있어서 그녀의 하나님을 "내 영혼의 햇빛"이라고 간략히 말한 다음, 청중들의 사랑에 대해 따뜻한 감사를 표하고, 그들을 축복하였다. 그녀가 그런 때를 위하여 작사했고, 교구 성도인 프레드 킹(Fred King)이 곡을 붙인 "오, 눈에 안 보이는 기쁨의 나라여"라는 찬송가를 성가대가 불렀다. 주일에는 캐리가 다니는 브리지포트 제일 침례교회에서 저녁 메시지를 전하였다. 성도들이 너무 많이 와서 넓은 본당을 가득 채우고 주일학교 교실에까지 입추의 여지가 없었다.

전국적으로 경축행사가 끝나고 그녀에게 수천 달러의 사랑의 헌금이 전달되었다. 이번에는 거절을 하지 않았다. 그녀는 전 국민의 사랑에 너무도 감격하여 어찌할 바를 몰랐다. "정말, 나에게 상당한 유산이 생기게 되었구나!"라고 기뻐하며 그녀는 가슴이 벅찼다.

# 21 크로스비 여사의 자서전 출판분쟁

Fanny Crosby

**1905년** 가을, 화니는 다시 매사추세츠와 뉴저지의 강연 길에 나섰다. 그녀가 집에 있는 시간에는 자신의 자서전, "팔십년의 회상"(Memories of Eight Years)을 마무리 작업하느라 눈코 뜰새 없었다. 겉으로 봐서는 괜찮은 이 프로젝트에 이미 몇 년 전부터 격렬한 분쟁이 시작되었다.

## 분쟁의 시작과 확대

그녀가 인생을 재미있게 살고 장수한 국제적 명사였기에 주변에서 자서전을 쓰라고 압박을 가한 일이 충분히 이해되었다. 그녀의 생애와 삶에 대한 부분적인 내용들은 수년간 여러 종류의 잡지와 저널에 실렸다. 로우리 박사가 "저녁종"의 서문에 그녀의 일생을 간략히 스케치하여 실

대중들이 자서전에 관심을 보이자
이를 간파한 칼레톤이 출판의사를 표했다. 이것이
비글로우 출판사를 자극했다.

었고, 2, 3년 후에 윌 칼레톤의 기사가 그의 잡지 "에브리웨어"(Every Where)에 연재되었다.

화니는 아주 겸손한 사람이었다. 무엇 때문에 사람들이 자신의 삶에 관심을 가지는지 이해가 되지 않았다. 하지만 아델버트 화이트는 순수한 대중적 관심사라는 점을 그녀에게 납득시켰다. 그는 책을 편집하는 데 도움을 주었고, 캐리 또한 자원하여 도왔다. 그리하여 1903년 4월, 화니는 화이트를 뉴욕 맹인학교에 특파하여 그녀의 교사 시절의 여러 정보들을 확보해 오게 했다.

분규의 원인들이 급속히 진전되었다. 화니의 자서전에 대중들이 관심을 보이자, 이를 간파한 칼레톤이 화니에 대한 기사들을 책으로 펴낼 계획을 그녀에게 표시했다. 그는 자신의 시집에 대하여 하퍼(Harper) 출판사로부터 받는 인세와 동일한 금액을 그녀에게 제시하였다. 그러나 화니는 인세에는 관심이 없다면서 자서전 출판은 허락하였다. 그녀는 자신이 직접 자서전을 쓰는 걸 더 좋아했을 것이다. 하지만 칼레톤의 제안을 거절하고 싶지도 않았다.

이것이 화이트와 비글로우 출판사의 직원들의 비위를 건드렸다. 화니 친구들은 그녀가 직접 자서전을 써야 한다고 생각했다. 또한 칼레톤의 자서전이 출판되었을 때 그것에 연관된 좋지 않은 감정들, 또 책이 출간됨으로써 「저녁종」의 판매에 얼마나 많은 지장이 초래될지를 예상했다. 그들은 "화니 크로스비의 생애, 본인이 말한 이야기"(Fanny Crosby' s

Life-Story, by Herself)가 단지 칼레톤이 자신의 이익만 챙기려는 돈벌이 책동에 불과하다고 의심했다.

당연히 피비 내프도 여기에 가세했다. 그녀는 비글로우 출판사와 관련된 사람이 누구이든지 간에 화니를 위해 한 일은 무엇이 되었든 만족하지 못했다. 그녀는 피비와 화니, 두 사람의 친구인 감리교 감독 찰스 콜드웰 맥카베(Charles Caldwell McCabe, 1836-1906)의 사역에 협력하였다. 피비는 화니가 빈궁하게 산다는 것을 분명히 말했을 것이다. 맥카베는 화니가 재정적으로 너무 힘들기에 "재정적 지원을 기꺼이 받을 것"이라고 공공연히 주장하기 시작했다. 맥카베는 화니가 미국민들의 "사랑과 존경의 증서물품"을 받을 마음이 있는지를 그녀에게 물어본 것 외에는 그녀와 아무런 의논도 하지 않았다. 그녀는 그것을 거절하기가 어려웠을 것이다. 이 증거물품이 가난을 구실로 해서 그녀를 존경하는 사람들의 지갑에서 나오게 된다는 걸 그녀는 전혀 들은바가 없었다.

맥카베와 피비는 칼레톤에게 「화니 크로스비의 생애 이야기」와 더불어 "발행인의 사고(社告)"를 게재하라고 주장했다. 그것은 불쌍하게도 화니에겐 살 곳도 없으니 이 책에서 얻어지는 수입으로 집을 한 채 마련해 드리면 좋겠다는 인상을 풍겼다.

**칼레톤이 쓴 화니 자서전의 문제점**

칼레톤이 만든 「하니 크로스비의 생애, 본인이 말한 이야기」는 비글로우 출판사에 전혀 호의적이지 못했다. 본문에서는 그들에 대해 불리한

> 친구들은 칼레톤의 책을 문제 삼았다.
> 그는 수익의 25%를 약속했으나, 10%로 깎았다.
> 1년 인세가 겨우 285달러였다.

언급이 하나도 없었으며, 화니가 그들과 따뜻한, "심지어는 애정이 넘치는" 관계를 유지하고 있다는 것 외에는 그 출판사와 직원들에 대해 긍정적인 언급이 하나도 없었다. 그 책은 그녀가 비글로우 출판사와 인연을 맺기 전, 화니의 어린 시절을 주로 취급하였다. 메인과 돈과 그밖의 사람들은 그들이 화니의 성공에 동참한 대가로 마땅히 받아야 할 인정을 받지 못했다고 분개하며 불평했다.

화니 친구들은 칼레톤의 책을 문제 삼아야 할 더 심각한 이유가 있었다. 칼레톤은 처음에 수익의 25%를 약속했으나, 여러 가지 이유로 10%로 깎아버렸다. 화니의 친구들 대부분은 만일 화니를 누군가가 이용하고 있다면 그것은 칼레톤이라고 단언했다. 그들은 출판된 지 거의 일년이 되자 인세로 화니에게 준 게 고작 285달러였다는 것에 화가 났다.

특히 화이트와 캐리는 화니가 직접 쓰고 있는 자서전의 미래를 생각할 때 염려했다. 시인이 곧 펴낼 계획이었기 때문이다. 만일 그녀가 자서전을 집필한다면, 책 판매수익금 전부를 그녀에게 지급한다고 되어 있는 「저녁종」의 계약 조항과 유사하게 마련하려고 하였다. 칼레톤이 자서전을 출판함으로써 화니에게 들어갈 판매수익은 틀림없이 손해를 입게 될 판이었다.

화니는 자신을 당황케 하는 이런 분쟁에서 초연하려고 노력하였다.

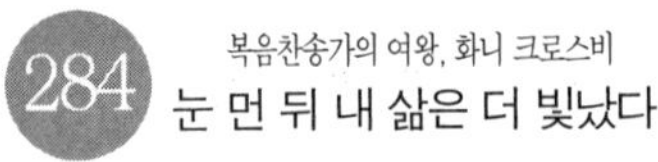

그녀는 10%를 받든, 25%를 받든, 전혀 한 푼도 못 받든 거기엔 관심이 없었다. 칼레톤의 전기 작가는 "그녀 특유의 공평무사함과 넓은 아량을 가지고" 그녀가 칼레톤에게 "그 기사는 그가 썼으니 그의 재산이 맞다"고 말했다. 그럼에도 불구하고 그 자서전이 그녀가 찬송가 작사가가 된 후의 삶에 대해서는 거의 언급이 없는 것에 대해 우려하였다.

화니는 또한 비글로우 앤 메인사가 짠돌이여서 자신이 빈곤하게 산다는 투의 암시도 좋아하지 않았다. 만일 그녀가 가난한 생활을 해왔다면, 그것은 스스로 좋아서 선택한 일이었다. 한편, 브리지포트에서 그녀는 생키가 베푼 호의로 과분할 정도의 호화로운 생활을 하고 있다고 생각하였다.

12월에 화이트와 돈이 화니를 설득하여 발행부수가 많은 종교 잡지 「워치맨」(Watchman)에 공식 입장을 발표하게 했다. 그녀는 "칼레톤이 편집한 책은 적절한 전기가 아니며, 특히 내 생애의 마지막 40년에 관한 전기가 아니다"라고 말했다. 그녀는 "그 책이 나에게 집을 사 주기 위해 돈을 모금할 목적으로 판매되고 있다"고 널리 알려진 소문을 비난했다.

그녀는 또 다른 종교 잡지의 편집자에게 편지를 보내어, 맥카베 감독이 그녀를 위해 기금을 모으고 있다는 사실을 알렸다. 그녀가 그에게 "사랑의 증거물품"을 마련해 주도록 허락을 하긴 했지만 이러한 간청이 "(자신의) 가난을 구실로" 진행되리라고는 꿈에도 생각지 못했다.

아이라 생키 역시도 침묵을 지키고 있을 수만 없었다. 돈(Doane)이 이름을 붙인, 소위 "크로스비 여사 자서전 문제"에 대해 알게 되자 그는 격노했다. 그리고 「더 크리스천」(The Christian) 잡지에 짤막하게 그의 마지막 공식 입장을 게재했다. 그는 칼레톤의 사업이 애초부터 사단적이었다는 뜻으로 말하였다.

**자서전 출판분쟁, 종식되다**

크로스비 여사 자서전 문제는 1905년의 "화니 크로스비의 날" 직전에 종식되었다. 칼레톤은 자기를 적대하여 벌어지는 이 소동이 단순히 "이해관계가 있는 친구들"의 일이라 생각하여 화니가 마음에 상처 입은 것을 깨닫고 판촉과 책 광고를 중단했다. 이 분쟁의 와중에 그의 아내가 갑자기 죽었고, 이젠 분쟁시비가 종식되는 것이 그에게도 좋았다. 칼레톤도, 감독도, 피비도 무슨 사기치려는 의도가 전혀 없었고 단지 화니를 돕고자 하는 진실한 동기에서 그리했던 것이다. 화니는 이것을 깨닫고 그 세 사람이 죽을 때까지 그들 모두와 좋은 관계를 유지하였다.

화니가 그녀의 자서전, 「팔십년의 회상」을 대부분 완성한 것은 1904-1905년 겨울이었다. 캐리와 속기사인 에바 클리블랜드(Eva Cleaveland)와 아델버트 화이트가 그녀를 도왔다. 클리블랜드는 그녀가 구술하는 것을 받아 적었고, 화이트는 그녀가 두서없이 회고하는 내용들을 일관된 이야기로 엮어냈다. 자서전에서는 그녀의 찬송가와 그 배경 이야기를 강조하였다. 그 찬송가들이 누군가에게 도움을 주었던 케이스들을 상세히 언급하였다.

사랑의 헌금 덕에 가난에서 빠져나왔다.
그렇지만 자신의 삶의 방식을 결코 바꾸지 않았다.
단지 남에게 줄 게 더 많아졌을 뿐이다.

「팔십년의 회상」은 마치 화니가 쓴 것처럼 서둘러서 만들어졌기에 그만큼 손해가 많았다. 1906년에 출판되었는데 아직도 세련되지 못하고 연결되지 않는 부분들이 많았다. 책에서 그녀는 여러 해 동안 가까이 함께 일했던 사람들을 칭찬하였다. 그것은 그녀의 찬송가 작사 이야기와 가정 전도 활동에 대해서도 서술을 했으나 칼레톤의 작품에 비해 흥미도 덜하고, 읽을 맛도 떨어지고, 세련미도 부족하였다. 칼레톤의 기사들은 화니가 더 편안한 환경에서, 압박감이 덜할 때 준비가 되었었다. 그리하여 여러 면에서 먼저 만들어진 책이 더 실감나고, 더 재기가 넘치고, 더 일관성이 있었다.

「저녁종」의 경우와 같이 모든 이익금은 화니에게로 돌아갔다. 그로버 클리블랜드는 발행인이 알리는 글에다 문서로 보증하는 글을 써줬다. 칼레톤이 자서전을 판촉 활동했던 것처럼 나이 든 돈(Doane)은 추운 날씨에 입술이 창백하고, 눈물 속에 몸을 떨면서까지 화니의 자서전을 판촉 강연을 했다. 전반적인 판매 상황이 화이트에게 실망감을 안겨 주었지만, 화니에겐 약 일천 달러의 수입을 가져다주었다.

자서전 두 권과, 칼레톤과 돈의 판촉강연에서 나온 기부금과, 화니 크로스비의 날에 모아진 사랑의 헌금 덕분에 화니는 가난에서 빠져 나와 부요하게 바뀌었다. 그렇지만 그녀는 자신의 삶의 방식은 바꾸지 않았다. 수입의 증대는 단지 남에게 줄 것이 더 많아졌음을 의미할 뿐이었다. 그녀가 돈을 얼마간 모아 두었지만, 그렇게 한 것은 자기가 죽은 이후 동생들이 쓸 것을 마련해 두기 위한 것이었다.

"화니 아줌마"는 이젠 거의 전 세계적으로 그렇게 호칭했다. 찬송시는 연간 약 200편에서 약 50편으로 시작(詩作)을 줄였다. 그것은 그녀가 남은 생애 동안 유지해 가야 할 몫이었다. 비글로우 앤 메인사도 새로운 찬송가책 발행을 차츰 줄여갔다. 지금 그들의 찬송가책 대부분은 이전에 인기 있던 모음곡들 가운데서 다시 인쇄한 것이었다. 1903년에 화니는 펑크(Funk)와 와그날(Wagnall)의 「하나님께 영광」 모음곡을 위해 70편 이상의 찬송시를 써주었다. 그것은 그녀가 청탁 받았던 유일한 또 하나의 책이었던 것이다.

## 사랑하는 여동생의 죽음

「팔십년의 회상」이 출간된 후에, 화니의 하루하루는 여동생 캐리에 대한 염려가 컸다. 1906년 여름, 캐리가 장암에 걸렸다. 그것이 점점 악화되어서 동생이 더 이상 자신을 돌볼 수 없고, 화니도 역시 동생을 도와줄 수 없는 지경에 이르렀다. 두 자매는 어쩔 수 없이 베이커씨네 집을 떠나 질녀인 플로렌스 모리스 부스(Florence Morris Booth)와 함께 살게 되었다. 플로렌스 · 헨리 부스와 거의 다 자란 두 자녀들은 웰즈 스트리트의 멋진 집에 살았다. 캐리는 이듬해 6월, 64세로 세상을 떠났다.

화니 친구들은 그녀가 여동생과 얼마나 가까이 지냈었는지를 알고 있기에 그녀의 건강과 안녕을 크게 염려하였다. 아닌 게 아니라 화니는 캐리의 죽음으로 망연자실하였다. 그런데 캐리를 장례 지내고 오자마자,

또 다시 충격을 받았다. 쥴의 딸 아이다(Ida)가 장(腸) 질환에 걸려 48세로 죽었기 때문이다.

화니는 근년에 지극 정성으로 자기를 돌봐주고 도와준 여동생과 질녀를 잃은 상실감이 말로 표현할 수 없을 만큼 컸지만 체념했다.

"다 하나님의 뜻인 걸요. 그들이 훨씬 더 행복하죠."

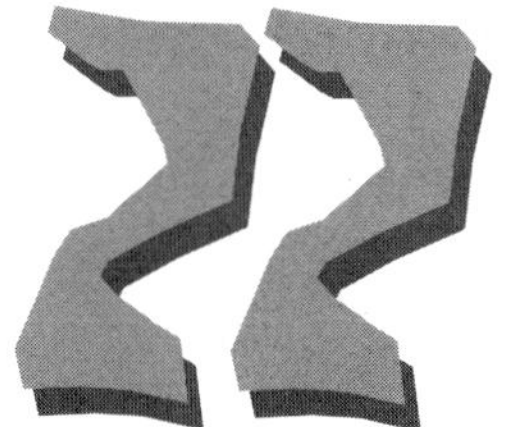

# 개신교의 성자

Fanny Crosby

화니는 여생을 웰즈가(Wells Street)의 질녀 가족과 함께 살았다. 이곳에서 질녀인 플로렌스가 이제까지 여동생 캐리가 담당했던 것과 똑같은 동반자 역할을 해주려고 애를 썼다. 그녀는 쾌활한 성격에 "키가 크고 호리호리하고 예쁜 여성"으로 묘사되었다. 그녀는 화니의 업무에 관련된 일들은 전부 에바 클리블랜드에게로 넘겼다. 에바는 매일 와서 모든 통신 문서를 처리하고 화니가 지은 모든 찬송가와 시들을 기록하였다.

### 밀려드는 취재진과 방문객들

만년에 화니는 여행을 줄였으나, 집에 있다고 해서 휴식을 많이 취하는 것도 아니었다. 왜냐하면 각종 신문과 잡지사에서 취재하려고 기자들과 수많은 방문객이 쉴새없이 몰려왔기 때문이다. 바로 이 시기에 우리는 그녀의 사상과 인격과 풍모를 가장 포괄적으로 파악할 수가 있다.

이때쯤에 화니는 신체적으로 거의 뼈만 앙상했다. 하지만 겉모습은 나날이 쇠했어도 영이 빛을 발함으로써 그녀를 아름답게 했다. 그녀의 미소는 너무도 사랑스러웠으며 모든 보도에 의하면, 그녀의 목소리가 아주 부드럽고 아름다웠다고 한다. 몸집이 작은 편에 비해, 식사는 꽤나 많이 하는 사람이었다.

오전 11시에 일어난 후 뜨거운 커피를 한 그릇 비운 다음 정찬을 많이 들고, 후에 저녁식사도 비슷하게 많이 하는 편이었다. 하지만 그녀는 「무엇」을 먹느냐에 굉장히 신경을 썼다. 고기는 거의 먹지 않았다. 주로 계란과 과일과 채소류를 많이 먹었다. 커피와 차는 다량으로 마셨다. 옷차림과 가사에는 너무도 단정하고 정돈되었지만, 가발에 대해서는 특별하다 싶을 정도로 까다로웠다. 그녀의 손질녀 플로렌스 페인(Florence Paine)에 의하면, 그녀의 가발은 그녀가 아래층으로 내려오기 전에 "언제나 똑바로" 되어 있어야만 했다. 또 아침마다 누군가가 뉴욕의 신문 가운데 하나를 읽어 주었다.

집에서 한가한 시간이 나면 화니는 응접실의 피아노에서 많은 시간을 보냈다. 페인 부인에 의하면, 그녀는 "이쪽 끝에서 저쪽 끝까지" 클래식으로 출발하여, 그녀가 지은 찬송가로 갔다가, 재즈음악으로 끝을 맺었다. 그녀는 "기운을 북돋우게 하는", 즉 옛날 찬송가를 재즈풍으로 연주하는 것을 즐겨했다. 또한 자작곡을 만들어 즉흥 연주를 하기도 했는데,

누군가가 그것을 몰래 적어 놓도록 허락을 하지는 않았다. 그녀는 노래 부르기를 즐겼다. 뉴욕의 친구들이 전하는 바에 의하면, 그들이 모여서 함께 노래를 부를 때 그녀가 이렇게 외쳤다고 한다. "창문을 열고 이 음악을 천국으로 올라가게 합시다!"

거의 매일 그녀 집은 순례객들이 몰렸다. '웰즈가의 성자'를 보기 위함이었다. 많은 사람들은 그녀를 만나려면 예약해야 했다.

### 순례객들의 많고 많은 사연들

집에 있을 때는 거의 매일, 말하자면 "웰즈가의 성자"를 보려고 계속적으로 밀려드는 순례객들을 맞았다. 많은 사람들이 그녀를 만나고 싶어 했기 때문에 에바 클리블랜드에게 예약을 하지 않으면 안 되었다. 각계각층의 사람들이 온갖 이유를 가지고 찾아왔다. 눈 먼 아이를 어떻게 교육시키며, 어떻게 사회생활을 할 수 있게 해야 하는지 그녀의 조언을 구하는 사람들이 많았다. 이 부분이 특히 그녀에게 힘겨웠다.

사람들은 또 시작법(詩作法)을 알려달라고 하였는데, 그녀는 한 번도 청을 거절한 적이 없었다. 전혀 재능이 없는 사람들도 찾아왔지만, 화니는 진짜 능력을 갖춘 사람을 지도해줄 기회가 생겼다. 그 중 하나가 어린 이웃소녀, 블랭취 심슨(Blanche Simpson)이었는데, 일주일에 한번씩 왔다. 시인은 소녀의 시에 크게 감명을 받고 그녀의 재능을 개발시켜주려고 모든 지원을 아끼지 않았다. 수업을 마친 후에는 항상 블랭취에게 특정한 운율이나 문체로 시를 써오도록 과제를 주었다. 그녀는 또한 원고료 문제에 대해서도 조언을 하여, 찬송시를 써주는 사람들을 이용하는 출판사들(꼭 비글로우 앤 메인사를 두고 하는 말이 아님)이 있다고 말해 주었다. 때로는 자신도 어떤 사람들에게 이용당한 적이 있었다고 귀띔해 주면서 조심하도록 일렀다.

또 그녀의 자필 서명을 받으려고 오는 사람들이 많았다. 그들에게 편의를 도모하기 위해서 그녀는 자신의 이름 쓰는 것을 배웠다. 염치없는 사람들 또한 화니 아줌마를 방문하였다. 그녀의 옷이나 보석을 한 점씩 얻어 가서 유품으로 간직하려는 사람들이었다. 우편으로 화니에게 호소하는 사람들도 있었다. 미주리의 한 병든 여자는 약 사먹을 돈을 달라고 편지했다. 시집 출판에 도움을 요청하는 편지를 보낸 자도 있었다.

화니의 하루는 보통 자정쯤에 끝났다. 저녁시간에는 서신에 답장을 받아쓰게 한 후, 방으로 돌아가 다시 기도하고 여러 시간 찬송시를 지었다. 만년에 그녀는 잠을 별로 자지 못했는데, 낮에 요청해온 사람들의 소원을 위해 여러 시간 기도하였다. 또한 교회를 위해, 다른 기독교 기관들을 위해 중보 기도하였다. 그러다 보면 새벽에야 잠을 청했다.

## 맹인이기에 받았던 축복

화니 크로스비에 대해 대부분의 사람들이 잘 아는 한 가지 사실은, 그녀가 맹인이라는 점이다. 그런데 화니는 맹인이라는 것에 자기 연민을 느끼기는커녕, 눈이 보이지 않는 것을 하나님의 특별한 선물로 생각하였다. 종종 이런 말을 하였다.

"그것은 나에게 일어날 수 있었던 일 중에 최선의 일이었어요."

"내가 맹인이 되지 않았다면 도대체 어떻게 내가 지금까지 살아왔던 것과 같은 도움을 주면서 살 수 있었을까?"

화니는 자기연민을 느끼기는커녕 맹인을 하나님의 특별한 선물로 생각했다. 집중력도, 기억력이 크게 발전한 것도 눈이 안 보이는 것 덕이었다.

그녀가 맹인이 되지 않았다면, 교육 받을 기회를 결코 얻지 못했을 거라고 생각했고, 뉴욕 맹인학교에 가지 않았다면, 유명 출판사에서 찬송시를 쓸 수 있는 만남의 축복을 얻지 못했을 것이다.

게다가 눈이 보였다면, 틀림없이 주의산만이 됐을 거라고 믿었다. 그녀는 자신의 뛰어난 집중력을 눈이 안 보이는 것 덕분이라고 생각했다. 또한 시력 장애 때문에 기억력이 발전될 수 있었고, 그녀와 청중들 사이의 공감대가 형성되어 강연자로서 그녀의 호소력이 강화됨으로써 사람들이 복음 메시지를 더 잘 받아들이게 됐다고 생각했다.

화니는 청력이 아주 예민하여 귀에 거슬리는 소리나 부조화에 민감하였다. 한 번은 그녀가 잠을 자고 있었는데, 어떤 방문자가 자신이 방문을 거절당했다고 생각했는지 홀을 내려가면서 휘파람을 불었었다. 그 휘파람소리에 잠이 깨어 호텔방에서 나오게 했다.

습포를 처방하여 두 눈을 소경으로 만든 돌팔이 의사에 대해서도 그녀가 쓴뿌리를 갖고 있지 않나 의심하는 사람들이 많았다. 그렇지만 그녀는 언제나 부드럽게 말하였다. "그 의사를 욕하지 마세요. 그는 아마 벌써 죽었을 것입니다. 설령 내가 그를 만날 수 있다면 그가 부지중에 세상에서 가장 큰 호의를 나에게 베풀었다고 말하겠습니다."

그녀는 당시 최고의 의술이라 할지라도 이미 결함이 있는 자신의 눈을 치료할 수 있었을지 의심이 든다고 종종 말하였다.

"나는 시력을 잃고 육안이 어두워진 것을 통해 영안이 더욱 예민해졌습니다. 그것으로 충분히 보상 받은 것이지요." 자기 자신은 영적인 세계를 들여다 볼 수 있다고 믿었다. 그녀가 상대하는 사람의 영혼의 상태를 종종 알게 된 것은 틀림없었다. 누가 성실한지, 누가 거짓인지, 누가 악의를 가졌는지, 누가 마음씨 좋은지 그녀는 말할 수 있었다.

### 화니의 신학과 신앙생활

화니의 영적 조언은 사람들에게 큰 도움이 되고 힘을 북돋아 주었다. 그렇기 때문에 그녀의 신학에 대해서 글을 써달라고 많은 사람들이 요청하였다. 그때마다 그녀는 말했다.

"나는 신학에 대해선 생각해 본 적이 없습니다."

그녀는 종교적 신념을 체계화, 즉 철학적 근거 위에 세우는 학문적 훈련의 의미에서 신학에는 전혀 관심이 없었다. 영적인 지혜는 정신(mind)에서 나온다기보다는 오히려 마음(heart)과 영혼에서 나오고, 또 주님과의 교제에서 나온다고 보았다.

"이게 합리적인가?" 혹은 "이게 논리적인가?"라고 한번도 자문하지 않았다. 언제나 "이게 하나님으로부터 온 것인가?"라고 물었다. 이러한 확신 때문에 교파주의의 장벽을 뛰어넘을 수 있었다.

그녀에게 있어 사람들은 어느 교회 소속이든 예수 그리스도를 성경에 계시된 대로 믿는다면 다 형제요 자매였다. 화니 크로스비의 믿음 생활에 있어서 최종 권위는 성경이었다. 그녀는 성경 비평학자들이 성경을 분해한 다음, 인간 이성의 경향에 따라 그것을 그럴듯하게 재조합하던 시대에 살았다. 성경을 기독교 신앙 생활에 "절대 권위"로 믿었기에 화니는 이런 현상에 마음이 어지러웠다. 이성은 성경을 이해하는데 도움이 되도록 사용되어야 한다. 성경은 그 해석자들이 "합리적"이라고 느끼는 것에 종속되어서는 안 된다. 화니에게 성경은 절대적인 "신앙 규범"이었다.

신학에는 전혀 관심이 없었다. 영적인 지혜는 정신에서 나오지 않고 마음과 영혼에서 나오고, 주님과의 교제에서 나온다.

만년에 화니는 성경에 관하여 그녀가 어느 쪽에 서 있느냐는 질문을 종종 받았다. 그러한 질문이 그녀를 짜증나게 했다.

"나는 성경에 대하여 트집을 잡거나 말씀에 대한 무가치함을 제기할 시간이 없다"고 말하였다.

그녀는 설교란 하늘의 계시로서 선포되고 받아들여져야 하며, 목사들은 메시지를 전할 때 성경에 완전 충실해야 한다고 생각하였다. 목사가 정치나 시에 대하여 설교하는 것은 "그 어느 것보다도 사람들 가운데 하나님의 나라를 확장시키는데 더 실질적인 해를 끼친" 이단이었다.

화니에게 기독교의 참된 본질은 순전히 성경과 성례가 지시하는 것이었다. 즉 하나님과의 진정한 개인적 관계로 보았다. 화니는 기도하는 사람의 최고 관심사가 기도제목이라면 하나님께서 기도를 응답하신다는 고통 속에서도 즐거울 수 있었다.
고난당할 이유는 언제나 있음을 깨달았다.
그들을 다시 볼 것을 기대했다.

사실을 굳게 믿고, 그것이 크든 작든 자신의 모든 필요를 가지고 하나님께로 나아갔다.

화니는 인생살이에 악이 없다고 생각하는 학파에 속하지 않았다. 그녀는 사단의 실재를 믿었으며, 세상에는 악이 실재하고 있다고 믿었다. 비록 하나님께서 악을 "명하시"지는 않지만, 그것에서 선이 나오게 하기 위하여 때로는 악을 허용하신다. 그 예로써 화니는 자신의 눈이 멀게 된 케이스를 인용하였다.

### 인생의 고통 속에서 즐거울 수 있는 이유

그녀는 고통 속에서도 한없이 즐거울 수 있었다. 고난당할 합당한 이유가 언제나 있다는 것을 깨달았다. 종종 히브리서 12:6을 인용하였다. "주께서 그 사랑하시는 자를 징계하시고." 그런 다음 "만일 나에게 환난이 없었다면 주님께서 나를 사랑하지 않으신다고 생각했을 것이다"라고 설명하였다.

화니의 만년에 나타난 명랑한 성격이 행복한 성격을 타고난 결과라고 생각하는 사람들이 많았다. 그러나 꼭 그런 것만은 아니었다. 어렸을 때는 그녀가 우울증과 낙심으로 인해 얼마나 많이 괴로움을 당했으며, 노년에도 그녀의 삶에는 어떤 사람들이 사는 것보다는 차라리 죽는 게 낫다고 할 만큼 많은 것들이 부족하게 살았음을 우리는 보아왔다. 그녀는 고난의 삶을 살았지만, 만년에는 뒤를 돌아보고 하나님께서 어떻게 그녀를 회복시키셨는지 볼 수 있었다.

그녀의 가장 행복한 찬송시들 가운데 "왜 죽음의 시들이 있느냐" 고 종종 질문을 받았다. 화니가 이에 대답하였다.

"나의 어린 시절부터 죽음은 나에게 더 좋은 것에 이르는 디딤돌인 것 같았어요. 왜 내가 그 부분에 대해 슬퍼해야 합니까? 내가 천국에 온 것 같이 생각된 때도 많았어요. 내가 영원한 본향에 왔는데, 어찌 덜 행복할 수 있단 말인가요?"

죽은 가족들에 대해서도 그녀가 종종 이렇게 말하는 것을 들을 수 있었다. "음, 그들이 더 잘된 거예요. 저 영광의 나라로 이제 막 들어간 거라구요." 그 영광스런 나라에서 그들을 다시 볼 것으로 기대하였다. 자신의 최종 종착지에 대하여 그녀는 너무도 확신했기에, 테니슨 경(Lord Tennyson)이 이렇게 쓴 것을 비판하였다.

"내가 죽으면 나의 조종사(Pilot)를 대면하여 뵙기를 바란다."

화니는 이것을 이렇게 고쳤다.

"나의 조종사를 대면하여 만날 것을 나는 「안다」!"

그녀의 기쁨은 조용하고 거룩한 평온함, 위엄 있고 억제된 행복일 뿐 아니라, 더러는 솔직한 즐거움이기도 했다. 그녀는 아주 재미있는 사람으로 통했다. 소녀 때 굉장히 실제적인 조크를 좋아했다. 노년이 되어서도 장난끼는 여전했다. 그녀의 설교와 강연은 재미난 이야기들로 넘쳤다. 꾸짖거나 비판하는 가장 좋은 방법은 사람들로 하여금 자신의 결점을 보고 웃게 만드는 것이라고 그녀는 생각하였다. 아닌 게 아니라 종종 유머러스한 촌평을 통해 찬성할 수 없음을 표시하였다.

한 번은 피비 내프의 아파트에서 그녀가 근엄하고 거만한 감독을 만났는데, 그의 과도한 엄숙함에 비위가 상했다. 그 목사가 도중에 자리를 뜨지 않으면 안 되었을 때 화니가 다른 손님들이 있는데서 큰소리로 말했다. "제발, 감독님, 침착하세요!"

그리고 그녀는 거룩한 것을 경시하는 이야기를 싫어했다. 한번은 한 무례한 젊은 방문객이 떠난 후, 그녀가 플로렌스에게 말했다.

"오, 망치로 저 인간의 머리통 속에 한 뭉치의 존경심을 때려 넣어주면 좋겠는데!"

화니 아줌마는 항상 아이들에 대한 특별한 사랑이 있었다. 교회에서 설교할 때마다 정규 이야기 외에 "아이들 설교"를 하는 게 보통이었다. 그녀는 손질녀들과 조카들 및 이웃 아이들과 놀기를 좋아하였다. 때로는 그녀가 시내에 있을 때는 부모들이 어린 자녀들을 화니 아줌마의 손에 맡기기도 하였다.

80대 초반까지는 화니를 가리켜 "감리교의 성자"라고 불렀다. 사회사업가 앤 콥햄(Ann Cobham) 여사는 화니가 그녀의 펜실베이니아 집으로 자주 방문했었는데, "당신이야말로 가장 놀라운 생존 인물"이라고 말했을 때 그녀 혼자만 그런 말을 한 것이 아니었다.

# 23 나는 아직 죽고 싶지 않아

Fanny Crosby

**1907**~08년 겨울에 화니는 화이트에게 편지를 썼다.

"날씨가 풀릴 때까지 나는 실내에서 지내야겠어."

한겨울이라 그녀는 바깥출입을 거의 하지 않았다. 하지만 조언과 도움을 구하러 찾아오는 방문객들이 끊이지 않아 한가롭지는 않았다. 날씨가 풀리자 그녀는 외출을 하였다. 3월에 브리지포트에서 기차를 타고 혼자 뉴욕으로 갔다. 피비의 영접을 받고 일주일간을 함께 보냈다.

**"아직도 최고의 찬송시를 쓰지 못했어요."**

해마다 여는 연회에서 그녀는 8,000편 이상의 찬송시들에 대한 질문을 받았다.

"크로스비 여사님, 어느 시를 최고의 작품으로 생각하십니까?"

그녀는 의미 있게 대답하였다.

"아직도 최고의 찬송시를 쓰지 못했습니다."

그녀의 찬송시 중에 영원토록 하나님께 쓰임 받는 것들이 많다고 느끼지만, 아직도 예술적 관점에서는 대작을 많이 쓰지 못했다고 생각하였다. 그녀의 생산량은 쏟아져 나왔었다. 하지만 이제는 그녀에게 청탁 들어오는 것이 훨씬 줄어들었기에 차분히 앉아 가장 위대한 작품에 착수할 수가 있었다.

생일이 지나고 나서 화니는 브루클린의 감리교 대회에서 일주일을 보냈다. 어느 날 오후에 그녀는 아이라 생키를 방문하였다. 이 사랑하는 나이 든 친구를 찾아보는 것이 어쩌면 마지막이 될지도 모를 일이었다. 아이라는 생명이 다해 가고 있었다. 그는 3년 동안 투병하여 심한 통증과 뼈만 거의 앙상하게 남았다.

"전 기독교계가 당신의 회복을 위해 기도하고 있어요"라고 화니가 말하자, 그는 고개를 가로저었다.

그가 천국에서 만나자면서 이렇게 말하였다.

"저 천성 동쪽의 진주 문에서 다시 봐요. 거기서 내가 당신의 손을 잡고 황금거리로 인도하여 하나님의 보좌까지 가서 우리가 하나님께 말씀드립시다. '주님의 비길 데 없는 무한한 은혜로 구원 받아 이제 우리가 얼굴과 얼굴을 대하여 주님을 뵈옵니다!'"

대회가 끝난 후, 화니는 2주간 집회를 위해 뉴저지 주 퍼스 엠보이로 떠났다. 비록 그녀가 생키를 보는 것이 마지막이라는 걸 분명히 알고 있었지만, 사보이호텔에서 피비 내프에게 작별 인사를 할 때는 그녀에게 그게 마지막 작별인사가 될 거라는 것을 알지 못했다.

거기서 프린스턴으로 가서, 장로교회에서 성금요일(Good Friday)의 "신성한 음악회"에서 설교하였다. 주일에는 부활절 설교까지 하였다.

프린스턴을 떠나기 전에 그녀는 옛 친구 그로버 클리블랜드를 마지막으로 방문하였다. 그 역시도 연약하고 수척해 있었다. 그녀가 뉴헤이번으로 이동해 가면서 그로버에 대한 염려를 많이 했다. 뉴헤이번에서는 예일 대학교로 버트 화이트(Bert White)를 방문하였다. 6월 25일 아침에 그녀는 그로버가 세상을 떴다는 소식을 들었다. 그녀는 그와 자기 두 사람이 "죽음도 깨뜨릴 수 없는 깊고도 따뜻한 우정관계"를 맺어 왔으며, "끈으로 연결되어 있으니 우리는 저 하늘나라에서 서로를 알아볼 것"이라며 자신을 위로하였다.

### 긴 인생에서 가장 슬픈 여름

이때가 아마 화니의 장구한 일생에서 가장 슬픈 여름이 되었을 것이다. 그녀가 클리블랜드의 사망소식을 들은 지 두 주일도 채 안 되어서 피비가 죽었다는 소식에 또 망연자실하였다. 70대 초반으로 아직 활력이 넘치고 젊어 보였기에 피비는 휴가차 메인 주 폴란드 스프링으로 갔었는데, 거기서 7월 10일에 뇌일혈로 쓰러졌던 것이다.

한 달 후에는, 생키의 영혼이 고통 없는 저 천국으로 갔다. 그는 8월

13일 아침에 화니의 찬송가 "후일에 생명 그칠 때" (295장) 1절을 부르다가 그만 혼수상태에 빠져들었다.

> 후일에 생명 그칠 때 여전히 찬송 못하나
> 성부의 집에 깰 때에 내 기쁨 한량 없겠네

해질녘쯤 그는 천국으로 갔다. 화니는 갑자기 외롭고 쓸쓸함을 느꼈다. 그녀는 자기 나이 또래의 대부분의 친구들보다 더 오래 살았을 뿐 아니라, 또한 한 세대 더 젊은 대부분의 사람들보다도 더 오래 살았다. 왜 자기들만 세상에 오래 남겨 놓는지 이상히 생각하는 수많은 노인들과는 달리, 화니는 종국에 가면 그녀가 사랑했던 사람들과 영원히 함께 만날 것이라는 확신이 있었기에 마음이 편했다. 또 하나님께서 아직도 그녀가 이 땅에서 해야 할 일이 있다는 확신 가운데 마음이 안정되어 박새처럼 행복하게 지냈다.

계속해서 그녀는 찬송시를 썼다. 주로 앨런 생키와 찰스 가브리엘에게 써주었고, 몇 편은 휴 메인에게 써주었다. 메인을 위해서 그녀는 이 세상 삶의 덧없음을 노래한, "우리는 계속 가네"라는 제목의 성공적인 찬송시를 써주었다. 그것은 그녀의 주요 찬송시 중 마지막 작품이었다. 그녀는 계속해서 '크리스천 유니온'에서 정기적으로 말씀을 전하였고, 사적인 모임과 편지와 강연과 병원 심방으로 자신의 격려사역을 지속해 나갔다.

## 변화가 많았던 미국 사회

> 미국 사회의 발전하는 경향을 보면서 마음이 크게 혼란스러웠다. 물질주의가 팽배하고 가족구조가 붕괴하기 시작했다.

화니의 일생 동안 미국에는 많은 변화들이 일어났었다. 전화, 전신, 증기기관, 축음기, 영화, 자전거, 타이프라이터, 엑스레이, 엘리베이터, 재봉틀, 안전성냥, 마취제, 곡물 수확기와 제초기, 잠수함, 식자기, 자동차, 비행기 및 라디오의 발명이 이루어졌다. 그녀는 현대시 – 운과 리듬이 없는 시로 그녀가 쓴 시와는 아주 다른 – 를 알고 어느 정도 감상도 할 줄 알았다. 그녀는 당시의 대중가요를 즐겨 불렀고, 그녀가 50년 전에 했던 것처럼 다시 한번 세속적인 노래를 지어볼 생각을 하면서 혼자서 즐겼다. 그녀는 자신의 가사가 "현재의 수준을 넘어서" 당시의 노래들을 향상시킬 수 있다고 생각하였다.

화니 아줌마는 미국 사회에서 발전하고 있는 다른 경향들을 보면서 마음이 크게 혼란스러웠다. 다시 말해 물질주의가 점점 팽배해지고 미국의 가정과 가족 구조가 붕괴되기 시작했다. 여권운동이 마음에 들지 않아서 그녀는 현대 여성들이 "가정에서 당연히 해야 할 일"은 놔두고 모든 것을 다 하고 싶어 하는 것 같다고 불평하였다. 그녀는 덧붙여 말했다. "내가 좀 구식 사람으로 보일지 모릅니다. 하지만 바로 이 중요한 문제에 관해서는 확고한 신념을 갖고 있습니다."

한 국가의 힘이 가족과 가정생활에 있다고 그녀는 확신했다. 그것이 무너질 때 국가도 무너졌다. 가정의 중심에 하나님이 계셔야 하는데, 미국민들 가운데 기독교에 대한 관심이 점점 줄어드는 것을 보고 화니는 크게 우려했다. 그녀는 성경에 대해서도 확신 있게 말했다. "내가 어렸을 때 이 책은 가정에서나 국가에서나 실제적인 위치를 차지했었어요."

성경에 대한 의심과 불신앙이 점점 커지는 것에 그녀는 마음이 슬펐다.

"성서를 무시하는 기독교 국가는 위대한 국가가 될 수 없습니다. 그리고 만일 가장이 기도하지 않는다면 미국은 지속될 수 없을 것입니다."라고 한탄하였다.

국가도 "기도의 사람"이 이끌어야 한다고 그녀는 주장했다. 약간은 형식적인 유니테리언교도(삼위일체를 인정하지 않음)인 윌리엄 태프트(William H. Taft) 대통령이 백악관의 주인이었다. "기도하지 않는 대통령들"로는 국가가 살아남을 수 없을 것이라고 화니는 말하였다. 선조들의 신앙으로 돌아가지 아니하면 미국에는 전혀 미래가 없었다.

그녀는 이 모든 것이 교회생활 그 자체에 반영되어 있음을 목격했다. 교회에 출석하는 신도수가 감소하고 있었던 것이다. 그녀는 종교에 관심을 갖고 있는 남자들의 수가 얼마 안되는 것에 아연실색하였다. 그녀 주변에서 일어나는 세대들로 미루어 볼 때 "천국에서는 베이스로 찬양할 남성들이 모자랄 것"이라며 우려하였다.

개신교 내부에서는 화니가 더욱 놀랄만한 운동들이 일어났다. 많은 현대 신학자들이 성경의 권위를 의심하게 되었다. 특히 목사들 가운데서 이런 경향들이 감지되자, 화니는 심한 정신적 고통을 겪었다. 수많은 젊은이들도 대학과 신학교에서 신앙을 잃어버리고 있다는 말을 듣고 더욱 마음이 괴로웠다.

개신교 안에서 놀랄만한 운동들이 일어났다. 많은 현대 신학자들이 성경의 권위를 의심하게 되었다.

화니는 이제 교회의 예배에 거의 참석하지 못하였다. 교회 출석의 빈도가 뜸해진 것은 하나의 미스테리이다. 그녀가 점점 약해지고 있었지만, 그렇다고 해서 동부 해안을 오르내리며 강연여행을 못할 정도는 아니었다. 그녀가 지금의 제일 감리교회에 나타나는 유일한 때는 설교를 부탁 받았을 때뿐이었다. 왜 교회 출석이 뜸하냐고 친구들이 묻자 말했다.

"내가 교회에서 예배드리는 것처럼 여기서도 혼자 똑같이 하나님께 예배를 드릴 수 있어." 이것이 평생을 교회 다녔던 사람에게서 나온 불가해한 말이다. 그렇지만 화니는 감리교 회원 신분을 그대로 유지하고 있었고, 계속해서 「왕의 딸들」 단체와 함께 부지런히 사역하였다.

개신교 내부에서 전개되는 모든 상황이 다 그녀를 낙심시킨 것은 아니었다. 그녀는 빌리 선데이(W. A. Billy Sunday) 박사의 활동을 관심있게 지켜봤다. 그는 여러 가지 면에서 사랑하는 무디의 후계자가 될만한 사람이었다.

또한 윌버 채프먼(J. Wilbur Champman) 박사와 그의 "성가대 지휘자" 찰스 M.(찰리) 알렉산더에게서 감동을 받았다. 이들은 1909년에 다민족 전도집회를 성공적으로 인도하였다. 그녀는 그들을 기려서 시를 쓰기까지 하였다.

**90회 생일 축하 -"난, 아직 죽고 싶지 않아"**

1910년 3월에 화니는 자신의 90회 생일을 축하받았다. 그녀는 몸이 거의 구부정했으나 세월의 참화에 굴복하기를 거부한 채 계속 여행하며 강연하였다.

버트 화이트에게 보낸 편지에서 "내가 너무 바쁘다보니 내 이름도 모를 정도라네"라고 썼다. 그녀의 명랑한 기분이 줄어들기는커녕 오히려 더 늘어나는 것 같았다.

"난 아직 죽고 싶지 않아. 앞으로 15년을 더 살고 싶어. 105세까지 말이야."라고 그녀는 주장하였다. 하지만 하늘 아버지께서 다른 뜻이 계시다면 "그것도 좋다"고 양보하였다. 그녀의 장수는 자신의 식욕과 성질과 말을 통제하고 다스려주는 수호천사들 덕분이라고 하였다.

화니는 1911년 봄, 혼자 뉴욕으로 여행하였다. 감리교 감독교회 전도위원회의 "야외 및 직장 천막집회" 주강사로 초청받았기 때문이다.

화니는 자동차로 도착하였다. 차가 멈추자 안내위원들은 그녀의 수척해진 모습에 놀라서 한 위원이 "제발 휠체어 좀 가져 오세요"라고 큰 소리로 말했다.

화니의 우렁찬 목소리가 그들을 금세 잠재워버렸다.

"「나」는 회전의자가 필요 없어요. 내 두 발로 설 수 있어요. 나의 힘은 여호와께 있습니다."

5천명 이상의 사람들이 그날 카네기홀에 모였다. 2천명의 연합 성가대가 찬양했는데, 거의 그녀가 작사한 찬송가만 불렀다.

1911년 10월, 그녀는 헬렌 켈러(Hellen Keller)를 방문하고자 마지막으로 뉴욕에 돌아왔다. 헬렌은 10년 전에 만났었다. 그녀가 현대의 예언자로 생각하는, 이 재능 많은 친구와 하루를 보냈다. 그리고 화니는 한 번 더 보워리 선교회를 방문하여 거기서 설교하였다. 그 다음에 저지 시티로 가서 심슨 메모리얼 감리교회에서 설교하고, 앨리스 홈즈(Alice Holmes)를 방문하였다. 그녀는 90세로, 약간 귀가 멀고 몸이 약하였다. 두 여자는 40년 동안 함께 있지 못하였지만, 앨리스는 화니의 목소리를 듣고 금방 알아보았다.

5천명 이상이 카네기홀에 모였다.
2천명의 연합성가대가 찬양했는데, 거의 그녀가
작사한 찬송가만 불렀다.

그 해 가을, 화니 아줌마가 폐렴에 걸렸다. 모든 사람은 그녀의 마지막 시간이 임박했다고 생각했다. 그런데 그녀 자신은 물론 모두가 다 놀랍게 그녀는 회복을 했다. 너무도 연약해 보였기 때문에 모두가 잠깐이나마 그녀의 죽음을 예상했던 것이다.

그녀는 여전히 수시로 여행을 다녔다. 1913년 2월에 그녀와 플로렌스는 제일침례교회에서 설교하기 위해 매사추세츠 주 캠브리지로 갔다. 한 예배에서 그녀는 2천 명의 청중들에게 설교하였다. 여러 해 후에 그 당시 어린 아이였던 한 남자가 "검은 옷을 입은, 몸집이 작은 노부인이 성서 낭독대 뒤에 캠벨 박사와 함께 서서 세상을 향해 작별인사 하는 것"을 기억하였다.

그녀의 93회 생일은 부활절이었다. 그녀가 말했다.

"만일 이 세상에서 나보다 더 행복한 사람이 있다면 그와 악수를 하고 싶어. 왜냐하면 죽어야 할 인간이 이 세상에 있으니 내가 행복한 것 아닌가! 나의 인생은 양쪽 둑에 꽃들이 만발하고, 잔잔한 시냇물에 떠 있는 작은 배처럼 미끄러지듯 지나간다네."

그날 저녁 그녀는 수개월 만에 처음으로 제일 감리교회에 서게 되었다. 조지 스테빈스가 그녀와 함께 하고자 브루클린에서 벌써 와 있었는데, 맹인 소프라노인 그의 이웃 제니 베넷 카펜터(Jenny Bennett Carpenter) 부인을 동반하였다. 화니가 여러 해 전에 뉴욕을 방문할 때 그녀가 노래하는 것을 한 번 듣고 그녀의 재능에 감명을 받은 적이 있었다. 화니가 설교하고 회중을 축복한 후에 카펜터 부인이 "후일에 생명 그칠 때"(295장)를 불렀다. 절반가량 부를 때쯤 화니 아줌마가 일어나서 그녀의 손을 잡고 함께 찬양하였다. 두 맹인 여성이 함께 노래하는 광경에 회중들은 감동의 눈물을 흘렸다.

### 전국적인 '바이올렛의 날' 계획

화니는 버트 화이트에게 보낸 편지에서 말했듯이 이제는 "여느 때처럼 항상 뜨개질하며 시간을 보냈고, 방문객들이 들어오거나 더 긴급한 일이 발생할 때에는 그만두었지." 그녀는 친구들을 만나보기 위해서 자동차를 몇 번 탔고, 두어 차례 여행을 하였다. 그것 말고는 더 이상 밖에 나가는 일이 좀체 없었다.

94회 생일이 다가오자 「왕의 딸들」선교회가 뭔가를 결정하였다.

"화니의 친구들 모두가 그녀가 제일 좋아하는 바이올렛을 꽂아서 생일을 축하해주도록 하십시다."

94회 생일이 다가왔다. "그녀가 제일 좋아하는 바이올렛으로 생일을 축하해줍시다." 또 한번 전국적인 생일축하가 계획됐다.

이 일을 휴 메인이 맡아서 「바이올렛의 날」(Violet Day)이 언론의 주목을 받았고, 다시 한번 전국적인 생일 축하가 계획되었다.

바이올렛의 날, 전 주일에 화니는 제일 감리교회에서 마지막이 될 설교를 하였다. 교회는 입추의 여지없이 사람들로 꽉 찼다. 한 지역 신문은 보도하였다.

"화니는 몸은 쇠하지만 아직도 정신은 강하고 … 영은 기쁨이 충만하며, 하나님께 대한 신뢰와 믿음은 영원한 산에 못지않게 확고하다."

**변화의 시대에 구주 예수님을 굳게 붙잡으라**

설교는 "기도의 능력"에 대한 것이었다. "신자의 삶에서 기도는 필수적입니다." 기도하기 위해서는 무릎을 꿇거나 어떤 자세를 취해야 한다고 생각하는 사람들이 있지만, 이것은 잘못된 것이에요."

"나는 무릎 꿇고 기도하지 않습니다. 그 자세에서 다시 일어날 힘이 나에겐 없어요. 신자는 어디서든지 또 어떤 자세이든지 가장 편안하게 자유로이 기도할 수 있어야 합니다."

그녀는 하나님께서 기도에 응답하신 사례를 몇 가지 들었다. 그 중에 하나가 폐렴에서 회복된 것이었다. 그것은 순전히 친구들의 기도 덕분이라고 하였다.

"여러분 모두가 시련과 슬픔을 당할 때 기도로 하나님께 나아가기를 바랍니다. 거기에서 좋은 것들이 나와요. 하나님께서 여러분의 생각보다 더 좋은 응답을 주실 것입니다. 물론 자기가 구한대로 언제나 응답받지 못할 수도 있어요. 하지만 하나님의 방법을 최고최선의 것으로 신뢰해야 합니다."

그녀는 "이 변화의 시대에 구주 예수님을 굳게 붙잡으세요"라고 회중들에게 강조하였다. 결론적으로 말했다.

"나의 사랑하는 교우 여러분, 여러분을 아주 많이 사랑합니다. 만일 내가 먼저 저 아름다운 해안으로 건너간다면 거기에서 여러분을 맞도록 하겠습니다!"

그렇지만 아직은 자신의 일이 끝나지 않았다고 생각했다.

"하나님께서는 아직도 나에게 맡기실 일이 있으시다고 믿습니다. 나는 아직 죽고 싶지 않습니다."

하지만 그녀가 목표했던 105세까지 가지 못하리라는 것을 이젠 사람들이 알았고, 어쩌면 그녀에게도 분명했으리라.

# 24 작별 인사도 없이

Fanny Crosby

5월 마지막날, 화니와 쥴은 쥴의 집에서 한 번 더 엄마의 생신을 기념하였다. 나이 많은 두 자매의 마음엔 임박한 죽음이 크게 느껴졌다. 화니가 먼저 하늘나라에 간 동생 캐리에 대해 여러번 반복해서 말했다.

"아무래도 캐리가 아주 가까이에 있는 것 같아."

그녀는 또한 아이라 생키와 영의 교제를 하고 있다고 주장하였다. 그래서 천국에 가서 한 번 더 그녀가 사랑했던 사람들의 아름다운 얼굴들을 보게 되는 날은 굉장한 날이 될 것이라 하였다.

### 섬섬 다가오는 마시막 시간

1914년 8월에 화니는 가벼운 심장마비를 겪었다. 그녀는 다시 마지막 마지막 시간이 다가옴을 느꼈다.
부분적으로 회복을 했지만 몇 달밖에 살지 못할
것이었다. 그녀는 기쁨으로 받았다.

시간이 다가옴을 느꼈다. 병중에 그녀가 황홀한 환상을 보았는데, 몸이 좋아지자, 그 환상이야말로 평생에 가장 놀라운 것이었다고 고백했다. 그 내용에 대해서는 거의 말하지 않았지만, 그 중 한 가지는 천사가 와서 "네가 충성하라 그리하면 내가 생명의 면류관을 주리라"라고 요한계시록의 말씀을 축어적으로 인용해 말했다는 것이다. 그리고 천사가 이렇게 말하였다. "침착해라. 그리고 될 수 있는 한 빨리 힘을 되찾아서 한 번 더 주님을 위해 일을 하거라."

화니는 부분적으로 회복을 하였지만, 의사들은 플로렌스에게 숙모가 몇 달밖에 살지 못할 것이라고 하였다. 화니는 자신의 임박한 종말을 기쁨으로 받아들였다. 그녀는 저 영광의 나라로 그냥 옮겨갈 것이기에 친구들에게 말했다.

"내가 영원한 본향에 이르게 되면 사람들이 이렇게 말할 거야. '화니, 어서 들어와! 들어오라구!' 그 다음에는 그리스도로 인한 승리가 있을 거야!"

### 최후의 찬송시 – "저녁이 되면 빛이 있으리라"

그러나 천사가 말한 대로 그녀는 생명이 지속하는 한 아직도 "주님을 위한 일"이 있었다. 무엇보다도 천사의 그 말이 찬송가를 몇 편 더 세상에 내놓길 원한다고 화니는 생각하였다. 아닌 게 아니라 앨런 생키와 휴 메인이 십년 안에 그들 최초의 대 찬송가책을 계획하고 있어서 화니에게 청탁하였다. 그 뒤 몇 개월 만에 그녀는 약 12편의 찬송시를 지었다. 그 중 가장 뛰어난 것이 "주여 나를 지켜주소서"였다.

1월에 고령의 돈(Doane)이 "잠행성 중풍"으로 침대에 누워만 지냈다. 그런데 하루에 몇 분 정도는 앉아 있을 수 있기에 마지막으로 한 곡을 쓰기로 결심했다. 그는 옛 동료에게 전갈을 보내어 화니가 가사를 써 주면 좋겠다고 했다. 2월초에 그녀는 자신의 최후의 찬송시를 썼다.

저녁이 되면 빛이 있으리라
수고로운 하루가 서서히 물러가면
깜깜한 어두움도 없고 지루한 밤도 없고
저녁이 되면 빛이 있으리라

저녁이 되면 빛이 있으리라
저 높은 하늘에서 영원한 사랑이
이제 찬란한 약속을 발하는구나
저녁이 되면 빛이 있으리라

### 손수 죽음과 장례를 준비하다

화니는 자신의 죽음과 장례를 준비하기 시작했다. 그녀는 플로렌스와 쥴에게 자신을 기념하는 기념물을 세울 경우에는 발눔(Barnum)이 자기 자신을 위해 대리석과 화강암으로 묘비를 세운 것처럼 하지 말고, 뭔가 사람들에게 유익을 줄 수 있는 것으로 하도록 약속을 미리 받아두었다.

나를 위해 묘비나 생명없는 대리석 기념물엔 한 푼도 써서는 안된다고 못을 박았다. 진료소 건물, 양로원, 은퇴목사를 위한 기금 등 남에게 유익을 주는 것으로 해라.

그녀는 여러 가지 안을 가지고 있었다. "크리스천 유니온"은 그녀가 브리지포트에 왔을 때부터 계속 관심사였는데, 진료소가 필요했다. 만일 친구들이 자신을 위해 뭔가 기념해야 한다면, 화니의 이름으로 진료소 건물을 지을 기금을 모금할 수 있게 했다.

아니면, 친구들이 노인들을 위한 양로원을 건립할 수도 있을 것이다. 그녀 자신은 젊은 가족들과 젊은 친구들과 함께 즐거운 생활을 해왔지만, 자녀들이 연로한 부모들 및 조부모들과 따로 살려는 경향이 커지는 사회에서 많은 노인들이 외롭고 쓸쓸한 삶을 사는 것에 많은 관심을 가졌다.

한 나이 많은 과부가 그녀에게 말했다.

"사람의 목소리를 듣게 되는 유일한 기회는 내가 집 봐달라고 고용한 여자가 나에게 '식사하라' 고 부를 때뿐이었어요."

화니는 가족이 없는 노인들이 공동체 내에서 함께 생활할 수 있다면 참 좋을 것이라고 생각하였다. 이거야말로 그녀에게 알맞은 기념물이 될 수 있을 것이다. 아니면, 은퇴한 목사님들을 돕는 기금의 형태를 취할 수도 있을 것이다. 그 당시에는 연금제도가 없었기 때문이다. 묘비석이나 생명 없는 대리석 기념물에는 한 푼의 돈도 써서는 안 된다고 못을 박았다.

**유언장 내용**

화니는 변호사를 불렀다. 그리고는 8년간 자기를 수발들어준 데 대한 "감사"의 뜻으로 질녀 플로렌스에게 재산의 절반을 남기는 유언장을 작성하게 했다. 나머지 절반은 동생 쥴의 몫으로 플로렌스가 맡아서 관리하도록 했다. 여동생이 나이(75세)가 많기 때문에 화니가 그렇게 결정했다. 쥴이 죽게 되면 그 몫은 다시 플로렌스에게로 돌아가게 했다.

2월 8일에 화니는 일단의 선교단체 사역자들의 방문을 받고, 자신의 일생을 얘기하였다. "내가 특히 관심을 가진 사람들은 철도원, 경찰, 죄수들 및 가난한 사람들, 이렇게 네 부류의 사람들이었어요."

그 선교 사역자들에게 화니는 자신의 눈이 먼 것에 대하여 이제까지 줄곧 말해왔던 것을 다시 한번 강조했다.

"시력을 잃은 것이 나에게는 전혀 손해가 아니었습니다."

그녀 인생의 마지막 주간에 화니는 기이한 현상을 나타내 보였다.

"화니의 용모가 눈에 띄게 광채로 충만하여 빛나는 것 같아요." 수많은 방문객들이 놀라는 표정으로 말하였다. 그 눈에 보이는 광채는 일찍이 1907년에 처음으로 이따금씩 관찰되었다. 그런데 마지막 주간의 며칠간은 더 분명하고 일정하게 나타났다. 그것을 선교단체 사역자들이 확인하였고, 2월 9일에 방문한 피플장로교회의 데이븐포트(H.A. Davenport) 목사도 확인했다

10일에는 아담 가이벨이 와서, 두 맹인음악인끼리 피아노 이중주를 연주했다.

11일에는 화니가 몸이 좋지 않다면서 침대에 누워있겠다고 하였다. 언제나 그렇게도 좋던 식욕이 뚝 떨어져 있었다. "내일이면 회복이 될 거야"라고 그녀가 말하는데, 얼굴이 기쁨으로 빛나보였다. 하루 종일 그녀는 미소를 지으면서 계속 말했다.

"나는 너무도 편안해. 나는 너무도 편안해 ……"

그날 밤 9시에 그녀가 에바 클리블랜드를 불렀다. 아이를 천국으로 떠나보낸 이웃 가정에 위로의 편지를 적어 보내라고 하였다. "당신의 귀한 딸, 룻은 '주 예수 넓은 품에 편히 안겨' 있어요." 그들을 위로하고 확신시켜 주는 내용이었다. 편지를 다 마친 후에, 세상을 향해 증거하는 그녀의 마지막 간증시를 받아쓰게 하였다.

시온의 영광이 빛나는 아침에
뭉게 구름이 물러갔네
너무도 즐거웠던 날의 골짜기에
내 소망의 닻을 내려놓았네
모든 순수하고 거룩한 이들과 함께
내가 수금을 새로이 켤 때에
어떤 무기로도 끊을 수 없는 힘으로
사랑이 나를 굳게 붙들리라

## 1915년 2월 12일 새벽 4시 30분

헨리 부스(Henry Booth, 조카사위)가 그날 밤 그 집에서는 마지막으로 잠자리에 들었다. 그가 새벽 2시 30분에 이층으로 올라가서 늘 하던 대로 '화니 아줌마' 가 어떻게 하고 계시는지 보려고 안을 들여다보았다. 그녀가 깨어 있다가, 인기척 소리를 듣고 미소 지으며 부드럽게 말했다.

1915년 2월 12일 새벽 4시 30분,
"화니는 뇌일혈로 사망했습니다."라는 진단이…
95회 생일에서 6주를 채우지 못했다.

"아무 일 없어 ……"

3시 30분에 플로렌스는 숙모가 홀에 내려오는 소리를 들었다. 숙모를 도와드리려고 일어나 문간에서 만나 숙모의 방으로 모셔다 드렸다. 그런데 갑자기 화니가 그만 그녀의 팔에 안겨 실신하였다.

플로렌스는 깡마른 체구를 침대로 옮기고, 남편과 아들을 깨운 다음, 의사 둘을 불렀다. 화니는 침대 주변에 둘러 선 사람들을 알아보지 못했다. 그녀의 마지막 간증시처럼, 이제 이승이 물러가고 '시온의 영광의 아침' 이 그녀에게 밝아오는 것 같았다. 플로렌스와 헨리는 그녀의 얼굴이 너무도 평화롭고 평온함에 감명을 받았다.

1915년 2월 12일 새벽 4시 30분쯤, 의사 중 한 사람이 도착하였다.

"화니는 뇌일혈로 사망했습니다." 라고 진단하였다.

플로렌스는 비명을 지르며 울음을 터뜨렸다.

"그럴 리가 없어요! 그럴 리가 없어요!"

그러나 에바 클리블랜드는 버트 화이트에게 보낸 편지에서 이렇게 털어놓았다. "우리가 보기에 선생께서 자각하지 못하는 병 내지는 그와 비슷한 것을 오랫동안 앓아온 것 같다고 염려할 충분한 이유가 있는데, 이

만한 정도로 돌아가시게 된 것이 천만다행입니다."

그녀의 95회 생일에서 6주를 채우지 못하고 생을 마감한 것이다.

### 화니 크로스비의 장례식

많은 증인들에 의하면, 화니 크로스비의 장례식은 브리지포트에서는 가장 성대한 장례식이었다. 심지어 발눔(P. T. Barnum, 신문사 편집인)의 장례식을 능가했다고 한다. 사람들은 여러 블록을 줄서서 떠나가는 영구차를 눈물 속에 지켜보았다. 그녀 오른편에는 늘 휴대하고 다녔던 작은 실크 기(旗)가 있었고, 관 위에는 쥴의 요청으로 「나의 언니」(My Sister)라는 문구가 새겨졌다.

조지 스테빈스, 앨런 생키, 휴 메인이 참석하였다. 교회는 화니가 사랑했던 바이올렛 꽃들로 가득하였다. 성가대는 그녀가 좋아했던 찬송가인, 헤버(Heber)의 "우리 선조들의 신앙"을 노래하였다. 데이븐포트 목사는 기도를 길게 하였다. 그 다음에 성가대가 476장 "주 예수 넓은 품에"와 295장 "후일에 생명 그칠 때"를 부르는 동안 많은 사람들이 소리 내어 울었다.

브라운 박사가 추모사에서 말하였다.

"여러분은 한 친구에게 경의를 표하고 그의 최후를 장식하기 위해 이 자리에 오셨습니다. 이 《복음찬송가의 여왕》이 사망의 굴레를 깨뜨리고 저 천국의 영광에 들어갈 때 왕의 영접과 환영이 반드시 있을 것입니다."

시적인 찬사들이 낭독되었다. 회중들이 열을 지어서자 각 사람들에게 바이올렛 한 송이씩이 주어졌다. 영구차의 화니 영정 앞을 지나갈 때 그들은 그녀가 바이올렛 침대에 누워 잠든 것처럼 보일 때까지 꽃들을 하나씩 떨어뜨렸다.

### 가까운 동료들 소식

화니의 남은 동료들도 하나씩 세상을 뜨기 시작하였다. 크리스마스이브에 돈(Doane)이 84세에 폐렴으로 죽었다. 3일 후에는 앨런 생키가 심장마비를 일으켰는데, 미망인인 안나 언더힐 네이햄스(Anna Underhill Neighams)와 재혼한 지 일주일 만이었다. 엘리자 히윗 여사는 대수술 후에 1920년 4월에 죽었다. 이듬해 커크패트릭이 찬송가를 작곡하다가 심장마비로 죽었다. 휴 메인은 은퇴하였다. 그의 회사는 시카고의 소망 출판사에 합병되었고, 그는 1925년 10월에 86세로 세상을 떠났다. 조지 스테빈스는 뉴욕의 캣스킬에 살았는데, 작곡을 계속하고 화니의 시 중 적어도 전에 사용되지 않은 시 한 편에다 곡조를 붙였다. 그는 1945년 10월에 그의 100회 생일에서 넉달을 남기고 세상을 떴다.

화니의 가족 중에 쥴은 1921년 1월, 81세에 암으로 죽었다. 그녀는 화니의 가까운 혈족으로는 마지막 사람이었다. 질녀 플로렌스 부스는 1935년에 죽었고, 그녀의 남편 헨리 부스는 1946년에 죽었다. 아델버트 화이트는 네브래스카 대학교에서 크게 성공을 거둔 뒤, 1951년에 죽었다. 화니의 충성스런 비서였던 에바 클리블렌드는 1956년까지 브리지포트에 살았다.

**새로운 비문 –"예수로 나의 구주 삼고"**

1920년 화니의 탄생 100주년 때 한 진료소가 그 기증자를 기념하여 "크리스천 유니온"에 의해 개원되었다. 2년 후에는 28실(室)의 맨션이 남녀노인들을 위한 "화니 크로스비 기념 양로원"으로 역시 브리지포트에서 헌정되었다.

1955년까지 화니 크로스비의 무덤을 표시해 주는 것은 아무것도 없었다. 다만 자그마한 대리석돌에 「화니 아줌마」(Aunt Fanny)라는 글자와 "그녀는 그녀가 할 수 있는 것을 다하였다"(She hath done what she could)라는 비문만 새겨져 있었다. 그것조차도 그녀가 한사코 사양한 한도를 오버한 것이었다.

그러나 그 해 5월 1일에 브리지포트 시민들이 한 가지를 결정했다.

"누구인지 알아보기가 애매하고 눈에 띄지 않는 묘비는 합당치 않다."

그래서 커다란 대리석을 그녀의 무덤 위에 세웠다. 새로운 비문은 그녀의 유명한 찬송가(204장) 한 절로 끝을 맺고 있다.

예수로 나의 구주 삼고
성령과 피로써 거듭나니
이 세상에서 내 영혼이
하늘의 영광 누리도다

# 화니 어록

1. "눈 먼 사람들도 눈 뜬 사람들이 할 수 있는 일이라면 다 할 수 있어요."
   -〈어렸을 때 공부하고 싶은데 소경이라고 놀림 받던 것을 생각하며〉

2. "하나님, 하나님께서 창조하신 크고 위대한 세계에서 나를 위해 그 어딘가에 작은 동산을 만들어 놓지 않으셨나요?"
   -〈8세 때 친구들이 놀려 낙심됐을 때 소경은 하나님의 자녀가 될 수 없는지 답답하여 한 기도〉

3. "사랑의 주님, 제게도 다른 아이들처럼 공부할 수 있는 길을 꼭 알려주세요."
   -〈11, 12세 때 학교교육을 받을 기회와 방법이 없어서 좌절할 때 했던 기도〉

4. "오, 하나님, 감사합니다! 저의 기도를 들어주셨군요. 그렇게 해주실 줄 알았습니다."
   -〈14세 때, 뉴욕 맹인학교 입학안내 소식을 듣고 기뻐 감사했던 고백!〉

5. "선생님은 저의 아버지가 살아계시면 해주셨을 말씀을 서에서 해주셨어요. 귀한 말씀 주셔서 감사 드려요."
   -〈맹인학교 2학년 때(16세) 학과공부는 물론 시 쓰기, 노래부르기를 잘한 것이 선생님의 눈에 잘난 체 하고 다닌다는 소문에 교장한테 충고 듣고 나서 …〉

6. "선생님, 제 머릿속은 온통 시에 대한 생각으로 꽉 차 있습니다. 그렇기 때문에 시를 쓰지 말라고 지시하셨을 때 제가 그것 말고는 다른 것에 전념할 수가 없었어요."
   -〈교장의 시 쓰기 금지령에 학교공부를 안하자 교장이 왜 공부를 게을리 하느냐고 물었을 때의 답변〉

7. "지금까지 우리에게 자비를 베풀어 주신 저 위에 계신 선하신 아버지께서 우리를 버리지 아니하실 것입니다."
   -〈미국 최대의 콜레라가 발생하여 수천 명이 죽어가자 두려워하는 학생들을 진정시킬 때〉

8. "내가 한 손으로는 세상을, 다른 한 손으로는 주님을 붙잡으려고 애쓰며 살아왔다는 것을 처음으로 깨닫게 되었어요."
   -〈30세 때, 가을부흥집회에 참석하여 성령세례를 체험할 때의 회개〉

9. "하지만 그로버, 나는 지금까지 살아오면서 한 번도 불손하게 행동해 본 적이 없었어요."
   -〈교장이 화니를 괴롭히자 동료교사가 참지 말고 따지라고 권했을 때〉

10. "어떤 사람들은 눈 먼 여자들이 눈 뜬 사람들과 똑같이 사랑할 능력을 갖고 있으며, 그들과 똑같은 분량으로 똑같이 진실하게 사랑한다는 사실을 잊고 있는 것 같아요."

-〈맹인학교 교사시절, 사랑에 대한 갈구를 이상하게 바라보는 시각에 대한 소견〉

11. "선생께서 내 능력을 테스트해 볼 수 있게 찬송시를 만들어서 일주일 내에 돌아오겠어요."

-〈찬송가 작사자로 일하도록 해준 브래드베리를 처음 만나 나눈 대화〉

12. "나의 목표는 대학 교수님과 문학비평가들의 칭찬받는 시를 쓰는 것이 아닙니다. 일반 대중들이 이해하고 공감하는 시를 쓰는 것입니다."

-〈찬송시에 지성의 깊이가 부족하다고 비난하는 자들에게 교회음악에 대한 자기 생각을 말함〉

13. "만일 오늘밤 이곳에 혹시 엄마의 집에서, 또는 엄마의 가르침에서 멀리 떠나 방황하고 있는 사랑하는 아들이 있다면, 예배가 끝난 후에 나를 만나주시기 바랍니다."

-〈찬송가 275장('저 죽어가는 자 다 구원하고')을 작사할 때 주인공 청년을 구원 초청하는 순간에 선포한 말〉

14. "사랑하는 여러분의 그 귀한 마음에 하나님께서 복주시기를 빕니다. 저는 오늘 여러분과 함께 하게 되어서 너무너무 행복합니다."

-〈어느 교회, 어느 집회에서나 늘 연단에 설 때마다 했던 시작의 인사말〉

15. "주 예수님께서 당신을 돌보고 있잖아요. 그리고 다른 사람들에게도 그렇구요. 내가 당신의 영혼의 복지에 관심을 가지고 있지 않았다면 이곳에 와서 이 문제로 당신과 이야기를 하지도 않을 거예요."

-〈보워리 선교회에서 메시지 전할 때 심드렁한 반응을 보인 한 남자에게 말함〉

16. "나에게는 '사람이 죄인'이라고 말하지 마세요. 사람에게 그의 죄를 지적해서는 그 사람을 구원할 수 없어요. 하나님께서 이미 그것(죄)을 다 알고 계셔요. 그에게는 용서와 사랑만이 기다리고 있다고 말해주세요. 그래서 그의 신뢰를 얻고 당신이 그를 믿고 있으며, 절대로 포기하지 않는다고 이해를 시키세요."

-〈평소에 전도하는 가이드라인이다〉

17. "친절은 다른 사람들이 믿음을 갖도록 도와줄 뿐만 아니라 또한 날마다 은혜 안에서 자라도록 도와줍니다. 우리가 아침저녁으로 지나갈 때 밀어헤치며 지나가는 소심한 사람들이 많이 있습니다. 그러나 친절한 말 한마디만 던져도 그들은 마음 문을 활짝 열 것입니다."

-〈여러 곳에서 사역할 때 '친절'을 강조했다〉

18. "그들 중에 어느 한 사람도 나에게 불쾌감을 주지 않았습니다."
- 〈선교회 사역시절에 남자들이 술냄새, 담배냄새, 목욕을 안해 빈대, 이가 득실거림에도 그들에게 보여준 그의 겸손한 태도〉

19. "이 세상의 쾌락이 아무리 찬란한 것처럼 보여도 얼마나 빨리 싫증이 나는지요. 하지만, 저 장중한 옛 노래에 대해서는 한 번도 싫증이 안 나지요!"
- 〈작곡가 커크패트릭과 이 세상의 무상함을 대화할 때. 이때 받은 영감이 찬송가 43장('찬송으로 보답할 수 없는 큰사랑')을 만들었다〉

20. "사랑하는 주님, 내 손을 붙잡아주소서!"
- 〈우울증으로 고생할 때 부르짖었던 기도〉

21. "하나님, 찬송가를 작사할 수 있는 생각과 감정을 일으켜주세요."
- 〈시의 영감이 떠오르지 않을 때 간구했던 기도〉

22. "잊혀진 수많은 찬송가들 가운데 사상과 감정은 깊고 경건한 게 틀림없었어요. 하지만 어떤 구절이 귀에 거슬리거나 한두 군데 박자가 일정하지 않아서 많은 찬송가들이 밍쳐지거나 소멸되어 버렸어요."
- 〈찬송가를 만들 때 가사나 곡에 세심한 신경을 써야 함을 강조하면서〉

23. "내 마음의 책상 위에 며칠간 놔두었다가 여유가 생기면 다시 그것을 다듬고, 내 기억의 눈으로 그것을 통독해보고, 다른 방식으로 그것을 가능한 한 세상에 내놓을 수 있는 형태로 만들었어요."
- 〈재촉하는 출판사의 성화 때문에 시간의 여유 없이 넘긴 것이 아쉬워서 …〉

24. "나는 찬송가 작사를 하면서 친구들에게 은혜를 베푸는 것이라고 생각했어요. 더 중요한 것은, 내가 하나님의 일을 하고 있다는 것입니다. 나에 대한 보상은 그 찬송가를 통하여 하나님께로 돌아 오는 영혼들의 숫자였어요."
- 〈찬송가가 대박을 터뜨리는 속에서도 화니가 금전적 착취를 당하고 있다는 사람들의 생각에 대한 답변〉

25. "방황하는 영혼들이 나의 찬송가를 듣고 본향으로 돌아오는 소식을 내가 들을 때 나의 가슴은 기쁨이 넘칩니다. 영혼 구원의 영광스러운 사역에 동참하도록 나에게 은혜를 주신 하나님께 감사를 드리지요."
- 〈화니의 찬송가를 듣고 회심과 간증 보고서가 답지한다는 말에 감사하며〉

26. "저는 너무 많이 받고 있어요."

-〈찬송시의 사례비가 너무 적지 않느냐는 친구들의 충고에 대한 답변〉

27. "잘 주무세요(Good night!), 아침에 만날 때까지 …"
-〈작곡가 로우리의 임종 전, 천국에서 다시 만날 것을 기약하며 했던 작별인사〉

28. "그 아들은 음조의 감미로움과 표현의 조화에 있어서 아버지를 능가하였다."
-〈새로운 세대의 작곡가 기수인 앨런에 대한 칭찬〉

29. "나는 드와이트 무디보다 더 친절하고 마음이 넓은 사람을 만나본 적이 없습니다. 그의 사역은 기적이었으며, 내가 사역하는 동안 내내 끊임없는 영감을 주었어요. 그의 영향력은 빛이어서 기운을 북돋아 주고 병을 고쳐주었습니다."
-〈무디의 사역 말기에 기자에게 한 말〉

30. "캐롤린은 나를 위해 자신의 삶을 희생했어요."
-〈자신의 남은 생애를 언니의 눈이 되어주며 헌신한 동생에 감사하면서〉

31. "그때 우리는 더 이상 맹인이 아니었어요. 사랑의 빛이 어디에 백합화가 만발해 있는지 우리에게 보여주었고, 또 수정 같은 물이 어디서 이끼 덮인 샘을 만나는지를 우리에게 보여주었기 때문입니다."
-〈남편의 죽음의 비보를 듣고 옛날에 사랑을 속삭였던 6월의 낭만을 추억하면서〉

32. "그것은 내가 주님을 위해 하는 일(사역)이었으며, 나는 헐몬의 이슬과 같고 시온산에 내린 이슬과 같이 40년 동안 축복과 평화와 평온함을 누리게 해준 데 대해 친구들에게 감사를 드려요."
-〈비글로우 앤 메인 출판사 협력사역 40주년 특별축하 연회 자리에서〉

33. "그럼, 물론이지. 누가 기뻐하지 않겠는가? 나의 사역을 기리기 위한 축하가 나의 노래를 사랑했던 사람들에 의해 행해지는 한, 그 축하와 헌금은 길고도 바쁘게 살아온 인생의 마지막에 면류관으로 주시는 축복과 같은 것이다."
-〈84회 생일을 맞아 미국 및 세계 여러 나라에서 '화니 크로스비 주일'을 지킨다는 소식을 듣고 난 후의 촌평〉

34. "정말, 나에게도 상당한 유산이 생기게 되었구나!"
-〈'크로스비의 주일' 경축행사를 통해 수천 달러의 사랑의 헌금을 전달받고 감격해서 한 말(결국 이 헌금은 나중에 비서였던 플로렌스, 과부가 된 여동생에게 유산으로 주었다)〉

35. "그것은 나에게 일어날 수 있었던 일 중에 최선의 일이었다. 내가 맹인이 되지 않았다면

도대체 어떻게 내가 지금까지 살아왔던 것과 같은 도움을 주면서 살 수 있었을까?"
-〈맹인이 된 것을 불행하다거나 기분 나쁘게 생각하지 않고 하나님의 축복일 수밖에 없는 이유를 설명하면서〉

36. "그 의사를 욕하지 마세요. 그는 아마 죽었을 것입니다. 설령 내가 그를 만날 수 있다면, 그가 부지중에 뜻밖에도 세상에서 가장 큰 호의를 내게 베풀었다고 말하겠습니다."
-〈자신의 눈을 망쳐 놓은 의사에 대해 미워하거나 저주하지 않았다〉

37. "나는 시력을 잃고 육안이 어두워진 것을 통해 영안(soul-vision)이 더욱 예민해졌습니다. 그것으로 나는 충분히 보상을 받은 것이지요."
-〈눈은 잃었지만 더 큰 축복을 받았다고 감사했다〉

38. "영적인 지혜는 정신에서 나온다기보다는 오히려 마음과 영혼에서 나오고, 또 주님과의 교제에서 나온다고 봅니다."
-〈상담자로서 영적 조언을 할 때의 신학 문제를 질문 받고 논평〉

39. "이게 하나님으로부터 온 것인가? 나의 믿음생활에 있어서 최종 권위는 성경이었습니다."
-〈성경의 권위를 의심하는 당시의 현대 신학자들을 보면서〉

40. "음, 그들이 더 잘 된 거예요. 저 영광의 나라로 이제 막 들어간 거라구요."
-〈천국의 실재를 확신하면서 …〉

41. "꾸짖거나 비판하는 가장 좋은 방법은 사람들로 하여금 자신의 결점을 보고 웃게 만드는 것이지요."
-〈재치 있는 논평의 방법에 대해 언급하면서 …〉

42. "오! 망치로 저 인간의 머리통 속에 한 뭉치의 존경심을 때려 넣어주면 좋겠는데 …"
-〈한 무례한 젊은이가 떠나가고 난 다음에 한마디〉

43. "아직도 최고의 찬송시를 쓰지 못했습니다."
-〈수많은 인기 찬송가 중에 어느 시가 최고의 작품이냐에 대한 답변〉

44. "내가 어렸을 때 성경책은 가정에서나 국가에서나 실제적인 위치를 차지했어요. 성경을 무시하는 기독교 국가는 위대한 국가가 될 수 없습니다. 그리고 만일 가정이 기도하지 않는다면 미국은 지속할 수 없을 것입니다."
-〈미국민들의 기독교에 대한 관심이 줄어드는 것을 한탄하면서 한마디〉

45. "내가 너무 바쁘다보니 내 이름도 모를 정도라네. 난, 아직 죽고 싶지 않아. 앞으로 15년을 더 살고 싶어. 105세까지 말이야."

-〈90회 생일을 보내고 강연을 계속 강행군하면서〉

46. "나는 회전의자가 필요 없어요. 내 두 발로 설 수 있어요. 나의 힘은 여호와께 있습니다."

-〈91세, 카네기홀에서 집회할 때 도우미 안내위원에게 대답한 말〉

47. "만일 이 세상에서 나보다 더 행복한 사람이 있다면 그와 악수를 하고 싶어. 왜냐하면 죽어야 할 인간이 이 세상에 있으니 내 자신이 행복한 것 아닌가! 나에게 있어 인생은 양쪽 둑에 꽃들이 만발하고, 잔잔한 시냇물에 떠 있는 작은 배처럼 미끄러지듯 지나가네."

-〈부활절에 93회 생일을 맞으면서 기쁨에 대한 코멘트〉

48. "나는 무릎 꿇고 기도하지 않습니다. 그 자세에서 다시 일어날 힘이 나에겐 없어요. 신자는 어디서든지 또 어떤 자세이든지 가장 편안하게 자유로이 기도할 수 있어야 합니다."

-〈설교할 때 기도의 자세에 대한 잘못을 지적하며 한마디〉

49. "여러분 모두가 시련과 슬픔을 당할 때 기도로 하나님께 나아가기를 바랍니다. 거기에서 좋은 것들이 나오는데, 하나님께서 여러분의 생각보다 더 좋은 응답을 주실 것입니다. 물론 자기가 구한대로 언제나 응답받지 못할 수도 있어요. 하지만 하나님의 방법을 최고 최선의 것으로 신뢰해야 합니다."

-〈'기도의 능력'이란 메시지를 하는 중에 예수님을 더욱 굳게 붙잡으라고 강조하면서〉

50. "천국에서는 베이스로 찬양할 남성들이 모자랄 것이다."

-〈1908년, 기독교에 관심이 줄어들고 교회 출석 남자들이 감소하는 것을 우려하면서〉

51. "나의 사랑하는 교우 여러분, 여러분들을 지극히 사랑합니다. 만일 내가 먼저 저 아름다운 해안으로 건너간다면, 거기에서 여러분을 맞도록 하겠습니다."

-〈자신의 종착역이 가까움을 느끼면서 설교 마지막에 한 인사말〉

52. "내가 영원한 본향에 이르게 되면 사람들이 이렇게 말할 거야. '화니, 어서 들어와! 들어오라구!' 그 다음에는 그리스도로 인한 승리가 있을 거야."

-〈자신의 죽음을 슬픔이 아닌 기쁨으로 받아들인다면서 친구들에게 한 말〉

53. "아무래도 캐리가 아주 가까이에 있는 것 같아."

-〈임박한 죽음을 느끼며 가족들에게〉

54. "8년간 나를 수발들어준 데 대한 '감사'의 뜻으로 플로렌스에게 재산의 절반을 주고, 나머지 절반은 동생 쥴의 몫으로 플로렌스가 맡아서 관리하도록 해라."

-〈죽기 전, 변호사에게 남긴 유언장에서〉

55. "내가 특히 관심을 가진 사람들은 철도노동자, 경찰, 죄수들, 가난한 사람들 이렇게 네 부류의 사람들이었어요. 내가 시력을 잃은 것이 나에게는 전혀 손해가 아니었습니다."

-〈죽기 4일 전, 선교단체 사역자들의 방문을 받고 자신의 일생을 술회하면서〉

56. "내일이면 회복이 될 거야. 나는 너무도 편안해. 나는 너무도 편안해."

-〈임종 하루 전, 가족들에게〉

57. "당신의 귀한 딸, 롯은 '주 예수 넓은 품에 편히 안겨' 있어요."

-〈당일 밤 9시, 이웃집 아이가 일찍 세상을 떠나 슬퍼하는 부모에게 보낸 위로편지〉

58. "시온의 영광이 빛나는 아침에 뭉게구름이 물러갔네. 너무도 즐거웠던 날의 골짜기에 내 소망의 닻을 내려놓았네. 모든 순수하고 거룩한 이들과 함께 내가 수금을 새로이 켤 때에 어떤 무기로도 끊을 수 없는 힘으로 사랑이 나를 굳게 붙들리라."

-〈죽기 몇 시간 전에 쓴 인생 최후 간증시〉

59. "그녀는 할 수 있는 것을 다 하였다." (She hath done what she could)

-〈화니의 무덤 비문에 새겨진 글〉

# 화니 크로스비 연보

**1819년** - 아버지 존 크로스비와 어머니 머시 크로스비가 결혼.
(친족간의 결혼으로서, 화니는 모계쪽 혈통임)

**1820년** 3.24 - 뉴욕 주 사우스이스트의 게이빌 정착촌에서 청교도 후손의 가난한 장녀로 태어남.
4월말 - 출생 한 달여 만에 두 눈에 이상 염증 발생.
5월경 - 눈이 사물을 식별 못함. 치료한 돌팔이 의사는 몰래 도망함.
11월 - 아버지 존 크로스비가 밭에 나가 일한 후 앓다가 곧 세상을 떠남. 21세에 과부가 된 엄마는 근처 부잣집 가정부로 들어갔고, 갓난아기 화니는 외할머니가 키움.

**1824~25년** - 4, 5세 때부터 외할머니 유니스가 어린 화니에게 자연 속에서 특수교육을 시킴.

**1825년**(5세) 3월 - 뉴욕 컬럼비아 의과대학에서 눈 수술 검진. 회복불능 판정 받고 좌절함.
3월 - 슬픔을 안고 집으로 돌아가는 배 위에서 거의 종교적 체험에 가까운 평화를 경험함. 이 경험이 그녀의 상상력에 창조적 재능을 일깨워줌.
4월 - 게이빌에서 10킬로 떨어진 노스살렘으로 이사함.

**1828년** (8세) - 8세 때 처음으로 시('아, 나는 얼마나 행복한 아이인가')를 씀.
- 엄마의 직장 관계로 코네티컷 주 릿지필드로 이사함.

**1829년** (9세) - 엄마직장의 사장 부인인 홀리 여사가 화니에게 성경암송을 교육시킴. 만 2년 만에 모세오경 전체, 사복음서 전체, 잠언 전체, 룻기 전체, 아가서, 시편의 대부분을 암송했고, 릿지필드 성경 암송대회에서 언제나 우승함. 이때 배운 암기력이 학교공부에서 발휘됨.

**1831~32년** (11~12세) - 맹인이라는 핸디캡 때문에 교육받을 기회가 없음을 알고 나서 우울증과 좌절에 빠짐. 하지만 기도 중에 그 장벽이 무너질 거라는 확신을 간직하고 살았다.
- 어린 하니에게 신앙과 교육을 가르쳐준 외할머니가 세상을 떠남.

**1832년**(12세) - 십대 사춘기에 들어서자 뚜렷한 음악적 재능을 보여 가수로서의 평판을 얻고, 탁월한 여성 승마, 스토리텔러로서 명성 얻음. 릿지필드 최고의 시인으로 이름을 떨침.

**1834년(14세)** - 가족들이 노스살렘으로 다시 이사함.
- 신설된 뉴욕 맹인학교 입학 안내서를 엄마가 읽어줌(학교입학이 일생에 가장 행복했던 날, 11월).

**1835년(15세)** - 뉴욕 맹인학교 입학함(3월 7일).

**1838년(18세)** - 40세 된 어머니가 홀아비인 토머스 모리스와 재혼함.

**1839년(19세)** - 화니를 교만하다고 생각한 존스 교장의 충고 이후, 화니의 시작(詩作) 수준이 급속도로 향상됨. 스무 살이 되기 전에 피아노, 오르간은 물론 하프 연주는 미국에서 제일 뛰어난 연주자 중 하나라는 평을 들음. 재학생 중 제일 유망한 학생이 됨.
- 해밀턴 머레이 선생님으로부터 빠른 작시법을 배움. 후에 하루에도 십수개 씩 작시할 능력을 키우는 계기가 됨.
- 동생 윌헬미나 출생. 그러나 곧 유아 때 사망함.

**1840년(20세)** - 동생 줄리아 출생.
- 뉴욕 헤럴드 신문에 시 발표 후, '눈 먼 여류시인' 이라는 명성을 얻음.

**1841년(21세)** - 맹인학교를 방문한 존 타일러 대통령 및 뉴욕 시장, 시의회 의원들을 위한 환영식장에서 학교대표로 시낭송과 노래 부름(6월).

**1842년(22세)** - 학교 운영이사회의 결정으로 학교기금 마련 및 신입생 유치를 위한 학교순회단에 선발됨. 화니는 가난했던 자신이 무료교육을 받게 해준 학교에 대한 보답으로 기쁘게 감당함. 이때 프리젠테이션을 통해 한 맹인 학생이 신입생으로 입학을 하게 됨. 그가 15년 후에 남편이 되었다.

**1843년(23세)** - 뉴욕 맹인학교 정규직 교사가 됨.
- 동생 캐롤린 출생.

**1844년(24세)** - 첫 시집, "눈 먼 소녀" 출간.
- 의붓아버지가 엄마와 가족을 버리고 이단교(몰몬교)로 떠남.
- 맹인학교 학생순회단이 맹인학교법의 국회통과를 위해 국회의사당에서 프리젠테이션 시범 보임.

**1845년(25세)** - 미합중국 11대 대통령에 새로 취임한 제임스 포크의 학교 예방 때 환영시를 낭송하고 영접함.

**1846년(26세)** - 맹인학교 대표단으로 백악관의 포크 대통령을 방문하여 무료 맹인학교 설립을 소청함.

**1848~49년** - 미국 최대의 콜레라 창궐로 수천 명이 죽고, 학생들의 피해가 많아서 간호사로

(28~29세) 자원하여 약 조제와 환자치료를 도움.

1850년(30세) - 학교 동료교사의 권유로 한 부흥회에 참석하여 성령세례를 받은 후, 모든 세속적 야망을 물리치고 하나님께 전적헌신의 삶을 사는 계기가 됨.

1851년(31세) - 두 번째 시집, "몬테레이와 다른 시들" 출간.
- 맹인학교 동료교사였던 작곡가 조지 루트가 설립한 '음악 아카데미'에서 여러 편의 노래 가사를 제공, 히트송을 만듬.

1853년(33세) - 뉴욕 맹인학교 학생처장 보직교사로서 여러 교사진 가운데 가장 사랑받는 교사로 인정받음.

1855년(35세) - 뉴욕에서 최고가는 오르간의 대가인 알렉산더 반 알스타인이 맹인학교 음악교사로 부임함. 12년 전 그녀의 프리젠테이션을 통해 입학하게 된 사람으로, 3년 후에 결혼하게 됨.

1857년(37세) - 결혼대상자 반 알스타인이 학교를 사직, 롱아일랜드에 음악학원 설립.

1858년(38세) - 23년간 젊음의 열정이 깃든 뉴욕 맹인학교 사직하고(3월 2일), 반 알스타인과 결혼함(3월 5일). 신랑 27세, 신부 38세.
- 세 번째 시집, "컬럼비아의 꽃다발" 출간.

1859년(39세) - 첫 아기 출생함. 그러나 곧 유아 때 사망. 슬픔이 너무 커서 롱아일랜드를 떠나 다시 뉴욕으로 돌아옴.

1864년(44세) - 인기 찬송가 작곡자 윌리엄 브래드베리를 만나 그의 회사에서 본격적인 찬송가 작사자의 길에 들어섬(2월 2일).

1867년(47세) - 화니의 가장 성공적인 찬송시에 곡을 붙인 작곡자, 윌리엄 하워드 돈을 만남(11월).

1868년(48세) - "인애하신 구세주여"(337장) 작사함. 맨해튼 인근 교도소에서 설교할 때 예배도중에 재소자 한 사람이 "오, 주님! 저를 지나가지 마소서!"라고 울부짖는 소리를 듣고, 그 날 저녁 시를 썼다. 많은 재소자들이 감동 받고 회심을 했다.
- 최고의 찬송가, "주 예수 넓은 품에"(476장) 작사함. 먼저 죽은 친척과 사랑하는 자녀를 잃은 어머니들을 위해 만든 찬송가. 자신의 죽은 아이를 생각하며 썼다고도 함.

1869년(49세) - "저 죽어가는 자 다 구원하고"(275장) 작사함. 설교를 하는데 청중 중에 지금 구원받지 않으면 영영 기회가 없을 거라는 안타까운 메시지를 전했을 때 한 청년이 나와서 기도 받고 구원을 얻게 됨.

1874년(54세) - "주의 음성을 내가 들으니"(219장) 작사함. 작곡가 돈과 함께 해가 지는 황혼녘에 '하나님의 임재'에 대해 대화를 나누던 중 그 광경의 아름다움과 경이로움을 보고 지은 시. 대박을 터뜨렸다.
- "나의 갈길 다가도록 예수 인도하시니"(434장) 작사함. 집세를 못 내어 막막해서 간절히 기도했는데, 전혀 모르는 사람이 월세 10달러를 정확하게 주고 갔다. 이것에 영감 받아 쓴 찬송시이다.

1876년(56세) - 무디와 생키의 뉴욕 첫 부흥집회 성공 이후, 1876년에 그들에게 소개되어 줄곧 함께 사역함.
- 복음성가를 태동시킨 필립 블리스가 38세의 젊은 나이에 열차사고로 사망.

1879년(59세) - 복음찬송가 작사자였던 친구, 프랜시스 하버갈이 42세로 세상을 떠남.

1880년(60세) - 인생 60에 가정전도 사역자로서 제2의 사역을 시작함.
- 뉴욕 노면전차 회사의 직장예배를 주일마다 인도함.
- 뉴욕 맨해튼 슬럼가 인근의 음침한 아파트에서 기거함. 가난한 자들과 함께 살면서 밑바닥 인생들에 대해 전도 및 구제를 몸소 실천함.

1880~1900년(56세) - 이 20년 동안에 "주 예수 넓은 품에"(476장) 찬송가는 전세계 만인의 애창곡으로, 200개 이상의 언어로 번역되었다.

1881년(61세) - 뉴저지 주 호보켄의 YMCA 철도분과의 정규 강사로 봉사함.

1884년(64세) - 64회 생일 때부터 화니의 찬송시를 받은 생키, 피비 내프, 휴 메인 등이 비글로우 앤 메인 출판사에서 연례 행사로 축하해 줌.

1889년(69세) - 작곡가 로우리 박사와 돈의 공저, "아름다운 성장"에 찬송시 40편을 기고.

1890년(70세) - 모친 머시 크로스비가 91세에 병으로 세상을 떠남.

1897년(77세) - 네 번째 시집, "저녁종" 출간.
- 드류 신학교 여성졸업 예정자를 위한 초청연설로 62년 만에 고향을 방문함.

1900년(80세) - 몸이 급격히 쇠약하여 뉴욕을 떠나 브리지포트에서 동생들과 함께 거주.

1901년(81세) - 남편 반(Van)이 암으로 세상을 떠남.

1903년(83세) - 매사추세츠 YMCA 집회 때, 찬송가 275장('저 죽어가는 자 다 구원하고')에 대한 간증설교를 하는데, 그 자리에 35년 전의 그 간증 주인공이 참석하여 기쁨의 만남을 가짐.

1904년(84세) - 비글로우 앤 메인 출판사의 협력사역 40주년 기념 특별 축하회 개최. 영어권 교회음악의 선두 출판사가 되는데 가장 크게 기여한 공로로 진주 황금 브로치를 수상함.

1904년(84세) - 칼레톤이 쓴 자서전, "화니 크로스비의 생애, 본인이 말한 이야기" 출간.

1905년(85세) - 뉴욕 목회자들이 화니의 85회 생일을 "화니 크로스비 주일"로 지키기로 결정함. 미국, 영국, 인도, 타스마니아 등에서 함께 지켰다.

1906년(86세) - 화니의 자서전, "팔십년의 회상" 출간.

1907년(87세) - 막내 동생 캐롤린이 장암으로 64세에 죽음.

1908년(88세) - 프린스턴 장로교회에서 성금요일 및 부활절 초청설교.
- 오랜 친구인 전직대통령 그로버 클리블랜드가 세상을 떠남.

1911년(91세) - 뉴욕 감리교 감독교회 전도위원회의 카네기홀 집회 주강사로서 5천명 회중에게 설교.

1913년(93세) - 매사추세츠의 제일침례교회 초청으로 2천 명의 청중에게 설교.

1914년(94세) - 94회 생일을 '바이올렛의 날'로 정하여 전국적인 행사로 계획하여 진행함.

1915년(95세) - 죽기 불과 며칠 전에 최후의 작품, "저녁이 되면 빛이 있으리라"를 돈(Doane)에게 보냄.

1915년 2.12 - 새벽 4시 30분, 뇌일혈로 향년 95세의 생을 마감, 브리지포트에 안장.

1920년 (화니 탄생 100주년) - 화니 탄생 100주년 때 한 진료소가 "크리스천 유니온" 이름으로 개원됨: 화니의 유언이었음.

1922년 - 남녀 노인들을 위한 "화니 크로스비 기념 양로원"이 브리지포트에 헌정 :이것도 화니의 유언이었음.

1955년 5.1 - 브리지포트 시민들이 화니의 무덤을 알아보기 어려워서 커다란 대리석판을 다시 세움. 그리고 새 비문에 찬송가 204장('예수로 나의 구주 삼고') 1절을 적어 추모함.